Just Institutions Matter:

The Moral and Political Logic of the Universal Welfare State

“十二五”国家重点图书出版规划项目
当代世界学术名著
政治学系列

正义的制度

全民福利国家的道德和政治逻辑

〔瑞典〕博·罗思坦（Bo Rothstein） 著
靳继东 丁浩 译

中国人民大学出版社
·北京·

“当代世界学术名著·政治学系列” 编辑委员会

出版说明

政治学是一门古老而年轻的学科。在西方，有关政治学思想的系统研究和阐发，可追溯到古希腊时代柏拉图的《理想国》和亚里士多德的《政治学》。几乎在同一历史时期，中国也产生了十分丰富和系统的政治学思想，孔子、孟子、韩非子等一大批思想家治国理政的学说，对此后两千多年的中国政治产生了深远的影响。然而，作为一门独立的学科，政治学是19世纪末期在西方社会中形成的，其产生和发展的历史只有一百多年。

事实上，中国现代政治学的起步并不算晚。20世纪初，西学东渐，政治学课程开始在国内少数大学中讲授，如果从1905年设立专门学习法律和政治的京师法政学堂算起，中国政治学也已有了上百年的历史，只比美国政治学的历史短二十几年。此后由于种种原因，我国的政治学学科建设和发展长期处于停滞甚至一度中断的状态。改革开放以来，我国的政治学学科建设，按照邓小平关于政治学“需要赶快补课”的意见，做了大量工作，编写出版了一批教材和学术专著，引进了一批世界各国特别是西方各国的政治学著作，培养了一批专业人才。应当说，政治学的重建工作成绩斐然。当然，在看到成绩的同时，我们也不能否认发展中的不足。与其他社会科学学科相比，特别是与邓小平提及的“法学、社会学以及世界政治的研究”相比，我国政治学的发展速度似乎更慢些，与改革开放和社会主义现代化建设的现实要求似乎还有一定的差距。中国的历史、现实和未来，都要求中国有一门成熟的政治学学科在推动中国社会全面发展中起到积极的和建设性的作用。

既然中国现代政治学是由西方传入的，那么学习、借鉴西方先进的政治学理论，并将其运用到中国问题的研究中，进而发展中国本土的政治学，是中国政治学发展的现实选择。当然，西方的理论不一定适合中国，其学术观点、理论预设等也不完全为我们所认同，但对处于相对落后的中国政治学来说，以开放的思想对待西方的理论，通过比较、鉴别、有选择地吸收，在此基础上结合中国实际进行自主创新，不失为推动中国政治学发展的一条捷径。

正是出于上述考虑，中国人民大学出版社邀请国内外政治学界的专家学者，精诚协作，组织翻译出版了这套“当代世界学术名著·政治学系列”。出版这套译丛，旨在将过去半个世纪西方政治学的经典学术著作系统地译介给中国读者，为国内政治学研究和教学提供借鉴和参考。总的来看，这套译丛具有以下几个特点：

第一，权威性。所选著作均为当今世界尤其是西方政治学界最重要、最具影响力的著作，这些著作已经得到国外学界的一致认可，并在西方主流学界被反复引用。丛书作者包括罗伯特·A. 达尔、塞缪尔·P. 亨廷顿、埃莉诺·奥斯特罗姆、文森特·奥斯特罗姆、安东尼·吉登斯、伊恩·夏皮罗、约瑟夫·S. 奈、罗伯特·普特南……一个个政治学界耳熟能详的名字，构成了这套译丛强大的作者阵容。

第二，全面性。在过去的几十年里，国外一些政治学著作被陆续译介到中国来，但这种翻译出版不是系统性的，而是零散的。本套译丛是国内系统地、大规模地翻译出版国外政治学著作的第一次尝试，它试图涵盖政治学的主要研究领域、主要研究方法，以及不同的学术流派，包括比较政治、政治学基础理论、政治学研究方法、政治思潮、政治经济学、国际关系、政党政治、政治社会学、政治心理学等领域。

第三，前沿性。本套译丛选择了西方政治学领域很有影响的学术流派，如新制度主义、后行为主义、全球治理、公共选择理论等的著作，以期促使国内政治学专业领域的学者和学生能较为及时地了解西方政治学理论研究的最新发展。

本套译丛于2008年由中国人民大学出版社开始策划和组织出版，并邀请美国路易威尔大学的华世平教授担任译丛总主编，他对部分原著的推荐、译者的选择以及译丛的编辑出版工作作出了重要的贡献，我们十分感激！参与本套译丛翻译工作的译者大多是本领域的学术骨干和中青年专家，都具有政治学博士学位，并有翻译西方社会科学著作的经验。中国人民大学、北京大学、清华大学、南开大学、复旦大学等多所高校政治学系的专家学者，以及社会各界人士对本套译丛的翻译工作给予了热情关注，并提出了宝贵意见。对此，我们深表谢意！

限于水平，这套译丛的编校工作还存在些许不妥和不足之处，敬请读者不吝指正为感。

中国人民大学出版社

导　言

1986年春天，我在哥本哈根工作，同时仍保留瑞典隆德市的居民身份。因此，瑞典政府——或者说更确切地说，是瑞典的税务当局——把我归为“跨界者”一类。一段时间之后，我非常喜欢这个称呼，因为我希望把自己看作习惯于在各种语境下跨界的人，而这个称呼简明而准确地表达了我的想法。本书就具有这种“跨界”性质，它试图打破许多知识分子（和个人）的边界。

我原本想要申明，本书是一项研究计划的结论。不过，根据以往的经验判断，诸如此类的研究还远远没有终结。也许像另一位老战士及他的故事（麦克阿瑟将军的告别演说。——译者注）一样，只是在逐渐地消退。此外，也很难说本书实际上开始于什么时候，因为当我还在做其他事情的时候，写作本书的灵感就迸发了。但是，我可以毫不犹豫地说，是约尔根·赫曼森（Jörgen Hermansson）给了我写作本书的想法。我究竟在多大程度上能够做出自发而卓越的（深思熟虑意义上的）决定，其他人真的是难解其中滋味。

本书是我承担的瑞典未来研究学会“公共部门的未来”研究课题的最终报告。非常感谢研究学会及其领导者埃克·E. 安德森（Åke E. Andersson）为我提供了慷慨的智识和经济支援。课题开始于1992年，并由瑞典人文与社会科学研究协会提供资助，在1994年出版了本书的瑞典语版本。此外，该协会还慷慨地提供资金把本书翻译成英文版。

许多个人和机构为完成课题做出了贡献。汉斯-英格瓦·罗思（Hans-Ingvar Roth）以其非凡的技能和效率，担任课题研究助手达3个月之久。我曾就许多议题与下列人士进行过有益的讨论，他们是：詹斯·霍夫（Jens Hoff），蒂姆·克努森（Tim Knudsen），斯文·E. 奥尔森（Sven E. Olsson），斯文·斯坦莫（Sven Steinmo），克里斯蒂娜·博格奎斯特（Christina Bergqvist），托斯顿·斯文森（Torsten Svensson）和安克里斯廷·罗思坦（AnnChristin Rothstein）。彼得·迈耶（Peter Mayers）对课题研究的支持是极其重要的，他不仅把本书的原稿翻译成英文，还给我提供了大量的建议和观点。弗兰克·卡斯尔斯（Frank Castles）竭力使我从“瑞典中心主义”的桎梏中解脱出来，并为我指出了理解福利国家的其他途径。

我要感谢彼得·霍尔（Peter Hall），他使我在课题研究期间得以到哈佛大学人类学研究中心（CES）做了一个学期的访问学者。在研究中心尤其是“社会政策与公民权”研究小组期间，我与玛格丽特·威尔（Margaret Weir）、罗斯玛丽·C. R. 泰勒（Rosemary C. R. Taylor）、安德鲁·马丁（Andrew Martin）和保罗·皮尔逊（Paul Pierson）进行了卓越的讨论，他们给了我许多有价值的观念。课题的基础观点以及第六章的早期版本就是我在该中心期间完成的。

尤其要感谢玛格里特·利瓦伊（Margaret Levi），1993年春她邀请我到华盛顿大学西雅图分校做访问学者。我们关于“权变同意理论”的可能性、约束条件以及政治制度重要性的许多讨论，对于本书的层次梳理发挥着重要作用。玛格里特·利瓦伊的卓越学识和慷慨大度向我证明，辩证逻辑法则仍是适用的，头脑冷静的理性主义者可能拥有一颗热忱的心。

伦纳特·伦德奎斯特（Lennart Lundquist）对前两章给出了建设性评论，并且从研究一开始就鼓励我。约翰·P. 奥尔森（Johan P. Olsen）邀请我到挪威卑尔根大学组织和管理研究中心进行访问，使得我有机会讨论研究的安排，还帮助我与“福利国家的道德基础”研究小组及其创立者艾瑞克·奥德瓦尔·埃里克森（Erik Oddvar Eriksen）建立了联系。此后，在与这个研究小组的两次讨论会上，我获得了对本书原稿的许多有价值的评论。

乌普萨拉大学政府系的同事们为本书许多章节提供了评论。我提出本书基本观点时的评论者斯韦克·古斯塔夫松（Sverker Gustavsson）的热烈批评非常具有建设性。斯尔琳·阿尔贝克（Shirin Ahlbäck）对第三、第四章透彻的评论激励我采取了完全不同的、更具建设性的观点。麦克尔·阿克斯伯格（Mikael Axberg）和马茨·伦斯特罗姆（Mats Lundström）慷慨地与我分享了他们在政治哲学方面的卓越学识。

罗伯特·E. 古丁（Robert E. Goodin），约尔根·赫曼森，詹斯·霍夫，斯文·E. 奥尔森和玻·莫兰德（Per Molander）阅读了本书原稿的全文，提出了很多有价值的意见，使我免于犯下许多致命的错误。

我的至爱亲朋都尽其所能地转移我对课题的注意力和精力，我要对他们致以最大的谢意，因为没有你们，我将失去生命中某些至关重要的东西。

本书献给我的祖父母塞缪尔·罗思坦（Samuel Rothstein）和罗拉（Rola），他们在奥地利的居森（Güssing）一直工作到1940年。对于他们来说，国家与公民的关系从来都不是一个问题。他们从罗兹到奥斯维辛的悲惨命运，在本书写作过程中始终萦绕在我的心头。它们是那么遥远，感觉又从未如此之近。

目　录

第一章
思辨与学科

在本书中，我力求把两种并不相容的学术抱负——思辨与学科—— 1
融为一体。从很多方面来看，本书都是一部思辨性的著作。首先，本书试图勾勒一幅关于未来的图景，这是一种大胆却非鲁莽的抱负。[1] 这里，我不揣冒昧所要描绘的，正是我们在激烈论辩并日益变化的全民福利国家的未来前景。由于瑞典是这种福利国家中最突出的代表，我在研究中将主要使用瑞典的资料和数据。

本书的第二个思辨性特征在于，它与现在其他绝大多数社会科学研究形成了鲜明的对照，对规范研究和经验研究报以兼容并蓄的态度。在本书中，我并不局限于描述和解释全民福利国家的典型特征，还将尝试阐明未来应该如何制定福利政策，并为这些政策建议进行辩护。这种研究方法并不是出于（或至少并不唯一出于）散布我本人的政治价值观或社会偏见。毋宁说，之所以写这本书，是因为我坚信，除非正视社会正义等规范性问题，否则有关福利政策的讨论就仍然是残缺不全的。当然，经验分析对于诸如此类的研究计划也至关重要，
但如果我对福利国家未来前景的努力探索并不仅仅是对当前趋势的简 2
单归纳，就必定会触及不同模式或对策的规范性争论。换言之，本书意味着这样一种尝试，它希望能够将经验分析与规范研究整合到同一理论当中。[2]

对此，戴维·里奇（David Ricci）在其著作《政治科学的悲剧》

（*The Tragedy of Political Science* 1984）中，为我们提供了很好的理据。里奇指出，在传统的政治科学中，诸如“正义”“国家”“权利”“爱国主义”“社会”“美德”“暴政”等规范性的、充满感情色彩的概念占据着主导地位。如今，政治科学的悲剧恰恰在于这样的一种现实：规范性的概念大多消失了，取而代之的是诸如“态度”“认识”“社会化”“系统”等中性的、技术性的概念，这完全是一个充斥着海量数据和政策分析的新领域。里奇认为，从研究政治与民主根基的批判性、规范性问题转向对经验控制和政治收益等问题的分析，这种研究旨趣的转变有助于解释现代政治科学自身存在的重重危机。即政治科学家们不再关注那些诸如社会共同体成员认为相关且重要的议题，而是将政治学的科学研究视为对那些处于专业学术研究禁地之外的领域重要性的认可，这恰恰就是上述议题所反映的。一言以蔽之，里奇对当代政治科学的批评可以总结为：它仅仅为了达到经验精确和统计概括的目的，就牺牲了政治上的关联性、迫切性议题。[3]

里奇的描述或许不乏夸大之辞（我想确实如此），但他的确抓住了这一领域发展过程中的某些关键问题。那种把社会科学的规范问题与经验问题分离开来的企图，确实会引起相当多的问题。首先，规范前提——如果仅仅是指那些隐含的前提——构成了所有福利政策分析的基础，出于知识分子的应有风范，我们应对此清楚无误地予以阐释。此外，我们这里所检视的社会福利计划并非是权宜之计式的安排，在很大程度上，它们也表达着明确的道德观念。因此，除非其规范基础被
3 阐释清楚，否则它们很难被真正理解。[4] 正像挪威政治学家约翰·P.奥尔森（Johan P. Olsen）所说的，“通过公共行动阐明哪些观念、价值和利益应该得到保护”已经并将继续成为政治科学的一项中心任务。[5]

过去数十年里，社会科学经历了前所未有的迅猛发展。其后果之一，就是不同学科分支内部及其相互之间形成了高度的专业化。例如，美国政治学会现在已经分为不少于38个分支部门，而它们彼此之间的交互沟通却少之又少。对于一位学者来说，掌控某一领域最简单的途径，就是尽其所能地压缩其研究范围。风险最小化、安全偏好以及研究

范围的局限性，这些都是自然而然的选择后果，本来无可厚非。但是，高度的专业化必定会导致分析空间过于狭窄的风险，以至于在那些社会亟须应对的紧迫问题面前，我们不可能得出任何有价值的结论。某一位学者或许了解社会团结与福利国家的道德哲学基础；另外一位学者可能精通于对不同福利政策方案成本—收益的高级分析；第三位学者则有可能是一位统计分析专家，擅长于对不同福利问题的公众态度进行调查；第四位学者或许研究社会福利政策的官僚制问题；第五位学者可能对不同国家福利政策的历史进程抱有极大兴趣。那么，如果我们要从整体上把握和言说全民福利国家的未来，就必须把对上述五个方面（以及其他别的方面）的洞察和分析结合起来。科学的专业化深化了我们的见识，它也同样限制着我们的认知。关于不同领域的现象如何相互影响这一问题，一种更具综合性的总体分析的可能性渐行渐远，这往往就是由于过度专业化所导致的。仅举一例：一项既定社会福利项目，很有可能是根据某位杰出的道德哲学家有关社会正义精神的原则思想而设计的，并且得到了公众的信任和选民的有力支持。但是，如果这一福利项目要落到实处，还得靠那些为完成任务而拙劣地组织起来的行政机构。如果随之而来的是浪费、腐败以及滥权，那么哲学家们（没有其他人）将会惊诧于其理论不能适应形势所需了。对此，我认为应坚持全面观点，对不同领域如何相互作用进行思辨性研究。在 4
这个问题上，我唯一想说的是，思辨就是我们正在审议中这一主题本身所固有的。

现在，我想是时候着手探讨本书的第二项研究抱负——学科了。按照字典中的解释，学科含有整齐划一、有条不紊的意思。我在本书中使用这个字眼儿，主要是想尽可能地强调秩序性。这项抱负有一个重要的推论：这里探讨的规范分析绝非发表我个人观念的某种训练。出于学术责任，我也不可能就此议题大谈特谈自己内心的价值观念[6]，那么，读者或许会感到困惑：为什么我会对已选择的这类问题感兴趣。显然，这些基本价值已经在某种意义上决定着我的理论假设与问题选择[7]，而这恰恰是批评者们极力指责我的某些方面。对此，我更想强调的是，诉诸规范分析并非主张神秘主义，也不是散布我的个人意见，更不是武断地规定某些价值优于其他价值。[8] 随后，我将选取关乎社会正义性质（它得益于1970年代早期社会正义问题的复兴）的当代政治哲学大辩论的某一侧面。本书的部分内容将力图阐明，在这种政治哲学话语范围内，善的确证是如何在社会正义方面占据特殊地位的。对于哲学诠释在公共政策辩论中的地位，我所见过最好的是西德尼·胡克（Sidney Hook）的论述：

> 哲学家对于公共事务最重要的贡献，就是厘清公共政策冲突背后的道德观点，并且把它们与我们期望置身其中、所有人都能得到良好照顾的社会联系起来。[9]

我要马上强调一个为大家所坚持且我自己也赞同的观点：我们不可能科学地证明，某些规范性论点比其他规范性论点更加正确（在接近事实真相的意义上）。竭力追问某些令人信服的观点是相当成问题的，这些观点从某些基本原则合乎逻辑地推导出来，而这些基本原则恰恰是我
5 们能够合理期许且达成深刻一致的。[10] 就像约翰·罗尔斯（John Rawls）所说的，很可能的情况是：

> 在那些最根本的哲学问题上，常常不能得出结论性意见。在某些人看来一目了然并可基本接受的基本观念，对其他人可能是不可理喻的。对于这些问题，解决之道在于反复思忖，看哪一种观点提供了最清晰的、令人信服的思路。[11]

学科的目标是，让那些涉及基础性和衍生性原则的争论尽可能地清晰、开放与合乎逻辑，把它们阐释成为更加明晰的观点，从而给那些潜在的批评者提供易于攻击的标靶。这种言说方式的科学性，在于其争论、妥协的逻辑方法，而非其关于论证的相应规则。在这种规范性言说中，我们“屈从于那些科学的理想，它在至上性观点的名义上得以风行”[12]，也即，我们要把他人的观点纳入考量，然后再给出自己观点的理据。如果我们还想获得讨论的正当性，那么，逻辑一致性、合理性以及开放性讨论（换句话说，这是科学辩论的规则）等要求，本身就限定着我们所能提出的观点。或许，我们也可以这样说，本书的意图就是以学科的方式来进行思辨。[13]

对建构性政治理论的需求

考虑到现代政治哲学与经验分析之间的相关性，我将阐释这一领域 6
内学术专业化的后果。从 20 世纪 70 年代开始，社会科学（也包括政治科学）对规范性分析和论辩的兴趣与日俱增。1971 年，约翰·罗尔斯出版了鸿篇巨制《正义论》，标志着政治哲学的复兴。几年以后，罗伯特·诺齐克（Robert Nozick）出版了《无政府、国家和乌托邦》。罗尔斯和诺齐克共同颠覆了长期主导政治哲学的功利主义和道德相对主义，证明了规范阐释的重大意义，使得诸如正义、公平、权利等规范性概念重新回到政治科学舞台的中心。罗尔斯详尽地阐明了理性的个人终将同意的分配原则，像做思想实验一样，理性的个人被假定处于原初状态之中，且（1）无论在形式上还是在实质上，他们所做的决策都具有同等的价值；（2）他们缺乏对自己未来的社会地位、身体状况、经济资源的相关信息，对社会形态也一无所知。[14] 通过对这种状态下行动者的理性预期分析，罗尔斯推导出词序上的（也就是说前者优先于后者）两条正义原则。第一条正义原则是，“在最广泛的基本自由方面，每个人都与他人具有同等的权利”，第二条正义原则规定，资源的不平等分配只有在每一个人（包括穷人）的生活状态因此而变得更好的情况下，才会被接受。[15]

除了其著作的原创性和高水准之外，罗尔斯的巨大影响还在于，他力图在同一理论当中糅合个人权利不受侵犯、个人自由等自由理想和为了实现社会正义这种自由一定要受到某种限制的观念。或者就像艾伦·戈德曼（Alan Goldman）对罗尔斯正义原则的评论那样：“第一条原则重申了西方自由主义、资本主义民主的基础，第二条原则则承认了社会主义者对资本主义自由诸多批评的正确性。”[16]

罗尔斯和诺齐克的论著引起了极大的轰动和关注，这些影响波及政治哲学的传统范围之外，也超出了政治科学的领域，这样说一点儿也不为过。同样，他们在一些文献和全新的期刊上的投稿也掀起了阵阵波澜。

7 尽管这些哲学言说错综复杂、艰涩难懂，但与之纠结在一起的实质问题却是一目了然的。它们可以简略地归为：国家应该如何行动？阐释这一问题所要应对的，恰恰就是有关福利政策种种争论的核心所在。这也是政治学与哲学恒久关注的问题：集体为个人承担的责任究竟有多大？个人应该独立承担的责任（与他如何履行责任无关）究竟是什么？国家应该如何行动的问题——即集体政治行动的道德框架是什么——也称为规范性国家理论。[17]

在政治哲学复兴的同时，政治科学内部也产生了一个全新的、令人振奋的研究分支。这一研究领域——人们称之为执行研究——主要检验政治改革计划的实施。也即当政策落到实处时，执行过程中发生了什么。政治科学家对公共行政的兴趣，原本仅限于正式法律和组织机构以及作为独立权力因素的官僚制问题。执行研究的创新之处在于，它以实施中的行动为中心，研究在何种情况下民主政治系统的政策举措能够成为现实。这是公共政策的关键——对于公民而言，它把公共政策具体化了。这样，执行研究就打破了早期公共行政研究的传统，早期的传统要么拘泥于法律或形式的特征，要么仅以组织或决策理论模型为中心。执行研究提出一个问题，组织化的公共行政部门是如何通过不同的方式影响执行计划的成功前景的。

执行研究的突破意义还在于，它可以被视为是一种对通过政治行动来医治社会弊病巨大信心的反对。在第二次世界大战之后的数十年间，这种信心风靡整个西方世界，并于20世纪60年代达到顶峰。在美国，约翰逊政府推出了建设“伟大社会”计划，而在瑞典，它激励着社会民
8 主党人批准了“增长的平等”计划［绝大部分由阿尔瓦·米尔达尔（Alva Myrdal）执笔］。

执行研究提出了这样一个问题：为什么某些公共计划不能实现其目标。杰弗里·普雷斯曼（Jeffrey Pressman）和阿伦·威尔达夫斯基（Aaron Wildavsky）写过一本名为《政策执行》（***Implementation***）的书，它的副标题是“华盛顿的宏大期望是如何在奥克兰遭到挫败的”。

随着现代政治哲学的复兴，普雷斯曼和威尔达夫斯基的论著催生了这样一种新的研究趋势，通过政治和行政途径推动社会发展的先决条件究竟是什么。[18] 这一研究趋势令人感兴趣之处，在于它力图回答的问题与政治哲学需要解决问题极为相似：国家能够做些什么？ 在我看来，这一问题应该作为重建经验性国家理论的起点。

但是，我必须要说，经验研究领域的大多数学者很少提出一般性问题。相反，他们更愿意使用那些在不同项目实施过程中产生的鲜见理论性却更具细节性的案例。据我所知，综合性的兴趣促使某人从事上述分析进而形成经验性的国家理论几乎是不存在的。[19] 不过，我认为，诸如此类的研究已持续了二十多年，这大大增强了我们判断何种计划更有可能或更不可能取得成功的能力，并且已经出现了总结此项研究概况的种种尝试。对此，稍后我将多次引证这些尝试。因此，应该存在这样一种可能性：对于西方民主国家政治管理的未来前景，得出某种综合性、一般性的结论。至少，这是本书的意图所在。

人们一般认为，政治科学的上述两个分支之间隔膜很深。例如，几乎不存在二者之间的互动沟通。[20] 本书从“事态糟糕”这一预设前提开始着手。尝试分析未来，意味着建构性的理论推演，并尝试做出何者为 *9* 善、何者可能的预测。这样一种努力，要求把经验分析和规范分析结合起来。如果某人要对未来说些什么，就一定要谈及“能够”和“应该”。在此情况下，讨论把“国家应该如何行动”与“国家实际上能够做些什么”隔离开来，是毫无意义的。而且，如果不同时考虑国家应该如何行动，而仅仅试图回答它能够做些什么，这既是完全不适当的，也是不道德的。[21]

自罗尔斯的理论公之于世以来，政治哲学家们对公共政策表现出越来越浓厚的兴趣。[22] 这个趋势在如下一些杂志上可见一斑：《哲学与公共事务》（***Philosophy and Public Affairs*** 1971）、《社会正义》（***Social Justice*** 1989）、《社会哲学与政治学》（***Social Philosophy and Politics*** 1983）以及《政治哲学杂志》（***The Journal of Political Philosophy*** 1993）。丹尼斯·汤普森（Dennis Thompson）在一篇文章中总结了这一领域的概况，但他认为，重新被唤起的、对社会现实的兴趣并没有促使哲学家走得更远，去研究“真实的公共政策”[23]。在汤普森看来，哲学家们仅满足于分析公共政策得以建基的基本原理，却对国家推动实际项目的具体经验毫无兴趣。针对研究的具体性需求，政治哲学家的首选方法是设计假想案例——并非只有以上提及的三种杂志。罗伯特·古丁（Robert Goodin）不无辛辣地批评这种研究不切实际和缺乏关联性：

> 我们要反思一些假想的案例——它本身越荒谬，结论就越明显。几乎没有进一步的争论，我们就可以从对这些“荒谬的案例”的直接反应中推导出一般道德原则……无论它们在解决深层次哲学问题上的作用如何，这些怪诞的假想根本无助于解决公共政策的现实窘境。[24]

在本书中，我将接受古丁的建议：不去设计那些“疯狂的案例”，而是通过正视公共政策具体分析的规范性言说，尝试系统地阐释一种建构性政治理论。[25] 戴维·赫尔德（David Held）也强调这一观点，从民主理论的视角来看，“如果一个关于民主制度最好形式的理论一定要人听
10 起来言之成理的话，它就必须同时关注理论和实践问题，也必须同时关注哲学和组织、机构等问题”。赫尔德进一步申明，如果没有这样的双重焦点，关于民主的讨论无非就是一种在完全随意基础上选择的哲学原则的辩论——一场永无休止的抽象辩论。[26]

就像戴维·米勒（David Miller）强调的那样，政治哲学话语内关于社会正义的论辩基于两个根本假设。第一个假设是，政治行动者能够自觉地指导社会进程，或者在某种程度上深刻影响社会发展的进程（关于它们的基本形成），“因而可以理解为他们有意识地尝试重新塑造社会”。第二个假设是，“找到重塑社会的力量源泉是可能的——通常就在政府当中——并且这一力量足够实施社会的重塑”[27]。然而，后者却常常为政治哲学家们所忽视。对此，我要再次引证米勒的话：“政治理论家们几乎无一例外地未曾考虑到这一关系，即经验研究的结果可能已经包含在其基础原则当中。”[28]

就此议题，英国哲学家诺曼·巴里（Norman Barry）在其所著的一些基础读物中认为，政治哲学家最不感兴趣的就是正视经验证据可能产生的影响。与许多人一样，诺曼·巴里承认，政治哲学与经验分析之间存在某种张力。因为无论关于某一政策的规范论辩如何娴熟精细，这一

政策仍然有可能无法实施。但是，巴里的研究仅以这只不过是“政治现实主义者的方法的不幸后果之一”而告终，并没有得出试图系统地建构一种建设性政治理论的正确结论。不过，他随后也强调：“政治理论家有趣的任务之一，就是在假设某些原则已经达成一致的基础上，为政策执行建构适当的制度举措。”[29] 有人会合乎逻辑地继续追问：如果没有 11
明确地引入规范和经验理论，这又怎么可能做到呢？

米尔顿·菲斯克（Milton Fisk）认为，所有以普遍理性主义以及独立于外在物质世界为基础的、对普遍正义原则进行推理的想法，都不过是一个徒劳无益、希望渺茫的事情。他这一观点非常正确。按照菲斯克的观点，讨论的起点更应该放在实际存在且有益于社会的正义原则之上。哲学家们与真实世界毫无关联的冥思苦想，加大了现实与理想之间的巨大鸿沟，并使得“真正的”正义变成完全脱离当时政治秩序的东西。在菲斯克看来，这种情况的危险之处在于，它会导致对现实政治愤世嫉俗的态度。[30]

在另一位权威的政治哲学家 G. A. 科恩（G. A. Cohen）为平等原则进行申辩的主张中，我们也可以发现与菲克斯观点的诸多相似之处。科恩持这样一种观点，国家为公民福利承担的责任应当仅限于补偿那些公民自身无法选择的差异。因此，国家只应帮助公民克服诸如已超过他们解决能力的困难（如天生的身体残疾）。[31]

所有从事社会政策方案实务研究的人都很清楚，其间的差别往往不大可能区分得十分清楚。例如，一个失业的人理应为他自己的状况——没有获得足够的教育，或者没有积极地找工作，或者没有及时预见到国际经济衰退和劳动力需求结构的转变对自身的影响等等——负责吗？或者，失业问题应该归咎于它的受害者不能合理期望或预见到宏观经济环境的影响吗？[32] 因轻浮、消沉的生活方式所累而遭受疾病的人们，应该与那些具有良好品质、纯洁无瑕般生活、虽遭受一些痛苦折磨但显然自身并无过错的人区别对待（也即任何人都必须同等地对其行为后果负责）吗？

我想，做出正确的选择没有如此简单。举一个具体的例子——根据现有的统计资料，酗酒导致过高的死亡率——相关疾病可以在酗酒者中

（自然而然地）观察到，在戒酒的人中也可以观察到。该曲线是U形的，结论和通常一样，适度节制似乎是最好的策略；但是，问题在于什
12 么才是适度的以及应该怎样判断。对此，经验证据简单明了：在低社会阶层与身体健康之间能够观察到显著的负相关性。[33] 另一方面，海伦娜·里维耶尔（Helena Rivière）最近转而研究有关健康与社会地位的反向关系：“坐在酒吧，喝着麦酒曾是在中产阶层中拥有高地位的标志。而现在，他们投资于健康，正如他们投资于漫长的教育和漂亮的房子一样。”她将此与工人阶级更放纵的生活方式相比较：“他们抽烟，喝酒，吃味美但却油腻的香肠……一旦拥有就纵情享用。”她正确地指出，这翻转了对生命品质标准的解读：“我们突然发现，在社会上层和中产阶层中也能够发现染上神经官能症的人，这些人，除非认为自己已积累了部分财富，他们才会改善现有的生活。”[34] 把握正确的人生时刻是困难的，同样也是微妙的。

更重要的问题是，我们是否应该对我们的偏好承担道德责任，或者说相反，是否应该将这些偏好界定为具有先天缺陷。科恩也承认，做出这种区分的尝试“使得政治哲学去追溯形而上学问题，而这些问题可能是不可解决的”。然而，这位著名的政治哲学家并没有给出任何理由去更密切地关注为解决这一问题而做出具体社会方案的尝试。“厄运当头，并不是无所作为的理由”[35]。这是一件再简单不过的事了。

罗尔斯的理论也招致了诸如此类的批评。罗尔斯的所谓差别原则，意思是资源分配的不平等只有为了那些命运最不眷顾的人的最大利益才是正当的。但问题在于，他忽视了诸如源于基本资源（反映个人无法施加控制的遗传和社会环境等）的不平等与由于个人意志选择的抱负不同即他们不同程度的努力之间的差别。当然，控制自己的倾向是否也应被视为一个天生的资源（在这种情况下，国家应补偿那些在命运赌博中失意的人）也是一个问题。必须强调指出，这一主张否定了个人对他们自
13 己的行动所负有的责任，而且使人们对民主有所怀疑。民主是基于公民有能力做出深思熟虑的决定，也能够对自己的选择负责的概念。在我看来，如果公民不具备这样的能力，普遍而平等的选举权观念就失去了根基。

约翰·罗默（John Roemer），这位富有革新精神和哲学取向的马克思主义经济学家，提出了一个更深入的例证。在对平均主义观念的剖析中，他质疑：为什么限制有关物质资源正义分配的讨论，以及忽视诸如勤奋或天分等个人天赋的正义分配。按照罗默的观点，真正的平等要求后一种资源也合乎公平地进行分配。然而，如果罗默的观点成立的话，就必须满足下列条件："假设不可分割的财产归个人所有已经确知；让人们公示他们所拥有的财产是没有问题的。这种假设适合当前情况的，因为我想对平等理论进行研究，而与执行问题无关。"[36] 但是，正如乔恩·埃尔斯特（Jon Elster）所指出的，以公平的方式处理诸如此类的问题，在实践上"将无可救药的复杂和昂贵"[37]。

在美国法律哲学家布鲁斯·C. 阿克曼（Bruce C. Ackerman）的论著中，我们可以看到另一个例子。在其经常被引证的著作《社会正义和自由国家》（***Social Justice and the Liberal State***）中，他坦率地宣称，自己是从"拥有完美正义技术的政体"的假设开始着手的。他要求读者假定，"你身处实施实质性的结论不存在任何实际困难之境"[38]。最后一个例子来自理查德·J. 阿尼森（Richard J. Arneson），他研究福利分配是否应该合乎人们的偏好问题。首先，他承认福利分配可能成本高昂以及会遭遇执行障碍，"也许本不可能"，因为我们无法想象，要完成这样一项任务，公共权威拥有收集和使用海量信息的能力。其次，他指出，他将"忽略这些实际的可行性问题"，而"假设对于任何我们组建以执行接受的分配正义原则的机构而言，关于人们喜好的正确、全面的信息都可以不付成本地得到"[39]。

现在，如果大家接受这种对经验分析的实质性确证予以忽视的话，那就意味着这样一种情况，这些哲学家只对在他们严格限定的学科内进行辩论感兴趣。然而，事实并非如此。毋宁说，哲学家们坚持认为，这样的分析对政策的具体制定有且应该有意义。[40] 但是，正如 14
西德尼·胡克所指出的，问题是"当哲学家开始讨论公共政策问题时，他们就离开了自己的领域"[41]。在胡克的研究中，这个问题是很自然的，在诸如器官移植这样的关键议题上（在这样的情况下，急需器官的病人要比合适的器官多得多），如何选择美国的医疗区分布原则。

乔恩·埃尔斯特认为，主流的哲学典范对此议题是完全无效的。[42] 总之，如果经过没有中间的经验环节，就从规范性的理论直接转换成建构性的理论，这种观点往好里说是徒劳的，往坏里说是极其危险的[43]。

在哲学领域也一直有要求更加具体化的呼声。英国哲学家戴维·米勒在最近出版的哲学百科全书中有一篇颇具贡献的文章（关于政治理论的），文中总结道：

> 在过去20年里，尽管对政治理论有一些重要的贡献——例如奥克肖特（Oakshott）、罗尔斯、诺齐克和德沃金（Dworkin）所做的工作——但仍需注意的是，这些工作并没有将政治原则的哲学分析与政治进程的经验理解成功地结合起来。他们的工作极具哲学上的复杂性，但其经验的基础却很薄弱，且易于受到社会科学家的批评。该领域的进一步发展，必须包括纠正这种不平衡。然而，这是一个容易设定却难以实现的任务。[44]

艾伦·韦斯巴德（Alan Weisbard）认为，反经验取向对作为一门学科的哲学产生了消极影响。韦斯巴德评估了政治哲学家参与里根执政时期美国各个政府委员会的影响（这些委员会被委派的任务是解决公共政策问题中的伦理问题），之后得出结论，“哲学分析倾向于援引的
15 那些正义标准，在现实世界的政策措施中几乎是无法找到的”[45]。按照韦斯巴德的观点，建构性理论的缺失是一个严重的问题，几乎不可能提供有用的政策建议。对于政治哲学本身的发展而言，这个问题同样存在。

在经验取向的政策研究领域，也即我所指涉的经验性国家理论研究中，情况同样并不令人乐观。我们经常提出一大堆政策的成功实施必需的条件。[46] 就像所有的政策分析那样，诸如此类的研究提出了如何应对规范性影响这一关键问题。[47] 在这一领域中，许多学者常常诉诸建基于合理性和效率概念的经验分析，然后提出行动的建议，却对方案的规范性没有表现出应有的重视。这也可能会导致灾难性的后果。[48] 对此，伊桑·费希尔曼（Ethan Fischerman）在一篇回顾政策分析和哲学之间的关系的文章中指出，“公共政策研究基本上仍然隔离于西方政治哲学历史之外”[49]。

本书研究的一个中心前提是，以合理性和效率观念为基础的实证分析不应作为政策建议的单一基础——尤其当基础性道德原则受到威胁（就像在福利政策方案中那样）时，无论如何都不能如此。[50] 引用查尔斯·安德森（Charles Anderson）的话，即“正是由于你把道德观念视为理所当然的，所有问题才可作为技术性问题”[51]。这就使得对公共政策执行中用作标准衡量指标诸如“正义”“民主”和“平等”等概念的研究毫无进展。[52]

单靠经济学的成本—收益分析并不能够为政策建议提供足够的支撑，这一点已经为瑞典国家审计局最近提交的一份报告所证明。该报告试图通过使用经济分析来决定国家应该如何分配其资源以挽救生命（如改善道路）等问题。然而，报告提出的聚焦于个人支付意愿的研究方法是有缺陷的，其中部分原因在于，分析中没有考虑到诸如“正 16
义”等概念。这证明，即便对经济学家而言，也很难承认某些群体因其无法或不愿支付就应该比其他人承担更大的风险。[53]

全民福利国家的未来前景是一个十分具体的问题，不能仅靠政治哲学家虚无缥缈的言辞予以分析。如果不考虑现实的可能性，建构正义原则不免要流于一种智力游戏——对于这种活动的践行者而言，这或许令人鼓舞，但确实也限制了问题的相关性。另外，我们还必须敢于将视野提高到经验层面之上，并拟订关于公共政策的可能性和限制条件的一般性结论。对福利政策的分析——特别是对其未来前景的分析——必须将规范和经验的表述糅合为建构性的阐释。换句话说，决定国家可以做什么、应该做什么，二者是同样重要的。[54]

至于我的打算，图1-1给出了清晰的阐释。问题在于是否有可能做到这一点。这确非易事，从伦德奎斯特最近出版的一本论著中所描述的暗淡前景报告中，可以清楚地看出来：

> 政治科学（经验理论）和政治哲学（规范性理论……）之间存在非常严重的分歧，二者亦以此态度审视彼此，每一个领域的践行者常常都对对方的工作所知甚少。结果便是，无论在二者哪一个学科当中，都缺乏适当的条件以形成某种建构性理论。[55]

值得一提的是，这项研究有一个关键起点：对制度条件进行政治分

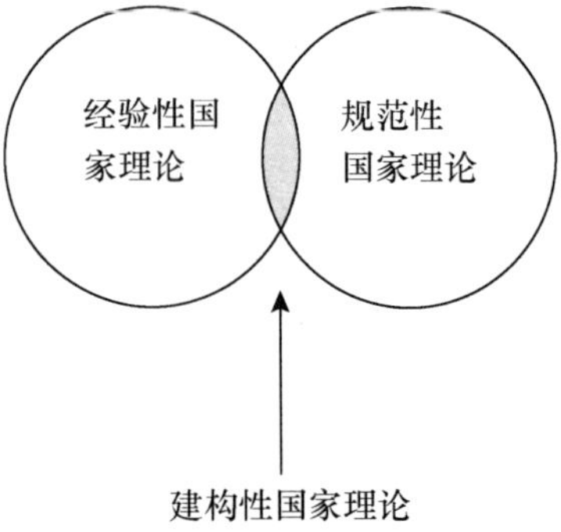

图 1-1　经验性、规范性和建构性国家理论

析的重要性。在这一点上，我所理解的制度条件包括各种正式的规则系
统，如宪法、税收制度，以及——尤其适用于此项研究的——社会福利
计划。这些都不应仅被视为判定何种行动策略合乎理性的规则体系，
还要被看作合乎既定的规范性制度安排。根据这一观点，政治条件导
致的不仅仅是正义规则（例如，那些详细阐明政治决策机制的规则），
17 它们还会影响社会价值观的确立，也即我们将什么视为共同文化、集
体认同、归属感、信任和团结。[56] 例如，挪威社会科学家乔恩·埃尔
斯特认为："政治学的任务之一，当然是要型塑一定的社会条件和制
度，以使人们的行为举止诚实，因为他们相信其社会的基本结构是正
义的。"[57]

因此，分析业已确立的制度，将使得我们有可能将政治哲学研究
（国家应该做些什么的问题）与考察"实际存在"的政治体制如何运作
（国家能够做些什么的问题）连接起来。在对其正义理论进行自我批判
的文章中，罗尔斯认为，正义理论所依赖的基本原则不应被视为形而
上学的假设，而更应被理解为它是以"嵌入宪政民主政体及其阐释的
公共传统等政治制度的直观想法"为基础的。[58] 对本书研究而言，罗
尔斯的阐释极为重要。它表明，规范言说并不等同于形而上学的思辨
（例如，像对自然法的讨论）或其他的臆断推理。因为在臆断推理
中，任何一个观点都和另一个一样好。通过分析那些形成既定的和公
18 认的制度基础的原则，我们有可能通过类似的推理，获得社会政策形
成的一般性原则。

普遍性福利政策 vs 选择性福利政策

从比较的和历史的角度来看，福利国家造成了一个有趣的谜思。当前，在发达工业国家，公共支出（社会计划是其中一个主要部分）占GDP的份额方面存在很大的差异。20世纪90年代，欧洲大国的公共支出比重高出美国50%左右，而斯堪的纳维亚国家公共支出的比重相当于美国的两倍。然而，这种情况并非从来如此。20世纪60年代，这些国家公共支出的差异很小。美国的水平大约为28%，而斯堪的纳维亚国家的平均水平为29%。美国花在社会保险和社会救助方面的钱占GDP的7%左右，而斯堪的纳维亚国家只占了2%多一点。[59] 1960年以来，随着国家贸易的扩张、金融市场全球化以及由大众传播媒介的发展而引发的价值观的国际化，不同国家政府用于社会福利开支方面的差异急剧扩大了。

本书研究的经验主题是全民福利国家的未来前景。其中，瑞典可能是全民福利国家最突出的代表。它的政策主要由三个部分组成。[60] 首先，公共生产和普遍可得的服务如卫生保健、基础教育、关爱子女和照顾老人，以及公开监管和住房补贴。其次，与公民资格相联系的统一费率的普遍福利，例如基本养老金和儿童津贴。最后，强制性的社会保险体系。在该体系中，利润反映劳动力市场上的收益，该体系的目的是提供一个较高水平的收入保障，诸如补贴（相关收入）退休金计划、病假工资和父母保险等。[61]

许多学者试图说明瑞典（或斯堪的纳维亚国家）的社会政策与其他西方国家之间的差异。[62] 当然，发现瑞典福利政策结构的统一原则并 19
非易事。在此，我将之粗略地区分为普遍性福利政策和选择性福利政策。瑞典社会政策（及其他斯堪的纳维亚国家）与国际上其他国家社会政策的区别，在于它的高覆盖率。[63] 简单地讲，这意味着国家根据统一的规则，完全承担起全国所有人口、所有年龄阶段的津贴和服务。

确切地讲，在政策辩论中，究竟普遍性福利政策概念应该包含哪些内容往往不是很清晰的。这主要是因为，普遍性福利政策的概念含有好几个维度。一方面，它涉及政策覆盖公民的比重，涉及政策是覆盖国家所有人口（普遍性福利政策），还是只向部分群体提供某些津贴和服务的政策（选择性福利政策）。另一方面，它涉及福利和服务究竟如何分配。在这里，我们或许可以划分为按照规定的权利进行分配（普遍分配），以及根据一些需求测定（自由裁量分配）进行分配。

这种分类的依据，来自阿克塞尔·赫德尼斯（Axel Hadenius）的《福利国家的危机？ 关于瑞典税收和公共开支的主张》（***A Crisis of the Welfare State? Opinions about Taxes and Public Expenditure in Sweden***）一书。[64] 其中，有一个棘手的问题，赫德尼斯并没有区分需求测定所依据的不同标准究竟是什么。如果我们要关注福利政策在建构社会正义中的作用，那么区分代表专业规范（例如，一名医生要按规定为一位病人进行治疗）的需求测定标准与确定个人支付能力的需求测定标准即经济状况审查，就是非常重要的。由于福利政策旨在纠正（以公民的可变支付能力形式出现的）市场运行的后果，像赫德尼斯所做的那样将不同类型的需求测定归于单一类别，就是不恰当的。如果我们把这里论及的两种不同类型的需求测定进行比较，它们之间的差异就会更清晰地呈现出
20 来。例如，由于责任医生认为不适当从而拒绝某一疗法，与由于责任法官认为某人拥有足够的经济能力在开放的市场上通过自己的能力得到某种服务，从而判定此人不得享受某些公共服务，这是非常不同的。如果社会政策不是采用后一种需求测定，即用以确定某一个体的支付能力，它就应该被划分为选择性的福利政策。如果像赫德尼斯所做的那样，将这两种需求测定同等对待，那么结果就是二者之间的根本差异被忽略了，而这些差异恰恰是普遍性福利政策逻辑的基础。

在下文中，我将使用普遍性福利政策这一术语，它既包含全体公民的福利项目，也包括那些没有运用经济需求测定（或者方法测定）而进行利益和服务分配的福利政策。然而，需求测定是一个相当复杂的概念，还需要进一步细化。大量的社保项目都使用需求测定，因为所谓的社保项目具有这样一种特性，需求只能通过实地或者个案调查等方式来

予以确定。[65] 如果要实现社会福利项目的根本目标，就需要针对不同的情况采取不同的措施。但这也意味着，社会福利项目的当地管理者应该被授予极大的自由裁量权，以决定哪种方法是最适用的。[66] 当某些特定病人急需得到特殊治疗时，当学生在理论训练中遇到困难时，当为失业者提供一份救助工作时，在诸如此类的多种情况下，这种需求检测方法就与公民福利项目的关系有关，而与公民个人的经济状况无关。

那么，通过选择性社会福利政策，即只诉诸后一种需求检测的福利政策，并不足以获得支付社会保障和社会救助所需的支撑。选择性福利政策的目的在于帮助那些经济窘迫的弱势群体，即那些在市场中无力购买基本日常生活品、保险以及所需服务的群体。这个政策系统旨在帮助那些“真正需要”的人们。[67]

在实践中，这意味着现有的福利国家都包含着普遍性和选择性的福 21
利政策。按照这一维度，特殊政策具有很大的变化张力。这里所说的“普遍的”和“特殊的”福利国家概念，就像韦伯的理想形态一样作为一种分析工具，根据理论所需来描述研究议题的某些特性。尽管它不属于经验观察的范畴，但“理想类型”仍是以经验观察为基础，并包含了一些非规范化的价值。在这里，所谓的“理想”并不意味着好，经验的“真实”现象可能偏离或接近抽象的理想形态，但却不能由此断定出它的好坏。在运用理论建构的“理想类型”时，方法论上的关键在于，通过“检验”经验性个案，来看它们是更偏向于普遍性的政策还是选择性的政策。[68]

普遍性福利政策面临的挑战

当人们去探究普遍性福利政策的规范性政治基础（以及它的未来前景）时，自然会从考察其背后的政治支持度着手。在瑞典，代表中产阶级的四党联合政府在 1991—1994 年执政期间[69]，宣布他们将从以下几方面来支持普遍性福利政策：

瑞典绝大多数的福利政策是普遍性的……福利国家的替代品是

> 一个选择性的体制，旨在帮助那些处于最差生活境况的人们。这样的体制有很多的弊病，它要求更多的检验和控制，必须要决定谁有权得到帮助、谁无权得到帮助。这很容易导致官僚主义，以及违背社会完整性的种种调查。一个选择性的体制还可以引起边际效应，
> 22 当人们收入上升时收益却下降了。很多人正遭遇陷入贫困的风险。福利国家的根本意识形态是建立在普遍主义基础上的，它将有效地指导未来社会的发展。[70]

与此相应，代表中产阶级的四党联合政府明确宣称支持普遍性福利政策。1994年，社会民主党重新获得执政权力，它下令削减对各种福利方案必需的补偿，如失业和疾病保险、延长退休年龄、降低市政服务补贴，以及减少休假天数等等。这些削减正是由1991年以来公共财政的恶化导致的，也使得瑞典社会福利政策的普遍性越来越低。[71] 虽然也有个别的呼声要求更多的变革，但总体情况是，除了保守党，没有政党对普遍性福利政策的基本原则提出严峻挑战。

1994年选举上台后，社会民主党就与创立普遍性福利政策之间建立了历史性的紧密联系，尽管它并非这一政策的唯一执行者。[72] 党的政治认同与维护这一政策息息相关，使得任何来自党内的、对其原则的根本挑战看来都是不可能的。从逻辑上看，该党把自己描述成了普遍性福利政策政治辩论的最重要的辩护者。[73]

并非只有政治精英对普遍性福利政策保持始终如一的支持态度。从对瑞典公民的访问调查中发现，普遍性福利政策同样得到了公众强烈和普遍的支持。20世纪80年代席卷所有政治辩论的自由市场特征的意识形态变迁，对于福利制度的基础性地位以及民众的普遍支持没有产生任何影响。（无论如何，通过访谈是没有办法发现这一政策度是否被削弱
23 了的。）[74] 那么，问题在于，瑞典的政治精英和广大民众对普遍性福利政策显著的广泛支持能否保证它具有一个安全的未来前景。如果答案是肯定的，那这本书现在就可以下结论了。不过，我要提请大家注意某些经济和政治因素对普遍性福利政策的挑战。正是这些挑战，使得我们有必要重新研究对该问题的支持和反对观点。

第一个挑战是公共财政。1994年，瑞典的财政赤字前所未有地达到

了国民生产总值的13%。这即便不是由高福利政策引起的，也与导致失业人数急剧增加的宏观经济政策重大失误有关。财政赤字迫使社会民主党大幅削减公共服务和津贴。即使削减大大改善了公共财政状况（1997年预算表明可能会有盈余，瑞典是目前欧盟少数有机会满足严格要求，从而进入欧洲货币联盟的成员之一），但是赤字还是说明全民福利制度在财政方面的弊病。

高福利国家需要相应的高税率——这是很容易理解的，如果所有的公民都获得补贴福利和公共服务，结果必然是国库的过度支出。[75] 与国际水平相比，瑞典的税收水平已经是相当高了，所以我们有理由认为，公共服务和福利增加的需求，是不能通过增加税收来加以解决的，至少在很多问题上不能。例如，退休人数的增加，在不久的将来会对所有的福利国家造成相当的财政压力。即便如此，我们也应该强调，到目前为止，尽管付出了相当多的努力，受芝加哥学派启发的瑞典卓越的经济学家并没有证明高支出和高税收会导致经济效率下降。避免高公共支出和高税收可能会有很多理由，但是经济效率不是其中之一。从这个角度看，究竟选择普遍性福利政策还是选择性福利政策，必须从其他方面进行解释，而非只在经济方面寻求答案。[76]

全民福利国家的另一个经济挑战，就是全球化的影响。这一论点主张，市场一体化尤其是资本市场一体化的急剧扩张，削弱了高福利国家 24
维持高税收的可能性，从而使得国家没有足够的财政资源来维持普遍性福利的状态。然而，杰弗里·加勒特（Geoffrey Garrett）在新近出版的书中驳斥了这一观点。他认为，“全球化并没有削弱左翼政府的权力与旨在调控市场产生的不平等现象的经济政策之间的联系。事实上，在许多重要方面，它们之间的联系被强化了。[77]

全民福利国家遭遇的第三个挑战，见诸如下事实：在当今社会政策的论辩中，福利政策更深的道德层面将再次受到审视。许多评论家和研究者认为，如果福利制度过度扩张，工作和社会生活就会出现扭曲激励结构的风险。[78] 在工作生活方面，学者们指出（其所认为的）疾病津贴、残疾抚恤金太多，并且认为这种过度的慷慨已经导致了各种各样的浪费。在社会生活方面，他们认为，国家为公民福利承担过于宽泛的责任，导致公民社会（家庭成员、邻里之间）各种各样的道德网络在弱化，同时，使得接受国家援助的人日益缺乏对自身行为的责任感。[79] 出于经验，他们声称这项社会政策（如果还算的话）恶化了它本想解决的问题。[80] 当然，这种批评一点儿也不新鲜；恰恰相反，在瑞典和其他一些地方，关于“福利依赖幽灵”的争论早在社会福利政策刚刚出现时就已汹涌澎湃了。[81] 所不同的是，如今这种批评又重新注入了活力，左翼分子连同右翼分子都一起加入进来了。[82]

上述这些批判，部分地以德国左翼社会哲学家尤尔根·哈贝马斯（Jürgen Habermas）的论著为基础。哈贝马斯认为，在纯粹的资本主义制度下，通过福利国家，公民对市场的依赖已经为对专制的、不可理喻
25 的行政机构的依赖所替代。通过将个人规划整合成一个综合性的网络，政府寻求满足公民在生命各个阶段可能的所有需求。因此，它不断在公民社会积极渗透、开疆扩土。它还逐步破坏了哈贝马斯所认为的公民之间那种自然的（即非公共性）团结关系。[83] 家庭、朋友之间的联系发生了变化——由于这些全面的社会政策——它们变得越来越不必要。随着福利国家的膨胀，自然的社会关系越来越萎缩了。

对全民福利国家的很多批判都不是什么新的观点。恰恰相反，它就像一个忠实的老搭档一样，从社会基本保障制度一经建立就如影随形地相伴始终。即便如此，这种批判也非常重要，值得我们认真思考。全民福利国家是一次大规模的社会团结行动的实验。如果社会保险资金遭到大规模的滥用，那么这种团结的大好局面就将面临极大的压力。[84] 也就是说，社保体制所需的团结并非绝对的，而是有条件的。

全民福利国家的第四个挑战是，从20世纪70年代后期开始，人们对通过政治手段推动社会发展的悲观情绪开始弥散，至少在社会福利政策领域是如此。尽管大量的资源用于解决诸如边缘化、犯罪、社会隔离等社会问题，但是它们的难度却越来越大。对这些问题的政治管理越来越成问题，至少从前面述及的执行研究中可见一斑。国家不是万能的，这种认知无论在学术界还是政治领域都普遍存在。到20世纪70年代，社会政策领域中对管理的乐观情绪走到了它的反面，尽管这种乐观情绪是二战以后的数十年间社会政策的典型特征。[85]

第五个挑战是，有明显的迹象（在一系列研究中都可观察到）显示，在过去的十年中，西方社会的价值观经历了相当大的变化。这种变化可以大致描述为一种从集体主义向个人主义的转变，它同样出现在其他的西方国家。在瑞典，公民对既定组织和权威的忠诚感明显减弱了。[86] 那种认为自己从属于某种承担着共同历史使命的更大集体的观点已经减少了，而这种情况并不仅仅出现在产业工人当中。[87] 对于 26
核心决策和集体方案的逆来顺受也大幅度下降了。个人自主权的要求日益显现，规划生活的观念以及追求个性的观点越来越占据主导地位。对公共部门、公共机构决策的质疑越来越多，市民越来越善于表达自己的需求。个人中心主义越来越强烈，在诸如公共事业和公共医疗需求等问题上更强调自我利益。[88] 问题在于，在瑞典及其他一些西方社会中，这种新个人主义或反集体主义如何与普遍性福利政策协调呢？其中的一个问题，需要关注日益强烈的个人主义与抽象的社会团结之间的联系，在全民福利国家尤其如此。

另一个问题与普遍性福利制度中建构福利政策的定性方式有关。在很大程度上，这类政策建立在统一的标准化方案的基础之上。对社会保险制度和公共服务来说，的确如此。社会保险制度中的个性化对待或在可选服务（如教育或护理）中自由选择，直到今天还极为有限。问题在于，日益强化的个人主义情绪是否会导致类似瑞典那样的全民福利国家的问题呢，如果导致，又当如何呢？在社会保险制度和公共服务中得到个性化对待的需求能够在全民福利国家框架内得到解决吗？

第六个挑战是，从 20 世纪 80 年代早期开始，尽管主要政治党派都一致支持普遍性福利国家政策[89]，但是很多需求测定计划还是在瑞典越来越多地出现了。接受根据个人经济状况进行公共援助（美国人称为“正在享受福利”）的人数已大幅上升。在某些大都市，接受这种收益的人数比重占到了 12%～13%。据萨洛宁（Salonen）的调查，在 20 世纪 80 年代，有些地方超过 20% 的瑞典人口接受了公共援助。在研究中的某个大都市，这一数据比例曾达到 25%。值得一提的是，这些增长都发 27
生在经济扩张和低失业率时期。[90]

尤其引人注目的是，在接受根据个人经济状况进行的公共援助的人当中，大多是青年人。二战之后，接受这一援助的16~29岁的人数翻了两番；此外，这一群体已经代替了病人和老年人，成为接受公共经济援助的主要群体。[91] 按年龄来看，这意味着几乎40%的年青公民（1965年及以后出生的人）是在他们24岁时就开始接受公共援助的。[92] 需要说明的是，我认为他们中的大部分人都只是短暂接受援助的，但萨洛宁指出，这毕竟说明，根据个人经济状况进行的公共援助不再是以人口中弱势群体为目标的福利政策的基本选择形式。[93] 毫无疑问，这些根据个人经济状况补助的因素作用如此强大，以至于人们不再认为，普遍性原则在瑞典的社会政策制定中仍占有统治地位。这一事实的重要性在于，它反击了保罗·皮尔逊（Paul Pierson）在其关于美国和英国福利紧缩政策研究中所得出的结论："如果由保守派来设计他们理想中的福利国家，那么它除了经济状况审查计划之外，几乎没有别的东西。"[94]

全民福利国家面对的第七个挑战在于这样一种事实，公共部门提供的公共医疗保障和服务已日益缩减。部分是由于意识形态的原因，部分是由于拮据的财政状况，县市当局与私营公司在教育和护理方面订立的公共服务合同越来越多。1991—1994年，瑞典四党执政联盟都将公共服务私营化作为它们救治公共部门弊病的首选良方。并声称这是所谓的"自由选择革命"。我必须马上说明，公共服务的私有化和追求全民福利国家之间没有直接或显著的矛盾。接下来还有一个问题：在何种情况下，竞争性、私有化与全民福利国家才能相容？ 公益服务的公共提供与公共融资必须予以区分。

28 总之，上述七项挑战使得我们必须考虑全民福利国家的发展前景。在社会科学领域，完成这一任务的传统方法是确定不同福利国家得以建立的根本原因，也即，探求最具解释力的独立变量。许多学者已经提出了诸如左翼的力量、国家的机器特征或经济现代化的影响等"卓越的解释"。这已经成为一个庞大而富有成果的研究领域，我觉得自己也适宜于从事此类研究。[95] 然而，这些解释中存在一个问题，即我们实际上很难判定究竟哪些是因变量、哪些是自变量。举个例子，在斯堪的纳维亚国家，工人运动和社会政策的普遍主义性质之间有着明确的联系。然而，正如我在早期的书中所说的那样，在相当大程度上，工人运动的力量可以由早期制定的社会政策方案特征来解释。[96] 政治动员的模式影响社会政策的制定，而社会政策的制定又反过来影响政治动员。[97] 言下之意是，自变量与因变量是随着历史情况而发生变化的，就像某些社会政策方案也会加强劳工运动的组织力量一样。另一个问题是，统计分析往往掩饰了某些重要的例外。在这种情况下，就会出现一些重要的“异常值”。例如，在澳大利亚和荷兰，强大的劳工运动并不会必然导致全民福利国家，而没有强大的劳工运动也可能出现全民福利国家。[98]

如上所述，1960 年以来，福利国家的选择性福利支出和普遍性福利支出之间的差距越来越悬殊。从理性选择角度来看，这就像确立了两种不同的政治平衡：低税率对应经济状况审查的选择性福利制度；高税率则对应普遍性福利制度。[99] 考虑到福利政策对政治支持的影响及其反向 29
作用，这意味着，这两种不同制度的发展演进存在着路径依赖。然而，路径依赖绝对不是陈述“历史事件”的代名词，它包含着三个方面的含义：（1）制度安排的早期细微变化，无论它们是否蓄意所为、是否合乎理性，都会对制度安排的后期阶段产生重大影响；（2）某些行动策略一旦确立就很难更改；（3）最初的目标会在未来历史结局中得到强化（即报酬递增或正向反馈）。[100] 路径依赖的观念，就是如何理解自变量和因变量的互为置换。换言之，社会政策领域的不同政治平衡因人们的意识形态取向而变化，我们可以把它理解为在善与恶循环往复的某一特定“形成阶段”的历史产物。本书的观点是，福利国家的不同类型可以由这样一个事实上的“循环”予以解释。我在这里把它称为全民福利国家的道德和政治逻辑。“逻辑”一词，是指路径依赖的历史视角，为了合理地推演普遍福利国家的未来途径，而不是简单地找出其“主要的自变量”，我们必须要把握福利政策类型与其政治和道德支撑之间不断发展的逻辑关系。

【注释】

［1］1968 年秋天，一些瑞典社会学家到基律纳（Kiruna）和马尔姆贝里耶（Malmberget）矿区对矿工们的工作条件进行调研。调查显示，矿工们对工作条件并没有什么不满意，对生活的满意度非常高。但仅仅几个月之后，这里的工人

们却举行了一场罢工，动摇了该国主导性意识形态的共识和该国政治领导层的根基。关于这段瑞士社会研究，参见 Larsson（1987），pp. 9f。

［2］Lundquist（1988），p. 18，and Lundquist（1993），pp. 84ff. 关于反对这项研究的见解，参见 Westerståhl（1993）。或许他的观点是对的，但令我疑惑不解的是，为何该项研究会成为禁区。或者，我们可以引用魏斯特斯托（Westerståhl）自己的话："在最根本的意义上，所有研究都不应受权威信念的影响，从而理所当然地具有批判性。"（1993，p. 382）

［3］Ricci（1984），p. 296；cf. D. Held（1987），p. 273.

［4］这是马奇和奥尔森（March & Olsen，1989）著作中很重要的一部分。

［5］Olsen（1993），p. 4，cf. Fischer（1995）.

［6］如果我的确知道它们究竟是什么，我就有可能以一种更加合理、清晰、连贯的方式将它们表述出来。Cf. herméren（1972），pp. 211ff.

［7］Cf. Lundquist（1993），p. 89.

［8］See Therborn（1973），pp. 25－47.

［9］Hook（1980），p. 11.

［10］N. P. Barry（1981），p. 92. Cf. Westerståhl（1993），魏斯特斯托声称，通过构建诸如它们"一定为受其影响的多数人所接受"等规范概念的操作化，我们就能够沟通规范研究与经验分析之间的巨大鸿沟（p. 282）。

［11］Rawls（1993），p. 53.

［12］Hermansson（1995）. See also Björklund（1977）and Fischer（1983）.

［13］当然，在后现代主义者看来，这一观点——讨论本身固有的科学逻辑与理性主义——是毫无价值的。但对于那些文人雅士，这一定会有所限制。对此问题，我并不想紧跟这些最新的时髦潮流。这些问题太重要了，不能为了追求学术时髦而枉自牺牲。我认为，用后现代主义者的术语对这些议题进行探讨是毫无意义的，原因在于他们不会承认任何使得探讨得以展开的基准性公共观点。后现代主义者最终一定会走到这一步，所有科学和政治价值的善恶对错都是等同的。当然，理性的价值除外，因为按照他们的界定，理性价值是最不好的。此外，就再没有什么东西可讨论的了。对于此类观点的概述，参见 Dewes（1987），Rorty（1993），and Premfors（1993）。

［14］Rawls（1971），pp. 136f.

［15］Ibid.，pp. 60f.

［16］Goldman（1980），p. 431.

[17] 为清楚明确起见，我应该在此强调指出，尽管我在通篇都使用了“国家”这一术语，但其主要用意在于尽可能涵盖政治秩序的所有范围，而与政治上的等级无关。因此，这一术语包括自治当局、郡县议会、民族国家、超国家组织，或者是与此类似的其他共同体。

[18] 执行研究是通常被宽泛地称为政策分析的一部分。政策分析的目标或可说是为政治决策者提供“有条件的建议”，也就是说，阐明将决策者意图转换为现实政策所需要的先决条件。与此同时，作为评估分析之一，政策分析还检验政治决策过程的其他环节。Cf. Premfors（1989）.

[19] 也有例外，参见 Goggin，Bowman，Lester，and O'Toole（1990）。

[20] Lundquist（1993），p. 88；cf. Fischer（1980），pp. 40ff. Goodin（1988）是一个重要的例外。

[21] Lundquist（1991），pp. 223ff. 事实上，在“实然性”研究中，“应然性”问题无处不在，只要隐含的从而也是未经分析的。See，e. g.，Lundquist（1993），p. 84.

[22] See Michelman（1976）.

[23] D. Thompson（1985）.

[24] Goodin（1982），p. 8.

[25] Cf. Malnes（1992）. 然而，马尔那斯建构性理论的研究途径与我不同。马尔那斯的想法是，为了实现更加具体性的要求，政治哲学应与“日常生活的道德信念”展开对话，从而尝试给出“孰对孰错”的解答。问题在于，相比于经验导向的政策分析，我们为从人们日常生活道德正当性得出结论提出的根据，不确定性更强。但是，实验心理学研究为我们提供了新的、极具价值的见解。稍后，我将考虑这项研究的某些结论。

[26] D. Held（1987），p. 273. 他进一步认为：“在对规则的考虑中如果没有对其实现条件进行检测，那么这种思考将保持一定的美德意识，但是它将完全偏离这样的规则的内涵。”

[27] D. Miller（1987a），p. 261. 一个重要的问题是，策略政治行为者在他们必须在其中工作的既存社会经济结构中享有的自由。See Rothstein（1988）and（1990）.

[28] D. Miller（1992），p. 555. 该部分以 Rothstein（1992b）为基础。

[29] N. P. Barry（1981），p. 92.

[30] Fisk（1989）.

［31］G. Cohen（1989）.

［32］See M. D. Jacobs（1986）and R. Dworkin（1977），pp. 208f.

［33］Kjellström & Lundberg（1984），p. 78.

［34］Rivière（1993），p. 49.

［35］G. Cohen（1989），p. 934. 但是，有一些法学理论家认为，即使在原则上，完全地发现任何人的经济地位遵从他的选择以及那些无关选择的优点和缺陷是更不可能的。R. Dworkin（1985），pp. 208f.

［36］Roemer（1985），p. 154.

［37］Elster（1992），p. 134.

［38］Ackerman（1980），p. 21.

［39］Arneson（1990b），pp. 158f.

［40］Rapaport（1981）.

［41］Hook（1980），p. 10; cf. Kymlicka（1990），p. 89.

［42］Elster（1992）.

［43］Lundquist（1988），pp. 17ff. 在著名哲学家当中，也不乏道德有亏之人。怀特海、伯特兰·罗素、约翰·杜威和乔治·桑塔亚那都支持 1938 年的《慕尼黑协议》是和平保障的观点。马丁·海德格尔支持希特勒，让·保罗·萨特和雅克·梅洛·庞蒂拒绝谴责苏联的古拉格集中营，桑塔亚那对斯大林和墨索里尼的谅解，以及拉塞尔有关以核战争反对苏联的建议等等。这些在 Hook（1980）所举的案例中都有所涉及（p. 13）。

［44］D. Miller（1987b），p. 385; cf. D. Miller（1991）.

［45］Weisbard（1987），p. 781.

［46］See ch. 4.

［47］Olsen（1993），p. 6.

［48］Lundquist（1993），pp. 88f; Fischer（1988），pp. 40ff. 一个特殊的、可怕的案例，即德国纳粹对其犹太公民实施的灭绝政策。关于目的论推理的道德缺陷特征，参见 M. Lundström（1993）。

［49］Fischerman（1991），p. 720. 当然也有特例，参见 Fischer（1995）。

［50］See Majone & Gretschmann（1986），and Lundquist（1988），pp. 17f.

［51］Anderson（1990），p. 2. 有关福利政策的不道德讨论的例子，参见 I. Hansson（1993）。

［52］Palumbo & Calista（1990）；Mazmanian & Sabatier（1981 and 1983）.

[53] Riksrevisionsverket（1991）.

[54] 目前，我还不确定，在严格意义上，这里谈及的建构性理论是否属于社会科学理论的一个独立类型，或者它是否更应该被视为彼此交叉重叠的各种经验性和规范性理论成分的集聚和综合。我要感谢伦纳特.• 伦德奎斯特和马茨 • 伦斯特罗姆（Mats • Lundström），在这个问题上，他们提供了有价值（即使是完全反对）的观点。

[55] Lundquist（1993），p. 88.

[56] March & Olsen（1989），p. 126. See also R. Dworkin（1977），pp. 160ff and Rothetein 1996.

[57] Elster（1987）.

[58] Rawls（1985）.

[59] Moene & Wallerstein（1996）.“欧洲大国”是指英国、法国、德国和意大利。“斯堪的纳维亚国家”是指丹麦、挪威和瑞典。

[60] Esping-Andersen（1990），cf. Sainsbury（1996），ch. 1. 还有另一种用法，即“制度性福利国家”。其他被认为全民福利国家的是挪威、丹麦、芬兰，在某种程度上也包括荷兰。

[61] Sainsbury（1996），p. 19，Stephens（1996），p. 34.

[62] “福利国家”这个字眼儿，并不足以恰当描述瑞典的社会福利计划。正如西达 • 斯克波尔（Theda Skocpol）所指出的，“福利”一词——至少在美国——意味着有针对性的、根据经济状况给予补助的福利方案，对于接受它的人而言，这意味着耻辱。在瑞典，这些方案只占社会福利政策的一小部分。大多数的福利方案是普遍性的，并不针对特定经济状况，以实物（例如医疗保健）或现金（例如儿童津贴）的方式支付。“社会保险国家”看起来是一个更准确的术语。话虽如此，我还是愿意遵从通常的用法。

[63] Stephens（1996），p. 36.

[64] Hadenius（1986）.

[65] Elster（1992），p. 2 and pp. 63ff.

[66] 我曾经引用了这个观点，见 Rothstein（1992a），ch. 3。

[67] 对社会和福利政策的研究非常广泛，也出现了许多不同的概念和分类体系。例如，一些学者使用“制度性福利政策”来替代“普遍性福利政策”。与此类似，一些研究者提到“剩余性福利政策”而不是“选择性福利政策”。关于福利政策的众多论著，见 Gøsta Esping-Andersen（1990），Castles（1989），

Olofsson（1979），Korpi（1981），Kuhnle & Solheim（1991），Olsson（1993），and Titmuss（1968）。女性主义对于瑞典福利政策普遍性观点的批评，参见 Bergqvist（1990）；对新自由主义的批判，参见 Borg（1992）。

[68] Weber [1992]（1971），p. 199.

[69] 瑞典语对“资产阶级”一词的解释，通常用于政治背景下，具有类似“非社会主义”的含义。此外，它更多指涉思想倾向，而非社会的阶级背景。在根本上，这一术语并没有贬义。

[70] Records from the Swedish Parliament，Regeringens proposition 1991/92. no. 100，appendix 6，p. 5.

[71] Olsson（1993），pp. 292ff.

[72] See Olsson（1993）. See also Uddhammar（1993a），他证明，瑞典资产阶级政党和社会民主党在有关国家观点上存在相当广泛的一致性。

[73] 然而，我们不应否认这样的事实，社会民主党在 1982 年至 1991 年当权期间及 1994 年重掌政权后出台的具体政策，在一定范围内破坏了普遍性福利政策。有两点值得注意：第一，正是在这一时期，根据经济状况予以的社会援助急剧增加——参见 Salonen（1993）；第二，社会民主政府引入了以权力下放和目标管理为特征的体制，参见 Rothstein（1993a）。

[74] Svallfors（1991 and 1996）.

[75] 福利政策的融资问题绝不仅限于瑞典。如果不考虑税收或者公共支出水平，这一问题在大多数福利国家都像至理箴言一样普遍而恒久。See Dogan（1988），especially pp. 201－218.

[76] Agell，Lindh，& Ohlsson（1994），Korpi（1997），Esping-Andersen（1996）.

[77] Garrett（1997），p. 1.

[78] See Isaksson（1992），Rivière（1993），and Borg（1992）.

[79] Wolfe（1989）.

[80] Murray（1984）. 有关新自由主义和新保守主义的评述，参见 Offe（1988）。

[81] See Salonen（1993），p. 179f.

[82] See，e. g.，Rosanvallon（1988）.

[83] Habermas（1987），pp. 357ff. See also Cohen & Arato（1993），ch. 9，and Wolfe（1989）. Cohen & Arato（1993）claim，on pp. 284f.，米歇尔·福柯大概也可

进入福利国家的批评者之列，关于这一点，我不是太确定。

[84] Lindbeck（1993）.

[85] See Lindensjö（1987）for an overview. Cf. also Therborn（1991）.

[86] Pettersson & Geyer（1992），Petersson，Westholm & Blomberg（1989）. 关于价值模式转变的国际比较研究，也可参照 Inglehart（1990）。

[87] Åberg（1990）.

[88] Offe（1988），especially p. 217.

[89] 不过，不同的政党会把哪些部分纳入普遍福利政策的概念当中，这还是有很大差别的。保守党提出的新计划就可能发出了向更具选择性的福利体制转变的信号。

[90] Salonen（1993），p. 223 and pp. 81ff.

[91] Ibid.，p. 91.

[92] Ibid.，p. 103.

[93] Ibid.，p. 83; cf. pp. 188ff.

[94] Pierson（1996）p. 6.

[95] 最近对这一研究的总结与分析，参见 Stephens（1996）。

[96] Rothstein（1992c），cf. Pierson（1996）.

[97] 这的确是对“社会中心”和“国家中心”解释的讨论。Cf. Svensson（1994）and Tarrow（1996）.

[98] 关于澳大利亚“例外论”的观点，参见 Castles and Mitchell（1992）。

[99] Moene & Wallerstein（1996）. 通常来说，这意味着一种制度一经确立，就具有相对的稳定性。

[100] Pierson（1996）.

第二章
全民福利国家和个人自主性问题

30 究竟应该怎样概括公民和福利国家之间的关系呢？通常来讲，这一问题的许多答案都介于两个极端之间。一个极端是将全民福利国家看成是一种成功的政治体制，它凭借着一些已经相当完善的公共项目来满足社会中大多数公民的经济安全和社会保障需求。通过代表和议会，人们已经创造出了一种服务型民主。在这一民主制度中，全体或者大多数公民共同分配福利和服务，或者至少他们拥有这种愿望。这种体制是团结一致的，而且是正义的。此外，通过统一的标准化准则，它还确保了平等地对待每一位公民。

与此截然相反的一种观点，把这种发达的福利国家比作一个新的利维坦——一位任意地命令公民的专横君主，他严格限制公民对个人自由和自我决定的追求，所谓的生活保障也只不过更多地培养了某种习得性的无助感。更何况，福利国家还通过沉重的赋税大肆剥夺了公民的经济自主权。正如阿维赛·玛格丽特（Avishai Margalit）[1] 写的那样，“福利国家就这样剥夺了公民对决定自身事务的能力和权威的需求，把那些本应个人自主表达的决定变成了家长式的统治”。为这种专制统治负责的官僚机构，最终变得“为所欲为”。同时，通过国会决定的方式来实际指导这一体制运行的可能性是微乎其微的。[2]

31 上述，我简单描述的两种观点，指向了本章要尝试回答的一个问题，它对以下的讨论具有决定性意义：我们应该如何确定支配国家和公民关系的基本规范原则？换言之，国家究竟应该做些什么？为了寻求答案，我将考虑某些现代政治哲学家的观点。从国家层面来讲，瑞典模式的普遍性福利政策意味着沉重的责任与义务，这种责任的典型概括就是“从摇篮到坟墓”式的福利。相应地，有一种观点认为，这种国家责任不但扼杀了公民的个人自由，而且造成了人们对国家不健康的依赖。与此相反的一种观点则认为，正是国家的这种义务使得大部分人而不是一小部分人意识到他们可以自主地选择生活方式成为可能。从这一角度看，国家在增强公民自由方面发挥着举足轻重的作用。集体主义者和个人主义者在民主问题上所持的这两种截然相反的观点，体现了瑞典政治分歧的基本思路。事实上，这种分歧遍及整个西方社会。[3] 就像意大利哲学家诺伯特·巴比奥（Norberto Bobbio）提到的：“政治思想的全部历史进程被本质上对立的整体主义（整体论）和个人主义（原子论）撕裂开来了。”[4]

在寻求制定支配国家和公民关系的适当准则时，我们面临着一个非常有趣的困境。之所以称为困境，是因为大多数公民都希望国家都遵循这两条基本的原则，但这两条原则却是完全不相容的。第一条原则是国家中立和个人自主性原则（又称为政治自由主义）。它要求国家允许公民按照他们自身的愿望去追求各自的生活方式[5]，即面对个人对生活方式的选择[6]，国家要保持一种中立的姿态。用法理学家罗纳德·德沃金
（Ronald Dworkin）的话来讲：“国家在对待公民的时候需要的不仅仅是 32
关怀和尊重这么简单，而是要同等关怀和尊重。”在德沃金看来，尽管罗尔斯的正义理论曾表达过这一原则，但其中找不到任何详尽的论述来支撑“同等关怀和尊重”[7] 的原则。然而，这一原则又的确构成了罗尔斯理论的基础，因为正义是人之作为道德主体所应得的。[8] 换言之，按照正义原则进行对待的权利，是一种“……人并不因出身、特质或美德而具有的权利，而是作为具备决定能力和正义判断的人而拥有的权利”[9]。

“同等关怀”原则禁止国家采用任何旨在陈述某些人比其他人更有价值的原则。例如，国家可能据此对资源进行不平等的分配。此外，“同等关怀”原则还包含着将人视为“能够承受痛苦和挫折的动物”的观

点。[10]“同等尊重”原则不允许国家限制公民进行选择和追求他们认为适合自己的生活方式的自由，尤其不能仅仅由于大多数人持有这样一种观点——某些人的生活方式在道德上或者社会上要优越于其他人，就对这种自由进行限制。

“同等尊重”还要求，国家把公民作为能够形成自己关于实现生活目标的适宜意见和能够独立自主地进行选择的主体予以对待。就此而论，国家中立原则是建立在一个“善的生活”的特定观点之上的，即公民有自主能力以及能够形成自己的意见。按照威尔·金里卡（Will Kymlicka）的表述，“国家中立就是要尊重民众的自我决定权”[11]。这一立场包含有这样一个不可或缺的观点：公民作为独立的个体，他们有能力就
33 什么是正确的、好的生活做出不同的判断。此外，国家不应该干预公民的选择，即便试图倡导其中某些观点或者是建立在这些观点上的某种生活方式，也是不应该的。[12] 这种琼·汉普顿（Jean Hampton）所说的“以权利为基础的自由主义”，是建立在康德有关“全人类的平等价值和道德自主”观点上的。同时，“全人类的平等价值和道德自主”的观点又常被用来“证明一个承认公民自主权利的政治社会是正当的”[13]。德沃金认为，“国家或许会因为公民没有丧失平等价值意识因而不可能接受，就不会强迫任何公民牺牲或者对他们进行限制”[14]。国家唯一可以做的，可能只是看看公民 A 所追求的生活方式有没有妨碍公民 B 所追求的生活方式而已。

需要注意的是，“同等关怀和尊重”原则并不意味着国家在经济分配和社会保障方面应该保持何种水平是适度的。这一原则既可以和高度全面的福利政策结合在一起，也可以和最狭隘的福利政策相联系。毋宁说，平等对待“只是一种要求平等对待的权利：它要求一个人的利益要和其他任何一个人的利益一样，受到完全同等的对待”[15]。对此，有人可能会认为，这是一个国家将所有公民都视为拥有平等价值以及能够为自己行为负责的人的问题（至少在相反的说法被证实之前，都可以这么说）。[16]

这一原则的核心在于，它并没有暗含着由国家分配的责任和利益也要平等分配的意思。“同等关怀和尊重”的权利并不意味着国家应该完

全相等地对待每一个人。如果这样的话，就意味着所有的公民都有权利在人生每个阶段获得同等份额的资源。全民福利国家当然包含“平等”要素，但是不应该将之理解为“相等的对待”。例如，我们可以说，某些人或许要求获得比其他人更多的医疗照顾。但是，满足一部分人比其他人更多的需求，并不意味着前者的生活方式比后者更有价值。它只是 34
反映了这样一种判断，如果不给前者一些额外的资源（如肾脏透析治疗），则他们的痛苦将远远大于后者。我们这里所说的“同等关怀和尊重”原则，就是要求国家去纠正这种不平等的。

这种严格意义上的自由社会，是指国家在价值问题上没有任何特定立场。所有公民都充分享有追求各自生活方式的权利，国家的使命就在于不偏不倚地确保这种权利。在有价值的生活方式的构成上，多数人不能将他们对这一问题特有的观点强加于少数人。由于每个人都拥有某些不受多数人侵犯的权利，这样做的理由也是很充分的。[17]

这种政治自由也要求保障公民犯错的权利。即使大多数人都有充分的理由相信某人正在犯错误，并将因此而在以后的生活中感到遗憾[18]，那也不能撤销“每个公民都拥有自由选择其生活目标的权利”的原则。如果采取国家中立的原则，不仅独裁主义的国家，就算是仁慈开明的国家也要拒绝。[19] 因为公民的自主权利禁止国家试图干预公民的生活方式，即使有充分的理由认为这种生活方式将会使他们得不到所要的快乐和满足（或者是公民自主选择的任何其他想要的东西），也不能够进行干预。这一原则优先于“最多数人的最大利益”的功利主义格言。根据德沃金的表述，当国家的目标（比如某些领域的改革和政策）与公民要求“同等关怀和尊重”对待的权利发生冲突时，那么后者就将成为一张道德王牌，即个人权利要优先于国家或者集体的目标。任何公民“同等关怀和尊重”的权利都不得受到侵犯，即使为了推动其他大多数公民的“最大利益”，这一权利也不能受到侵犯。政治和伦理的最高目标就是“最大多数人的最大利益”——也被称为功利主义——这一教条长期主导着政治哲学。然而，功利主义也有致命的弱点，它没有对公民之间关于什么是幸福的分歧给予足够的重视。[20]

通过指出“外部”偏好（什么是对他人最好的）和“个人”偏好

（什么是自己想要的）的区别，德沃金为这一立场进行辩护。在外部偏
35 好中，如果涉及诸如种族主义——认为一些公民就是比其他公民更有价
值，则是不可接受的，因为它根本不符合“同等关怀和尊重”的原则。如果非要考虑外部偏好，那么结果将会导致一种双重算计，即国家不仅要考虑“什么是我想要的”，还必须考虑“我认为什么是其他人想要的”。“同等关怀和尊重”的权利，为避免这种重复算计提供了根据。[21]

有一种与国家中立原则相对立的观点，要求国家（实际上，就是公民的多数）采取某种集体道德原则的立场，从而支持某种特定生活比其他生活更有价值。换言之，国家不应在价值问题上保持中立，而是要对公民应该如何构建他们的生活方式持有几近完美的观念。这种理念的重点之一在于共同体原则，它认为公民和国家之间存在着有机的联系，其后果必然导致集体主义，即国家有当然的责任来捍卫某些特定价值的优越性，即某种生活方式比其他生活方式更加优越。这一观点将公民视为持有某些共同价值观的共同体，这种共同的价值观是凌驾于“同等关怀和尊重”价值之上的。根据这种观点，国家应该采取行动，以促进在性别、宗教道德、社会价值、各种形式的社会公平、民族文化、种族同质性或者其他方面更加平等。[22]

在许多领域的具体行动中，国家总是试图去影响我们的价值观，并
坚持特定的生活方式比其他生活方式更有价值。比如，为那些被认为致
36 力实现好的价值观和行为的组织提供资助，这些价值和行为包括禁酒、
团结第三世界国家、促进和平、发展体育运动、实现性别平等、建立健康的饮食习惯，等等。

举一个具体的例子，由于某人缺乏足够信息或者知识，无法预知可能的行为后果而做出选择时，国家就可能有理由把公民自主选择的生活方式看作是不明智的。或者国家也可能持这样一种看法，即部分公民倾向于做出一些有欠考虑的选择，国家就可能会公开宣称，选择所谓“及时行乐”［也称詹姆斯·迪安（James Dean）策略：不失时机，寻欢作乐］生活方式是不明智的，因为这种生活方式至少包含了了挥霍浪费以及一些其他的粗俗习惯。[23] 国家通常会颁布禁令以抵制这种生活方式，并致力于为所有公民提供一种合理的福利制度。

无论如何，政治自由/政治中立和社群主义/完美主义原则都明显地源自同一观点，却又不可否认地互相矛盾和彼此冲突。换言之，它们就像相互连接着的两个连通器。[24] 然而，从另外一种角度来看，这两种原则之间又不仅仅只存在着线性联系。对此，可以这样表述：如果国家在尊重公民的生活方式选择这一问题上保持中立，那么，它必须也要为公民实现各自不同的选择创造同等的机会。[25] 用罗纳德·拜纳（Ronald Beiner）的话来说，这种样式的自由主义要求“国家必须大幅度介入公民生活，按照社会资源总量的平均额度分配给每一位公民，以给予每位公民同等的机会去实现他或她对于各自美好生活的构想”[26]。

人们通常认为，瑞典的福利制度是根据社群主义原则构建起来的。[27] 1928年，社会民主党总理P. A. 汉森（P. A. Hansson）做过一次著名的演讲，提出建设“人民之家”的理念作为福利制度的核心内容。其中，有一句话经常被各方所引用：“和睦团结和共同情感是家庭的基础，在一个好的家庭中，任何人都没有特权，任何人都受到珍惜，没有什么是最爱的，也没有什么继子女的分疏。”[28] 在本书中，我的观点是这样的（尤其见第七章）：无论是从规范的角度还是历史的角度，对瑞典福利制度进行社群 37
主义的解读都是错误的。

在斯堪的纳维亚国家，所有通过个人权利实现公平正义的观点，有时都会视为对左翼福利政策的阻碍。[29] 按照这一观点，个体的普遍权利倾向于强调个人的自由，因而可能是更具斯堪的纳维亚色彩的集体化和更具均等化特征的福利计划的绊脚石。[30] 然而，正如我稍后将阐明的（第八章），个人权利与福利政策之间这种联系在逻辑上并不成立；以权利为基础的正义原则的实质性政治影响，并不依赖于个人权利原则。因为如果那样的话，所有公民都享有的许多权利，诸如普遍平等的选举权、法律面前人人平等以及其他一些权利和自由，都将妨碍平等主义目标的实现。更确切地说，权利观念的政治内容是通过国家究竟保障了哪些个人权利来确定的。

尽管如此，中立原则和社群主义还是相互冲突的，因为机会均等要求国家给至少一部分人提供某些资源，以确保他们实现个人生活目标的前景与其他人大致相同。国家要明确这类资源都有哪些，如卫生保健、基础教育、社会保险、言论和出版自由、经济自由、法律面前人人平等，而这些又要求国家在价值问题上采取某种立场。这是因为，如果不对哪种生活方式更加优越的观念施加影响，就不可能确定哪些资源对于追求不同生活方式是至关重要的。[31]德沃金试图通过区分意志型和批判型等两种不同的家长式领导类型来解决这一问题。前者的意思是国家可以通过强制来帮助公民“实现他们想要实现的目标”。例如，强制
38 人们使用安全带以避免受到身体伤害，国家认为公民会认同这一点的。[32] 但问题还不算完，在公共政策的现实中，国家怎样才能知道这些做法的边界在哪里呢？

为那些无论如何都不会把古典文学当作其人生计划重要内容的人们勉强提供这种知识的教育机会，当然是毫无意义的，这些人甚至还会把这项服务视为对其自身发展的妨碍。此外，这项服务还假定，古典文学知识本身就具有某种道德上的良善价值。因此，在不影响社会主流价值观的情况下，执行旨在为公民提供各种资源的公共行为似乎是不可能的。国家中立原则，不管它本身多么完善，但从根本上还是站不住脚的。进一步讲，为所有公民提供基本的资源保障，可能意味着国家通过向公民征税，以阻碍部分公民按照自主的选择目标进行生活。

社群主义对政治自由主义的批判

在本书后面的内容中，我将支持政治自由主义的微调模式。在此之前，我将提出并尝试驳斥对国家中立原则的某些批判（以及在生活方式选择方面对公民有权要求“同等关怀和尊重”的批判）。查尔斯·拉莫尔（Charles Larmore）将对立的原则概括为社群主义理念：

> 由于没有任何一个人能够完全自主地决定他会怎样认识这个世界，追求什么样的人生目标，而只能是通过融入共同的文化传统和社会关系来逐渐地了解自身，在某些领域他甚至不应该去争取所谓的自主，那么，国家的基本功能就必然不是保持一种中立的态度，

而是要去鼓励、促使实现某些特定的善的生活理念。[33]

按照社群主义观点，国家应该倡导共同的道德准则。它应该支持某些明确的价值观念，比如那些源自于共同的种族、国家、历史或文化的价值观。它代表的是由共同的身份凝结起来的民众的共同命运。[34] 因此，社群主义要求，国家必须采取行动，在公民中培养、促进并维持某种特定的文化价值观。换句话说，就是要按照集体的/多数人的特定生 39
活方式比其他人更优越、在道德上更具正当性的观点采取行动。[35]

然而，社群主义无须依据任何道德优越感的假设，也能够表达一种独特的态度，即不同的种群应该有不同的政治准则以实现其特有的价值观念。一个独立的国家无须强调某些价值优于其他价值，也可以支持一套特定的价值观。这种不同社群之间“相互独立、彼此平等”的观点，体现在那些宣称自身并不仅仅只是具有政治秩序的国家之中，如基督教国家、犹太教国家、塞尔维亚国家、男权（或女权）国家、无产阶级工人和农民的国家等等。

在社群主义观点中［比如，迈克尔·桑德尔（Michael Sandel）曾明确指出过］，中立国家原则建立在完全错误的假设之上，即有关人性本质以及我们人之为人的价值和特性的错误假设。换言之，政治自由和个人自主原则就是建立在一系列不切实际的有关“人类的真正本质”的形而上学假设之上的。最关键的是，对政治自由的支持者来说，它根本无助于应对公民要参加各种不同的团体才能够实现各自身份认同这一经验事实。也就是说，人最终还是不能成为自主的个体，因为人是社会化的动物，他们关于美好生活本质的观念是由他们的社会联系来控制的。[36]

在社群主义批判者看来，罗尔斯主义关于“通过公正的程序实现公平正义”的观点，假定独立个体都是剥离于所有社会联系之外的。如果我们接受这样一种立场，即接受我们的个性都是由我们置身其中的特定社会和政治环境所塑造的，那么这种我们所认同的政治制度就应该反映有关美好生活的某种特定理念。[37] 在社群主义看来，无论如何，政治制度至少应该抛弃那种在道德上更不可欲的生活方式。

迈克尔·沃尔泽（Michael Walzer）试图寻求一种折中的立场。他主张，正义不能建立在政治自由主义拥护者所支持的一般教条之上。更确

40 切地讲，由于在不同的社会领域利益分配的本质是不同的，因此不同领域的正义诉求也会有所不同。比如，选举权分配的适宜原则就不同于就业机会的分配原则，对于卫生保健服务的分配也应该遵循其他原则。用沃尔泽的话来说，适合不同社会领域的分配原则是由社会和历史条件所决定的。因而，自由主义的分配原则不是普遍适用的，因为不同领域所认同的正义是在公共过程中产生的。[38] “同等关怀和尊重”原则并不禁止在不同的领域使用不同的分配原则：它所要求的只是对相同领域中的个体予以不同程度的关怀和尊重。

我认为，社群主义者在这一问题上犯了个传统的错误，即混淆了“是”和“应该”的概念。虽然社群主义作为一种认识论理论是成立的，但并不意味着它作为一种规范性理论也同样成立。[39] 即使通过参加各种社交网络所形成的价值观从经验上讲是正确的，也完全不可能从中推出政治制度应该代表某些特定道德准则的结论。即使我们大家都或多或少地被塑造我们的社会文化给麻痹了[40]，也不能由此推断出，某些人仅仅因为碰巧是多数人中的一个，就有权替他人做出哪些生活方式更适合的决定。

从经验主义层面来看，社群主义者的立场也很难让人信服。因为即便它正确地描述了个体的社会形态，但却并没有充分考虑这样一个事实，即同一国家的公民所展现出来的是多元化的社会联系。[41] 此外，在一个由广泛的民族或宗教团体、社会阶层组建起来的国家中，我们也可以找到更为明显的例证。因此，我们应该像那些中立原则的倡导者那样，对社会文化背景和政治制度做一个精准明确的区分。[42] 在前一个领域，独自或通过各种各样的社会联系形成正确的生活方式的观念，是无可厚非的。关键在于，我们没有从政治影响的角度，注意到国家支持我们自身特定的价值观（或我们所属群体的价值观）这一现象；还有更重
41 要的一点，我们（通常）并不运用国家的强制力量阻止那些我们认为没有价值的生活方式。例如，一个人或者一个团体反对堕胎，并可能会在各种场合宣传这一观点，但却仍然坚持不能通过国家强制力量来禁止或不鼓励这种行为。某一特定宗教或政治哲学的信徒，可能会花费大半生的精力去劝说世人皈依他们的宗教，接受他们的观点，但绝对不会希望

为了他们的教义去诉诸国家力量的支持。同样地，一个人可能反对色情物品（或者重型摩托车、含酒精饮料、青年人滥交或者某种文化形态），但尽管如此，他仍然坚持国家不应该干预公民选择什么样的交通工具，喝什么东西，在床上如何互相欢愉，或者欣赏什么东西。[43] 在罗尔斯看来，中立原则意味着

> 公民认为自己在三个方面是自由的：第一，拥有去构建、校正以及理性地追求善的观念的道德力量；第二，自己是正当要求的自证根源；第三，有足够的承担后果责任的能力。只要公民拥有这三方面的自由，就能够使他们成为理性的、完全自由的人。[44]

国家应该以能够促进公民完全自主的方式组建——这种主张也反对道德冷漠状态。[45] 不应该将中立原则混同于道德相对主义，即认为所有的价值观都是同样好或者同样坏的观点。在各种道德问题上，一个赞成国家中立观点的人可能得到强烈的支持，而赞同社群主义观点的人也同样如此。问题的关键不在于我们所秉持的道德立场，而在于我们认为运用国家强制力量的边界应该划在哪里。政治领域盛行的原则 42
不是到哪里都适用的。[46] 国家中立原则与共同的社会价值规则的存在是可以彼此相容的，只要这些价值规则切近于政治制度就行。另一方面，国家也不应该支持任何一种宗教、道德或者意识形态的观点。在其最近的论著中，罗纳德·德沃金和约翰·罗尔斯都谨慎地强调，他们的正义理论——基于其关于中立国家的观点——都受到政治秩序的限制。他们的观点并不是迫使我们忽视或者回避宣传那些我们认为在其特定环境中重要的道德价值。例如，罗尔斯这样写道：

> 作为公平的正义假定……共同价值不仅是最基本的，也是可以实现的。首先，在跨民族国家的各种各样的团体中就是这样，比如宗教和科学团体。另一方面，自由主义者之所以反对将国家看成是一个共同体，是因为他们认为，这将导致基本自由的彻底丧失和过度使用国家垄断的（合法）力量。[47]

同时，罗尔斯还指出，社群主义的批判是基于对“原初状态”的错误理解，它错误地将“原初状态”理解为，当我们想要讨论和商谈社会秩序的正义原则时，进入的是一个假设的、代表性、漫谈性的论坛。原

初状态绝不意味我们脱离了自身的个性，“这样，当我们假定处于一种原初状态时，理性绝不是让我们考虑某种关于自身本质的形而上学教条，而是要我们在其中扮演重要的角色，用麦克贝思（Macbeth）的话说，我们要像一位为政治权力而不懈奋斗的国王那样思考”[48]。那么，作为一种商谈过程的安排，原初状态的作用在于，我们能够想象自己置身其中，经过深思熟虑之后会如何选择，就某一个特定问题采取何种行动。

在罗尔斯看来，尽管公民对于什么才是道德上正确的生活方式实际
43 上存在着根本的分歧，但我们的政治制度还是应该按照能够被广泛接受的方式进行设计。因此，政治制度不应该站在代表任何一种善的生活的立场上，而是要尽可能地确保所有公民在追求生活方式方面能够享有同等的机会，而那些生活方式就是他们自己认为在道德上正确的方式。这并不是否定个人或团体的文化、社会和宗教联系的多样性，而只是强调这些联系与政治制度即国家没有任何关系。罗尔斯主义的目标是建立一种以宽容为标志的制度，在这种制度下，社会对于正义有一种普遍认同的共识，这种拥有普遍共识的正义原则也是政治机构应该遵守的，而且绝不会因为不同的团体和个人在宗教、文化、意识形态等方面常持有各种各样的观点而被削弱。[49] 换言之，罗尔斯主义的正义原则和公平程序的适用范围，并不仅仅局限在我们公民角色这一个方面。从西方社会日益走向多元主义的发展历史来看，正义理论必须“考虑到一个普遍、全面学说的多样性发展，因为现代社会的矛盾都是多元化的，关于人生的意义、目标和价值的观点实际上也的确是不可通约的”[50]。

上述观点可以这样表述：中立国家的观点可能本身就是一种道德原则，它意味着中立的国家必须采取这样一种立场：“某些价值观优越于其他的价值观。”[51] 中立的国家必须尝试向它的公民灌输这样一种信念：不应该运用国家强制力量，把自己对于什么是正确的生活方式的理解强加于他人。同时，中立国家还应该努力构建这样一个社会，个体可以自主地选择他们的价值观，可以独立选择他们的生活方式。[52] 人们可能会说，中立国家至少要像执行最小化原则那样，去捍卫国家中立的观点。[53] 事实上，对于政治自由主义的拥护者来说，这并没有提出什么根

本性的问题。例如，罗尔斯在后来的文章中承认，他的原则只适用于西方模式的民主国家。换言之，他的正义理论只是西方民主原则的逻辑后 44 果。[54] 人们可以像阿里耶·博特威尼克（Aryeh Botwinick）所做的那样，将罗尔斯思想的这种发展解释为，他在“向美国民众宣传他的基于社群主义的自由理论”。然而，我认为这种解释是错误的。至少，如果人们认为罗尔斯的理论只适用于那些由于内在本质而培养出具有民主精神的公民的社会，那就不妥了。更确切地说，罗尔斯的目的是设计一种正义的政治制度，以“塑造社会成员的公民性格和人生目标，让他们成为自己想要成为的人”[55]。这并不是说，由于民主社会培养出了具有民主意识的公民，就必然会形成一种民主的政治制度。在很多情况下，因果关系是反向发展的。正如我在罗尔斯的著作中了解到的，是正义（民主）的政治体制培养出钟情于正义并且具有民主精神的公民。

中立国家的中立性

民主国家并不仅仅是由程序所构成，它还创制了一系列由多数所决定的规则（比如堕胎自由权利的法律规定）。然而，这并不是说，拥护既定规则的多数要靠共同的意识形态才能焕发生机。[56] 例如，人们完全可能基于很多不同的理由支持妇女可以自主选择堕胎的立法。例如，有人可以提出，女性有对自己身体的绝对权利，从而认定有关自由堕胎的立法是合法的；另一种更具后果论色彩的观点则认为，国家关于堕胎的禁令往往会导致更大的痛苦，从而在道德上会比堕胎本身更加令人厌恶（尽管堕胎本身可能也是令人厌恶的）。

此外，可以沿着这个思路继续探讨。罗纳德·德沃金声称，中立原则才是社群主义者所追求的社会平等的真正基础；相比之下，后者也只是通过形而上学的原则，或者诉诸完全的多数专制（即大多数人为少数人决定什么是对的）提供了一个基础而已。每个公民完全可以将自己视为共同政治制度不可或缺的组成部分，只要这一制度严格地规定了其政

45 治机构将如何运作即可。例如，议会、立法部门、行政部门、司法部门，以及其他类似机构是如何履行职责的。每一位通过社群主义方式被整合到这一制度中的公民，都接受这样一种观点：“他们每个人的生命价值，都取决于所在社会成功地以平等的关怀对待每一个人。”[57] 一旦这种（非常有限的）社群主义思想路线主导了社会，

> 那么，即使社会成员非常不认同这一社会的正义观点，社会还是会拥有稳定性与合法性的重要资源。人们将强烈地把政治理解成一种共同的风险投资：无论在信仰或者经济层面上，所有人都有自己的赌注——对那些关键利益非常敏感的人而言，这是一种强有力的赌注——追求正义不仅仅是为了自己，也是为了社会上的其他人。[58]

因此，个人主义和社群主义并不必然是相互矛盾的。[59] 即使中立原则严格限制着我们能否允许国家接受什么样的道德观念，这一原则也绝不缺少其道德意义。相反，就像德沃金所说的：恰恰是因为这些观念被严格限定了，才使得它们比在共同的社会和意识形态基础上形成的观点更加坚强有力。如果政治斗争围绕着“好的生活方式应该比其他方式更受偏爱”这一观念（基于这样一个事实，总会有暂时的多数被动员起来捍卫其立场），那么政治商谈就会被与这种多数结构相联系的质疑和相互投票所摧毁。从长远来看，这最终将导致道德的崩溃。[60]

如果把国家中立原则解释为，国家政策不应该支持某一特定的道德观念，那么尽管它受到上述的批评，却仍然是有效的。中立的国家并不等同于冷漠的国家，在中立国家中，任何事情都是平等合法的。相反，如果这个国家存在庞大的法律体系，例如刑法典，那么就会被理解为，这个国家在特定道德问题上有着非常明确的观念。而且，这个观念还是预先制定好的、受国家强制力支持的。[61] 中立原则应该被理解为：它允许国家去与那些降低了其他公民选择生活方式自主性的、违反了国家应该“同等关怀和尊重”公民原则的生活方式做斗争。

我承认，政治制度的中立是相对的，而不是绝对的。这种相对性由
46 两个条件所决定：一是需要有一种保持国家中立的价值观和一个由具有自主决定能力和能够为自我行为负责的公民所构成的开放、宽容的社

会；二是对资源的配置。正如上面提到的，国家必然要进行资源配置，以使公民有实现自主性的可能。那么经过这样一个修正，我们就可以处理个人自主和国家中立之间的这种紧张关系了。[62]

在处理“及时行乐”这种生活方式等具体政策问题时（见 36~37页①），它与国家中立原则的冲突就会明显凸显出来。问题在于，国家中立原则是否意味着，即便国家有充分的理由认为，公民所选择的这种生活方式可能是他们自己日后无法接受的，以及如果他们能够了解所作选择的后果本来是可以避免的，国家也不应该尝试阻止公民去选择对他们自身发展不利的生活方式。我认为，答案应该是这样的：按照中立原则所预想的，选择生活方式要求公民具备独立做出决定的能力。也就是说，在公民独立做出决定的可能性不断降低的情况下，这种选择是不可能的。例如，关于结果的信息都是模糊的、不正确的或者根本不存在可用信息的情况下，就很难做出决定。那么，当谈及这种生活方式时，我们可以认为国家承担两种责任：一是要提供给公民尽可能多的信息；二是尽可能地避免使用强制力量进行干预。因为就像阿尼森（Arneson）指出的那样，即使是一个落魄无力，只能靠投机取巧、耍小聪明，迷失在“及时行乐”生活方式中的人，在知道所有可能的行为后果时，最终也能够重新做出决定。

现在还远不能确定，公民真的会为这种并不快乐的生活经历而感到遗憾。因此，在阿尼森看来，国家的强制力应该受到限制，不能通过这种极不合理的方式“履行这种义务，在更进一步的认知、思考和很可能不再被确认的情况下，这种义务可能会被放弃”[63]。由于这种生活方式
不能被视为是自主选择的，因此，我们就可以得出结论：在这种情况 47
下，国家强制力的使用并没有违反中立原则。家长制主义不可能完全拒绝，但却可以严格地约束。[64] 因而，希望使用国家强制力量去干预“及时行乐”生活方式的人们需要证明这种做法的正确性，但他们是很难做到这一点的。

然而，从执行研究的观点来看，必须假定这是一种在松弛的绳子上

① 页码为原英文书页码，下同。——译者注

走钢丝的危险行动。阿尼森认为，如果“在经过某种程度的努力之后，还是没有人能够清楚地表达一种信息充分又深思熟虑的完美观点”[65]，那么国家就应该干预某种生活方式。这里，心思缜密的人可能要提出这样的疑问：如何确立一个合理的标准尺度，来衡量何时才算达到“某种程度”，或者判断怎样才算获得了“充分信息”？ 什么样的深思熟虑才是“完美的、理想的”。

有些学者对罗尔斯的理论持反对意见。他们认为，罗尔斯的说法是对西方自由主义原则的理想化的、精密复杂的辩护。在美国的宪法中，随处可见这种自由主义的表述。如果一个人更加倾向于平等主义观点，那么，他就会反对将罗尔斯的观点视为对自由民主的合理化。正如德沃金所说，这个推理是站不住脚的，因为罗尔斯的正义理论不是建立在公民自由权利之上，而是建立在他们被政府机构以同等关怀和尊重对待的权利之上的。当然，这一权利可能会受到某些人士的如下质疑：

> 他们认为，某些目标，诸如功利或阶级的胜利，以及某些人们应该怎样生活的理想，要比任何一项个人权利（包括平等权在内）都更具基础性。但也不能以任何更加激进的平等观点的名义所否定，因为它根本就不存在。[66]

然而，如果看一下那些在某些国家中实际执行的公共政策，比如瑞典，我们就会发现，中立原则并没有被经常使用。相反，甚至可以说现代瑞典政治在相当程度上是以至善论或者说社群主义理论为标志的。瑞典政府之所以支持大量的机构和协会组织，是因为它们被认为是代表一
48 种高尚的道德准则。比较典型的例子，包括禁酒运动、和平运动、健身运动、各种各样的生产团体（如贸易联盟和农民合作组织），以及（近年来出现的）一些其他宗教团体。

此外，大部分公共服务部门也是在标准化的解决方案上建构起来的。比如，为公民提供同样的儿童照顾、教育、老年人照料，不管他们各自有着什么样的特殊诉求。在这些项目中，对于哪些属于高质量的服务都是统一规定的，无论在地方还是国家层面上都是如此，公民们可以享受这些服务，但基本不会对这些决定产生影响。毫不夸张地说，至少从历史上看，瑞典的民主理念更具社群主义色彩而非中立主义特征。[67] 按照

通常的看法，中立原则和国家中立也许是无可争议的；但如果作为一种切实可行的政治事务，情况却恰好截然相反。而且，就像我后面将要论证的（见 188～198 页），这些原则对于福利政策的制定确实是有影响的。

中立国家与机会均等问题

如前所述，“同等关怀和尊重”原则能够为中立原则和个人自主提供根据。如果我们非但不遵守中立原则，反而认为自己有权要求国家把我们的价值观强加于他人，那么，我们就不能保证其他人不会反过来这样对待我们。[68] 另一方面，如果我们接受“国家应该有所为，有所不为”这种观点，那么马上会产生一个难题，即国家究竟应该怎样做，才能保证所有公民都能在一个勉强平等的条件下，实现他们自主选择的生活规划。因此，我必须一开始就说明，生活方式的多样性是必须要应对的难点问题。[69] 一个更具社群主义色彩的国家往往认为它有权去敦促公民接受某一明确的价值观。对于国家来说，这显然是一项非常容易完成的任务。[70] 但是当我们一方面试图去维护中立原则，一方面又想确保所有公民都有一个相对平等的机会，来自主选择他们的道德原则实现由此构建的生活方式时，就会产生问题。简单地说，当我们根本不知道实现这些目标所需要的条件是什么时，我们又怎样去创造这些条件呢？

第一个问题：究竟哪些资源才是确保所有公民不受他人过分控制地合理预期，能够对替代性管理模式做出信息充分的理性判断呢？[71] 换 49
句话说，公民究竟需要什么资源，才能够以良好的判断力去展开行动呢？ 对此，巴巴拉·米兹太尔（Barbara Misztal）给出了一个答案：“公民要想参与到民主化进程中去，每个人都需要能够使他们成为独立自主的个体的资源。”[72] 第二个问题是：如果我们希望不违反“同等关怀和尊重”原则，那么，怎样做才是对这些资源的正确配置呢？ 显然，这是一个非常敏感的政治问题，它涉及所有福利政策讨论的基本原则。而且，任何试图依靠科学论证为这一问题找确定性答案的做法，都将是徒劳的。除了那些支持无政府主义的群体，几乎所有的政治群体都会认为，有一些重要资源是所有公民都应享有的，而且还必须合理地配置这些资源。即使像罗伯特·诺齐克这样的（从前是）新自由主义理论家也坚持认为：所有的公民都应该被赋予“国家保护的”财产权利，且这项权利必须平等地分配给所有公民，也就是说，没有人会比其他人得到更好的保护。[73] 此外，所有的民主主义者坚持这样的观点，“政治议会的投票选举权”应该在平等的基础上赋予每一位公民。当然，这一资源表单可以无限扩展（比如卫生保健、基础教育等），所有我们认为是实现自身生活目标、在政治上形成独立观点所必需的资源，都可以被列入这个范围。这里，我只是想提醒大家注意这样一个事实：在国家为保证每个公民都拥有平等机会而提供的资源供给方面，民主政治立场是至关重要的。

如果现在因为我观点中阐述的一些具有说服力的原因，大家就接受了（稍作修改的）中立原则，马上又会产生另一个问题，究竟有没有一种方法，既能够使国家确保对上述资源的供给，同时又不违反这一原则？[74] 对此，罗尔斯提出一个基于“基本物品”理论的著名解决方
50 法。在罗尔斯看来，这些所谓的“基本物品”，就是个人能够独立形成并实现道德上正确美好的生活目标所不可或缺的。[75] 同时，罗尔斯认为，对基本物品进行政治配置，并没有与国家中立原则形成冲突，因为理性的行为人总是想获得更多的物品，这与他们在道德正确的生活性质上的认知无关。在“基本物品”这一概念中，包含了我们平时能够想到的与现代民主的基本权利和自由相关的所有东西：自由选择职业和住宅的权利、投票权和竞选公职的权利等等。然而，引发更多质疑的是，罗尔斯把收入、财产、“自我尊重的社会基础”也纳入基本物品之内。如果这些每个公民都有资格获得的“基本物品”可以被具体地指出来，那么根据这一观点，我们就能够在不违反国家中立原则的情况下对这些物品进行分配。罗尔斯认为，之所以如此，是因为这些基本物品本身不会对公民采取某种道德观念有什么支持或者促进作用。[76]

我们不考虑“基本物品”的表单应该包含哪些东西（对此，罗尔斯

所指出来的也不是特别具体），在罗尔斯关于基本物品的平等分配原则中，还有另一个更重要的问题。就像经济学家、哲学家阿马蒂亚·森（Amartya Sen）指出的，罗尔斯理论的一个后果是，那些有严重生理缺陷的人得到的资源配置与健康人是完全相等的。有关生活障碍群体的（出于某种原因，美国称为“困难群体”）问题暴露出更大的难题，即基本物品的平等配置不能为所有公民创造平等的机会，因为他们的初始条件是不同的。森是这样阐述的：

> 从根本上讲，如果人们的情况是基本相似的，那么基本物品可能是判断人们各自优势的一个良好指标。但是，事实上，人们的需求是迥然不同的，它会随着健康、寿命、气候条件、社会地位、工作环境、个人性格甚至是体形大小而发生变化……因此，它涵盖的不仅仅是某些难办的事或难以应付的人，还包括那些大量的、真实的不同的人或事。仅仅就基本物品而言，这种优势判断将导致一种偏颇的、盲目的道德。[77]

由于一些人的初始状况不同于他人，这使得他们无法享有与其同胞 51
同样的资源，从而可能要求国家给予补偿。的确，列举这些人的名单将是一个任重道远的艰难过程。对此，这项雄心勃勃的政策极有可能导致这样的局面：为了平等地实现其他多数人享有的生活方式，绝大多数公民会在某些领域获得特殊支持。

有这样一些人，他们本身没有任何罪过，只不过是碰巧拥有了比较昂贵的意趣品味。对于他们来说，如果无法实现这种极其奢侈的追求，生命就将了无生趣。那么，就会产生一个问题，我们要怎样去对待这些人呢？[78] 另一个难题是，基本物品的观点忽视了一个事实，即将这些物品转化成可用的个人资源存在不确定性，也就是说，这些基本物品就是目标本身，而不是自我实现的手段。森认为，罗尔斯有关基本物品等量供应的基本观点，将会导致一个根本的谬误。这个谬误反映了长期生活在资本主义市场经济中的心理影响：对商品的盲目崇拜。[79]

对基本物品理论的另外一点质疑是，它必须要应对这样一种社会现实：不同的人对福利观点往往有不同的看法，以及实现他们的生活计划所需要的各种不同观点。其中不仅有量的不同，也包括质的差别。换言之，不同公民的福利观点可能都具有排斥任何单一指标的性质。因此，在有关美好生活的不同观念中，任何一种中立的基本物品的分配方式都是不存在的。相应地，德沃金认为，我们不应从基本物品的角度而应从要分配的资源来着手。但是，资源平等概念也像罗尔斯主义的基本物品理论那样，遇到同样的问题：它没有考虑到公民在把物质资源（指的仅仅是国家能够进行配置的）转化成个人实力方面的能力是截然不同的。这样的资源配置方式更有利于那些在把国家配给的资源（或者基本物品）转化成个人实力方面个人能力素质优于其他人的那部分人。因而，这些观
52 点没有一个能满足（微调的）国家中立原则。问题在于：仅仅因为没有适当的方法去实施这项原则，我们就必须抛弃它吗？

上文我们提到了对罗尔斯和德沃金的相关批判——对此，阿马蒂亚·森提出了一种基于基本能力平等观点的可行性解决办法。[80] 森认为，任何形式的平等主义都能够与政治自由联系起来——不论是政治平等主义、社会平等主义或者经济平等主义，都是如此——它们都必须充分考虑公民之间的差异性（部分是能力上的，部分是道德观念上的）。森批评罗尔斯和德沃金忽视了公民能力问题，需要处理好我们通常称为“积极自由”的问题。所谓“积极自由”，指的是（在国家的帮助下）获得某种东西的自由。例如，更改家庭住址的机会、获得足够食物的机会以及在国家社会和经济事务中发挥作用的机会。[81] 问题的关键是，国家分配的资源要能够充分发挥作用，减轻或消除那些在身体、社会、经济等方面存在“障碍”者所遭受的痛苦（这里，“障碍”只是指人们获得自己想要的生活的各种限制条件，包括个人的或社会的）。任何基本物品或资源的平等分配，都无法实现这个目标，因为这些平等观点混淆了物品或资源与公民运用这些物品或资源所能实现的目标。于是，这又反而让人们想起了补偿能力理论。

中立原则和个人自主都不仅仅意味着，国家应对公民的生活方式选择保持一种中立的立场。它还意味着，只要有一点儿可能，国家就应该去寻求为公民实现他们的理想和目标创造平等的机会，而不必管接下来公民是利用这些机会，还是浪费这些机会。因为怎样利用机会是公民自
53 己的事情，国家只管提供就行了。对此，平等的基本能力观点是关键性

的。更确切地说，这一观点应该更精确地包含哪些因素，在很大程度上是一个政治问题，不可能从政治哲学角度给出任何确定性的答案。因为政治哲学的目的不是要排除民主进程的所有重要问题，而是在应该关心什么的问题上寻求一种普遍的观点。

在寻求回答怎样分配基本能力这一问题时，我们不可避免地要讨论这样一个问题，即公民在实现他们对生活方式的自主选择过程中都需要哪些资源？这也必然是一个政治问题。最简单的理由莫过于，不同的
生活方式需要完全不同的资源。[82]不过，基本能力观点仍然是问题的关 53
键，因为它意味着，为了达到这种基本水平——假定我们同意这一点，不同的人必须配置不同数量、不同的种类的资源。

通过这种方式，我们把注意力集中于这样一个事实，即至少从理论上讲，把中立理论（即所有的公民都有权平等地自由选择他们的生活目标）和国家中立（即国家不应该指定哪种生活方式在道德上更优于其他方式）结合起来，存在逻辑上一致的可能性。

那么，我们怎样才能找一个普遍的平均水平，来确定在国家理应分配给所有公民的“基本能力”中，究竟应该包含哪些内容？对此，我们可以简化处理，诉诸联合国《人权宣言》。它的第25节中这样规定：

> 每个人都有权为其个人及其家庭争取足够的健康和优越的生活标准，包括食物、衣物、住房、医疗以及基本的社会服务。

这段话虽然简洁短小，但却表达了这样一层含义：这里所列举的所有能力对于公民在社会中有所作用都是至关重要的。与此同时，国家有责任和义务去为公民提供这些能力。马莎·努斯鲍姆（Martha Nussbaum）发展了一种可能与此相关的理论，她根据现代福利政策解释了亚里士多德的观点，并提出了如下假设：国家仅仅允许公民自由选择不同的生活方式并不能很好地解决问题，因为对于一些缺乏良好教育和其他能力的公民来说，在拥有的信息和知识都不充分的情况下，他们为未来的良好生活方式做出选择的能力是极其有限的。进而，努斯鲍姆认为，生活在不同环境下的人们会逐渐趋向于去接受各自的命运，他们之所以这样，大多是因为他们想象不出来，除了接受这种境遇，还有哪些合理化的方式可供选择？国家有责任对公民选择不同生活方式的权利

给予应有尊重，有义务尊重公民在做出“好的”选择时坚持自己的立场（“好”是指经过深思熟虑的一种思维结果）。努斯鲍姆写道：

> 在关于如何进行完善的分配才能使人们生活下去的讨论中，亚里士多德主义者将欲望看成是我们应该追寻的东西。但其坚持认为，我们还必须更坚定地去追问，人们所关注的究竟是人们能够获
> 54 得的，还是人们非常想要的。我们不仅要考虑他们是否需要教育，还要考虑如何去教育他们；不仅要考虑他们是否认为自己是正常的、健康的，还要考虑怎样才能使其活得更久，考虑他们有几个子女去世了，考虑如何……简而言之，就是考虑他们的健康究竟指的是什么？[83]

再次重申，问题在于，在不违反（至少是部分的）中立原则的情况下，我们很难就此表达什么观点，因为我们必须回答如下问题：“哪些人类能力是重要的？ 一种良善的生活需要什么样的条件？”[84] 和阿马蒂亚·森一样，努斯鲍姆也认为公民能力是至关重要的，但她比阿马蒂亚·森更加大胆地对这些能力做了更精确的界定，她没有像社会自由主义者约翰·罗尔斯那样提出精确、狭隘的理论，而是详细列举哪些类型的“物品”是公民应该被供给的，她选择了给出虽然不够严谨但却是一目了然的原则。在努斯鲍姆看来，人们常常认为亚里士多德主义者的理论更加偏向社群主义的观念，实际上它是在为政治自由主义进行辩护。这种推理思路很有道理。首先，既然国家通常无法确定究竟什么样的资源对于确保公民拥有实现生活目标的能力是重要的，那么就应该为公民提供广泛的资源。广泛地提供资源将非常有助于这一问题的解决。另外，既然国家不应该坚持倡导某些大多数人都更热衷的生活方式（也有一些例外，如我们在上文提到的，见 46 页），它就应该避免去规定这些资源的用途。“含糊的正确总要比明确的错误要好——亚里士多德主义者秉持着这种信念继续他们的研究，即在不具含混性的理论指引下，我们在公共政策方面通常得出的都是明确的谬误”[85]。正如前面提到过的，我们研究的目的是把公民置于这样一个位置，即只有依靠政治上决定的能力配置，才能做出好的选择（“好”，是指经过深思熟虑的）。既然家长制建立在这样的基础之上，国家/集体确切地知道个人

为做出的选择而要求哪些资源，那么这仍然不是家长制的表现吗？ 并且，我们仍然没有因而违反中立原则吗？

对于中立原则明确认为公民完全可以自主地进行选择这一点，我没有任何疑问，因为从现实的角度看，他们必须有使用某些基本资源和能力的权利。[86] 他们并不必然需要去使用这些资源，甚至可以不去获得这些资源，但他们必须拥有得到他们想要的东西的可能性。[87] 55

附：市场干预的道德地位

我们已经得出结论，国家必须为公民提供某些基本的资源，以使公民能够自主选择他们的生活方式。很明显，这意味着国家必须从社会中汲取这些资源。自由主义者批评税收是对私人财产权的一种不当干预，尽管财产所有权实际上只是他们头脑中的一种抽象（而非神圣）的概念。[88] 如今已经很难找到纯粹财产权观点的拥护者，因为这一观点的倡导者已经把自己逼到了一个死角。这一根本难以解决的困境就是：即使国家保护公民的财产所有权，那么这种服务显然也不是免费的。[89] 诸如警察，法院，刑法、诉讼法、民法等方面的律师服务，债务委托代理，监狱，坦克营（以及更加严格意义上的国防和社会惩治机构）等等，这些服务绝不可能是免费的。即使一个很小的国家也能够独立保护公民财产权不受侵犯，但结果却往往很具有讽刺意味：总是会出现一些“搭便车者”，他们一方面试图获得这种个人财产的保护服务，一方面又拒绝为这项服务支付相应的费用。由此导致的结果就是，它无法摆脱这一逻辑迷宫。于是，从理论上讲，新自由主义政策就此搁浅了。[90]

关于财产权至上的批判是可以进一步展开的。比如，市场机制和政治体制显然不能被简单地一分为二。在对罗尔斯理论的分析中，瑟德斯特罗姆（Söderström）指出，在原初状态下，社会成员很可能会选择让市场来进行资源配置。但是，为了平衡市场在资源配置领域的后果，人们也很可能希望通过集体决定来调控某些事情。当然，在我看来，宏观调

控的目的还不仅仅局限于此，它也是为了给市场中的公平竞争创造必需
56 的条件。用瑟德斯特罗姆的话讲，市场机制和政治体制是“资源配置不可分割的两部分，且二者互不干预”[91]。

为了做到经济学家们所谓的“顺应市场规则”，必须建立一些税收制度，而这些制度只能通过限制个人的绝对权力来实现。[92] 因此，从契约论的观点来看，我们没有任何理由断言，这种在阿马蒂亚·森看来只是确保所有公民能力的税收制度与道德问题是相冲突的。相反，与“同等关怀和尊重”原则相一致，那些声称国家没有义务为公民提供自主选择生活方式所需要的基本能力的人士更应该承担道德责任，或者用德沃金的话来说：“人民是不能被责难的，除非他们对社会政治、经济、文化生活中的任何积极行动都进行有效的抵制。”[93] 在这一问题上，罗尔斯也持同样的观点。他主张，仅仅建立在自由市场关系之上的制度是“不普遍、不公正的，除非收入和健康的先前配置能像市场制度结构那样公正”[94]。

【注释】

[1] Margalit（1996），p. 238，cf. King & Waldron（1988），p. 416f.

[2] Cf. Culpitt（1992）and Rothstein（1983）.

[3] Olsen（1990）.

[4] Bobbio（1990），p. 41 and ch. 9；cf. Olsen（1990）. 对瑞典进行研究的关键工作是由卢因（Lewin 1967）完成的。See also Goldman（1980）.

[5] 对于“自主”，我指的是约翰·罗尔斯（1993）所说的理性自主。所谓“理性自主”，是指公民去构建、修订、追求某种善的理念，并按照这一理念进行深入思考的能力。同时，也包括公民与其他人达成共识的能力（72 页）。这种自主并不同于“充分自主”，因为“充分自主”更多地表现为一种具体的道德观念，它并不总是符合中立原则，参见 Rawls（1993），p. 78 and Lindley（1986），p. 3。

[6] 本章第一部分在很大程度上建立在莱宁（Lehing，1990）的研究之上。

[7] R. Dworkin（1977），pp. 180ff. and pp. 272ff.

[8] Ibid.，p. 181，cf. Barry（1995），p. 129.

[9] Ibid. 对普遍程序的批评，参见 Fisk（1989）。

[10] Langton（1991）. 兰顿的文章精辟地总结了德沃金的理论，并对之提

出了尖锐的批判。

[11] Kymlicka（1990），p. 207 and Ackerman（1980），p. 11. 相反的观点见 Barry（1995），pp. 129ff.。我的观点是，如果没有独立自主的公民，任何关于民主国家的观点都是毫无意义的。如果像马克思主义认为的那样，公民会有“错误的意志”，那么为什么还要赋予他们选举权利呢？ 然而，罗尔斯的理论是建立在这样的观点之上的，即认为个体具有获得理性和理性自主的能力。在我看来，这种能力是非自主的个体不可能拥有的。Cf. Rawls（1971），p. 213 and（1993），p. 98.

[12] 在这一点上，德沃金的观点可以追溯到这样一种原则——约翰·斯图尔特·密尔将之归于边沁，即“所有公民在价值上都是平等的”，“每个人都是有价值的，没有人能比其他人更有价值”。See Mill（1863/1910），p. 58.

[13] Hampton（1997），p. 175.

[14] R. Dworkin（1985），p. 205.

[15] Langton（1991），p. 315. 乍看上去德沃金理论似乎特别简单易懂，但这往往是一种幻想。进一步探究就会发现，“同等关怀和尊重”原则是相当复杂的，尤其是当它必须被应用到不同领域的时候。

[16] 这里所使用的“平等价值”理念与“国家公平”的内容大致相同。在戴维·米勒看来，“国家公平”在迈克尔·沃尔泽的正义理论中占有重要地位。See D. Miller（1990），p. 95.

[17] R. Dworkin（1985），ch. 17; cf. Raz（1986），pp. 395f.; Bobbio（1990），pp. 42f.; and Phillips（1993）.

[18] R. Dworkin（1989），pp. 484ff.

[19] V. Held（1984），p. 17.

[20] Hart（1979），p. 77.

[21] 然而，正如兰顿（Langton，1991）论证的，事实上总是很难区分出来哪些偏好是外部的，哪些偏好是个人的。See also Axberg（1993）.

[22] See，e. g.，Sandel（1982）and MacIntyre（1981）. 新康德学派自由主义和成熟的社群主义是公民自由至上论的两种不同形式。不同的公民自由只能由他们营造的人类的善的理念形式所激发。Cf. Raz（1986）and Geore（1993）. 但是，正像哈丁（Hardin）所说的：“要求社会单纯地只有善，这是站不住脚的。当它是好的时候，它即为善，但它也可能有坏的时候，当它变坏了，那就极度令人厌恶了。”（1996，p. 216）

［23］Arneson（1990a），p. 449.

［24］Cf. Olsen（1990）and Mulhall & Swift（1992），p. 294.

［25］Rawls（1985）；cf. Rawls（1987），p. 7.

［26］Beiner（1996）p. 191；cf. R. Dworkin（1977），p. 180 and Raz（1986），p. 124.

［27］See，e. g.，Rivière（1993）.

［28］Quoted from Tilton（1990），p. 126.

［29］要注意的是，在美国，情况是相反的。由法院强制推动的公民权利已经成为左翼的计划。

［30］Campbell（1990），p. 38. 有些女性主义理论同样不把普遍权利（没有性别歧视）理论当成是可行性选择，参见 Lister（1995）。

［31］Edwards（1988）. 爱德华兹认为，这是客观决定的。在其文章中，他这样写道：它回避了细节性问题。毋庸置疑，当把这些细节纳入考虑之内时，许多困难都会随之产生，也不得不做出相应的妥协，特别是考虑到一些特殊需求时（150 页）。他最著名的一种提议是："客观需求"的意义是通过"社会福利工作者和管理者"建构起来的（146 页）。如果将这些有关公民福利的权力赋予地方政府，可能会造成民主体制或合法性方面的问题，这似乎并没有引起作者的重视。

［32］R. Dworkin（1989），p. 484.

［33］Larmore（1987），p. 92；cf. B. Baryy（1965），pp. 38f.；and Beiner（1992），ch. 2.

［34］瑞典政治科学的早期传统——修辞和政治科学教授鲁道夫·克杰伦（Rudolf Kjellén）是其杰出的代表——持这种国家观点。克杰伦的国家有机论与社群主义观点尤其相像，参见 Falkemark（1992）and Tingsten（1971），p. 138ff。

［35］对此，有一个例子。1986 年，美国联邦最高法院颁布了在佐治亚州禁止鸡奸行为（包括成年人之间的）的禁令，这与宪法精神是完全相符的。

［36］一个极端但却令人深思的立场，参见 Douglas（1988）。

［37］Sandel（1982），pp. 179ff.

［38］Walzer（1983）.

［39］Hardin（1996），ch. 7.

［40］Cf. Giddens（1979），pp. 49ff.

［41］Cf. Olsen（1993），p. 14.

[42] 我自己的观点是，一旦不再进行这种区分，就会产生巨大的苦难。这种例子到处都是：北爱尔兰、纳粹德国、波斯尼亚、卢旺达等。

[43] R. Dworkin（1977），pp. 256ff. and pp. 180f. 德沃金认为，社群主义将政治制度视为一种形而上学的实体。比如，国家应该禁止或阻止某些种类的性行为，"假定政治共同体也包括一种公共的性生活，它假定公民个体的性行为是可以合起来构成国家的性生活"，见 R. Dworkin（1989），p. 497。正同上面提到的鲁道夫·克杰伦在 20 世纪早期发展了的国家有机论，他极有可能认为，这一概念是完全有序的。因为克杰伦认为，国家会像孢子那样自我繁衍。See Falkemark（1992）and Tingsten（1971），pp. 133ff.

[44] Rawls（1993），p. 72.

[45] 有一种关于"罗尔斯是多么反对完美主义"的争论，其认为，可以按照约翰·杜威的理论，以更务实的方式来解读罗尔斯的著作。See George（1993），pp. 139f.

[46] Cf. Larmore（1987），p. 70.

[47] Rawls（1985），p. 10，note 17. 这篇 1985 年的文章在多大程度上反映了罗尔斯《正义论》（1971）原来观点的实质变化，还是只反映了关注重心的改变？Mulhall & Swift（1992）第 5 章讨论了这个问题。参见 R. Dworkin（1989），pp. 489f.。沃尔泽写道："对于政治学理论来说，中心问题不是自我的构成，而是构成性自我之间的联系，即社会关系的模式。" Walzer（1990），p. 21.

[48] Rawls（1993），p. 27；cf. Kymlicka（1989），ch. 4 and King & Waldron（1988），p. 441.

[49] Rawls（1993），pp. 131－172.

[50] Rawls（1985），p. 4. Cf. Mulhall & Swift（1992），pp. 174ff.

[51] Nagel（1987），p. 16："自由派要求，对每一个人吁求运用国家权力去处理具体的、有争议的道德和宗教观念问题要一定的限制，但是这些限制能否精确地满足自由派一贯持有的争议性道德观念上，其效果是令人存疑的。"

[52] V. Held（1984）.

[53] Cf. Ptersson（1989），p. 91："只有对不宽容的不宽容才是正当的"。

[54] Rawls（1980），p. 519；cf. Rawls（1988），p. 252. See also Rorty（1991b），pp. 185ff.

[55] See Rorty（1993），pp. 47f.；and Rawls（1980），pp. 538f.；对罗尔斯建构主义的探讨，参见 B. Barry（1989），pp. 264ff。

[56] Gutman & Thompson（1990），pp. 134ff.

[57] R. Dworkin（1989），p. 500.

[58] Ibid.，p. 501；cf. Mulhall & Swift（1992），p. 218.

[59] Olsen（1993），p. 17.

[60] R. Dworkin（1989），p. 502，cf. Hardin（1996）.

[61] George（1993），cf. Hampton（1997），p. 174f.

[62] 这与罗尔斯的观点是一致的，如果我认为它恰好是关于政治制度的一种全局性共识（要注意的是，它精确地限定在政治领域）。

[63] Arneson（1990a），p. 449.

[64] Cf. R. Dworkin（1989），关于意志型 vs 批判型家长式领导的探讨。

[65] Ibid.，p. 450.

[66] R. Dworkin（1977），p. 182.

[67] SOU（1990：44），pp. 12ff.；Olsen（1990），ch. 4.

[68] Cf. Hardin（1996）.

[69] Cf. Bell（1985）.

[70] Cf. Rawls（1993），pp. 179f.

[71] Bell（1985），p. 179，cf. Lehning（1990）.

[72] Misztal（1996），p. 234.

[73] 关键在于，诺齐克抛弃了他在《无政府、国家和乌托邦》（1974）中所持的立场。See Nozick（1989），ch. 25.

[74] Cf. Fishkin（1983）. 菲什金认为，这不是问题。他认为，当国家去中立地分配资源——挑选分配哪些资源时，它就已经把中立原则放在一边了。不过，这是一个荒谬的立场，因为它可能意味着民主权利和自由的中立性分配是不可能的。这一章的其他部分引自 Lewin（1990）。

[75] Rawls（1982）.

[76] 对这一观点的评论，参见 Fishkin（1975）。

[77] Sen（1982），p. 366. 尽管森对资源平等理论的批判激起了强烈的反响，但这并不是他的创见。按照马莎·努斯鲍姆（Martha Nussbaum）（1990）的解释，亚里士多德就曾以相似方式对资源平等观念提出了批评。

[78] Cf. G. Cohen（1989）.

[79] Ottomeyer（1977），p. 42. 罗尔斯已经就此做出了自我批评。See Rawls（1988）.

［80］Sen（1982），p. 368.

［81］Sen（1988）.

［82］Nussbaum（1990），p. 212.

［83］Ibid.，p. 213. Cf. Raz（1986），pp. 416ff.

［84］Nussbaum（1990），p. 212.

［85］Ibid.，p. 217.

［86］Cf. G. Dworkin（1988），pp. 31f.；Raz（1986），pp. 133f.；and Nussbaum（1990），p. 238.

［87］Rawls（1993），p. 189.

［88］See，e. g.，Berthu & Lepage（1988）.

［89］Beuchamp（1980），p. 146. See also Gray（1993），p. 101.

［90］Fishkin（1992），pp. 71f. See also Gray（1993），pp. 77ff. and p. 101.

［91］Söderström（1977）. 瑟德斯特罗姆进一步写道：那些声称对自由市场的社会干预缺少对个人自由的尊重的观点是不正确的。问题是：在一定的制度规则之下，应该尊重个人行动自由或者影响这些制度的个人自由吗？

［92］经济学家对政治制度在促进功能完备、高效运行的市场方面的作用越来越感兴趣。其中，本文所提到的在此领域的重要建树者，如 North（1990）、Myrdal（1969），他们更早注意到这些问题。

［93］R. Dworkin（1977），p. 211.

［94］Rawls（1977），p. 160.

第三章
治理何以可能？

执行研究：一个简要的背景

57 在上一章，我探究了最近一些政治哲学文献，希望从中找一些支撑，以判定国家应该做些什么，以及它对公民的责任是什么。现在，我们必须开始另一个核心问题的探讨，即国家能够做些什么。如前所述，我的目的是分析过去的二十年中，在福利政策领域公共项目执行过程中总结出来的经验教训。毫无疑问，这将使我们从对政治哲学理论特性的玄妙而简洁的分析，转向对公共政策进行苛刻而又充满瑕疵的经验分析的领域。特此提醒有些读者特别是那些认为政治现实已经背离了原则的读者注意，这些原则有时是非理性的，因而也是毫无意义的。

公共政策的执行研究始于 20 世纪 60 年代美国约翰逊政府发起的“伟大社会”计划。在世界上最富裕的国家发现大规模的、长期存在的贫穷现象，加之对旨在改变社会的公共政策抱有极大信心（在特定时期确实如此），美国掀起了现代史上空前的社会政策攻势。乐观主义的盛行，使得这个曾经征服了此前世界上最大战争机器的国家认为，应该能够找到一个简单的方式来消除贫困、文盲以及国内的其他社会苦难。因此，它宣布“向贫困宣战”。[1] 在这一时期，人们对通过公共手段解决所 58
有社会弊病的可能性抱有极大的信心；其中的一个参与者后来说：“每一个问题都有一个政策。”[2] 应该指出的是，获得大量资金的政策计划曾直接针对弱势群体和贫困人口，但绝不仅限于少数人。因此，“伟大社会”计划在性质上主要是选择性的，而非普遍性的。[3]

改革主义者的乐观情绪绝不仅限于美国。类似的大规模公共项目遍及整个西方世界。[4] 例如，在瑞典，20 世纪 60 年代发起了社会政策攻势，这种攻势在很大程度上是由社会民主党提出的“增进平等”计划所激发的。在 1967 年党的代表会议上，阿尔瓦·米尔达尔领导的一个工作小组提出了这一计划。瑞典也重新发现贫困和社会苦难，并相信公共政策作为推动社会变化的方式是非常普遍的。[5] 现在，“强大社会”（那个时期社会民主党的宣传口号）终于得以实现，与此同时，社会政策本身的种种瑕疵也被遮蔽起来了。[6]

与瑞典相比，美国政府决定对“向贫困宣战”计划期间推出的所有联邦计划进行评估。美国国会也想知道，这一计划产生了什么效用。它的一些想法很简单，美国人民用他们的钱换来了什么。一些社会科学家——其中多数持左翼政治观点——被委派来评估这一计划的影响。于是，执行研究和评估研究一起应运而生。

总的来说，这些对“伟大社会”计划项目调查得出的结果令人沮丧。即便有的话，研究人员也只是发现一些不太重要的正面效应。他们还指出，执行组织以及各级政府之间存在协调不足以及不可预见且经常是负效应的种种浪费、低效、腐败和滥用权力现象。[7] 由于站在左翼自由 59
派的假定基础之上，大部分实施和评价研究的先驱者得出的结论是，需要更多的资源、更大胆的方案、更好的组织以及更加明晰的责任分工。

然而，具有讽刺意味的是，最终结果被证明是完全不同的。美国的政治保守势力（特别是共和党）从左翼自由派社会科学家所撰写的报告中，得出了完全不同的结论。保守派并不同意需要更多的资源和更好的协调，反而认为这类计划不可能解决问题，它们将导致浪费，使受助者处于孤立无援的境地，以及在很多情况下带来更多的伤害而非利益。此外，这种对社会政策的悲观情绪，与作为基本政治观念的理性主义巨大危机紧密相连。这种观念的典型表述，在一位著名的执行研究者的声明中可见一斑：

> 干预是审慎而合理地运用中央权威来改变政治、社会和经济关系的结构。这种观点产生了一种根本的乐观主义，坚信政府能够知道什么导致了社会问题，并能够将这一认知转化为有约束力的对策，以及运用有益的举措执行这些对策。此外，只要决定对某一事务进行干预（无论诉诸已知数据还是政治论断），就假定是政府会为干预提供必要的资源。在过去的十五或二十年间，社会政策的发展历程不过就是阐明这些假定的历程。它们已被证明是完全错误的，至少足以质疑这些政策是建立在不可靠的基础上的。随着我们对过去的干预了解得越多，这种在掌握科学技巧的决策中心操控下的累积过程的观念——通过系统地、理性地使用善意的强制，似乎显得更加行不通了。随着中心提供福利和控制的能力衰减，我们对于中心的信心也在下降。它似乎已经风雨飘零（四分五裂），控制不了局面了。[8]

在这些问题上，美国一位保守主义学者查尔斯·默里（Charles Murray）在美国保守思想中留下了深刻印象。[9] 在其著作《节节败退》（***Losing Ground***）中，他认为美国的改革者越是扩大这种目标性的方案，这些措施旨在帮助的那些人（特别是非裔美国人）的状况就越糟
60 糕。通过对“伟大社会”计划前后的相当有争议的和高度批判性的统计对比，默里声称，旨在改善穷人状况的设计并未带来任何可察觉的好处。[10] 相反，这些计划已经在陷入困境的受惠者中导致了一种习得的无助感。默里的书在美国产生了很大影响，并被里根政府作为削减或放弃许多选择性社会政策项目的根据。[11]

对改革可能性的悲观态度是与对基于理性论述的公共政策缺乏信心相联系的，它并不仅仅发生在美国，它还充斥于 20 世纪 80 年代瑞典政治界和知识界的辩论中。从“瑞典权力与民主研究”（通常称为“权力研究”）中，就可以发现这样的例子。“权力研究”是 1985 年瑞典社会民主党政府发起的一项大规模的社会科学计划。在很大程度上，该研究的

委员会于1990年提出的最终报告充满了对通过民主手段指导社会发展的前景的悲观主义情绪。它指出，

> 实现国家作为公共服务生产者的原则，就必然要求大规模的官僚体制，这一体制越来越难以监督和指导。按照这一理论，公共部门之上的权力本应置于选举产生的代表手中，现在却在很大程度上由官员和专家来行使。官僚体制的权力增加了，但其效率却下降了。[12]

该报告还总结了在瑞典公民大规模访谈基础上的研究结果。研究表明，在许多已经实施了改革的领域——例如学校教育和医疗保健领域，大多数接受服务者在面对业已形成的大官僚体制时感到无能为力。[13] 引 *61*
述其中一位委员会成员的话："福利国家的制度已变得笨拙、迟钝，无法满足公民的合理期望和要求。"[14]

在某种程度上，该报告关于合理规划改革效果的悲观结论是以组织理论的流行观点为基础的，即从赫伯特·西蒙（Herbert Simon）1955年的名著《管理行为》（***Administrative Behavior***）出版以来，这一观点就质疑组织尤其是大型组织做出理性决定的可能性。[15] 在这一领域，相关研究汗牛充栋，每一项研究都显示，按照完全理性决定模型管理组织是不可能的。[16] 随后几年，悲观主义已经发展到这样的程度，学者们甚至怀疑在这一领域存在有限理性的可能性。这一流派的典型观点如下：

> 通过在言语、决策和行动之间系统地制造矛盾，组织也可以反思彼此矛盾的准则。也就是说，它们可以做出虚伪的行为。那么，它们可以按照一种方式表态，按照另一种方式做出决策，而按照第三种方式展开行动。[17]

我毫不怀疑，组织可以不合理地运转，也绝不怀疑这种伪善是普遍存在的，所真实发生的应该也只是"空谈"。但是，我有两个疑问：在多大程度上，这足以成为关于组织运作的一个通则？ 如何更好地使这种经济模式适用于政治领域？ 持这一立场的另一位作者，描述了瑞典议会工商业常设委员无力进行理性地制定经济政策的情况。即该委员会主要对事件做出反应而不是引导它们。这为决策引入了非理性因

素。[18] 在对其著作进行回顾评论时，施米特（Schmidt）提出了以下观点：

> 唯一无可否认地会驳倒笔者的想法的是… 如果制定经济政策的是诺贝尔经济学奖得主赫伯特・西蒙所刻画的“经济人”，那他就总能确切地知道，他想要什么和可以做什么，以及如果他按照某种方式或其他方式付诸行动将会有什么结果。我怀疑，在国会或产
> 62 业部门或其他任何可能左右决策的权力中心，寻找这种不太可能存在的人是否有意义。[19]

施米特指出，事实上恰恰是这个研究中的数据，更能够反映理性决策的可能性。他在雅各布森（Jacobsson）的研究中发现了更有力的证据，表明产业部的官员采取了更积极的行动，以指导产业政策向清晰明确的方向发展，他们比雅各布森所认为的更加积极。他们并不总是能够成功，这反映的并不是他们没有足够的理性，而是政策总要应对反对利益的行为。因此，“权力研究”报告关于理性指导政策的悲观预期没有明显的证据，即使在其庇护下的经验研究中也是如此。

另一种对管制可能性的批判来自新古典经济学。它提出了如下问题：假定双方都是理性的效用最大化者，那么，怎样才能使政府当局（代理人）忠实地奉行选举的官员（委托人）委托的政策。这个问题表明：(a) 代理人拥有委托人所没有的政策过程的关键信息；(b) 如果代理人知道委托人可能利用这些信息反对其利益（如精简机构），那么代理人就不可能向委托人提供这些关键的信息。在设计政策和体制（也是按照根据新古典经济学指导代理人行为的动机）时，委托人很可能因为没有完整的信息而做出错误的决策。从博弈论的角度来看，这可能被称为典型的“社会陷阱”弊病。如果委托人能使代理人相信，他们不会用这些重要的信息威胁到代理人的利益，这种情况就可以避免了。问题在于，民主社会里经常发生这样的情况，委托人被认为应该这样做：满足选举人的利益，有效反对（假定的）管理者关于组织“懈怠”的利益。[20]

社会科学的弊病？

在很大程度上，执行研究是一项艰难的研究。如果你愿意，也可以将之称为社会科学的弊病。它已经导致了无休止的浪费资源、不可预见的副作用、不明确的政治目标、不恰当的组织形式、不可理喻或居心叵测的官僚。因此，“我们处在一个相当悲观和对政府忧心忡忡的时代”——这是课题研究的第一句话。“即使是最有力的政策——它能够 63
在执行过程存续下来，也会偏差走样。绩效不佳、反应迟钝和成本上升的典型症状必然会出现”[21]，这是第一批执行研究者的另一种典型表述。[22]

但是，这里至少隐藏着三个问题。第一，执行研究人员更偏爱那些失败的公共项目（他们事先知道这个结果）。[23] 这不是特别令人奇怪，在方法论上也说得过去。因为在这种情况下，这是创立一个新的研究领域的问题，这种阐释性研究——其首要目的在于验证一个新的理论——是必要的，也是合理的。理解政治制度的产出，目的是要阐明执行过程的重要性。因此，在这种情况下，关注已知的政策失败是完全正当的。关注公共政策的“末路黄昏”，就像经济学家曾经证明过的市场失灵一样。

然而，对于我们的目标来说，关注公共举措的失败是一个更大的难题。探究公共政策可能性与有限性的目的，是认识一般性模式。如果关注问题领域导致方法论的扭曲，从而使得我们把执行问题视为不可逾越的，这显然是一个致命的错误。这种做法可能等同于，仅仅基于危机的细枝末节或破产公司的研究，就得出市场经济中私人企业诸多问题和潜在隐忧的一般性结论。[24] 军事策略研究也没有将失败战例的分析作为唯一的基础。[25] 正如理查德·埃尔莫尔（Richard Elmore）在一篇有洞察力的文章中写的：“社会政策的分析包括解释有些事情为什么没有如所期 64
望的那样发生；关于社会政策的高深学问几乎要等同于一种刻薄的嘲

讽。”[26] 毫无疑问，我们能从研究失败的政策计划和不合理的组织中汲取重要的经验教训。然而，全身心地关注这种失败，却只能告诉我们什么没有发生，而不是发生了什么。从方法论上讲，在这种有限知识的基础上，我们不可能得出一般性的结论，也不能就此案例给政策执行者提供更多的建议。

调查方案的选择给我们提出了另一个密切相关的问题。尽管执行研究者并没有决定从一开始就研究政策失败问题，但他们传统上还是把政策范围选定为：(a) 成功的政策要求不同政治层级的合作；(b) 政策的目标是对高度多变的社会产生影响；(c) 参与人员必须被赋予高度的行动自由；(d) 预期变化是不可预料的；(e) 实现预期变化的技术还不能确定，甚至根本不存在。[27] 因此，执行研究者非常渴望调查那些他们能够事先预知其失败概率的项目。[28] 这也使得某些研究人员具有了愤世嫉俗和日益保守的个性。

第三，执行研究对执行过程采取过于机械和理性主义的立场。如果成功是根据原始的决定和计划的结果来衡量的，那么，在复杂的管理领域很少有百分之百的成功率。事件的常态进程是非常不同的：条件变化必然要求调整，赢得经验需要改变计划。简单的理解就是，执行应该被解读为“反对在停滞状态下还可以被强加干预的项目……这从根本上误解了执行的真实过程”[29]。

政治体制和公共部门的责任绝不仅限于承认政策目标可能是多层面的和受条件约束的，政策初衷可能并不总是完全实现。正像阿伦·威尔
65 达夫斯基所认为的，大多数政策问题很少能够解决；它们还是一直在继续。[30] 尽管情况并不理想，但也不应总是对公共政策持保守和悲观的态度。[31] 相反，人们通常更加偏好能够适应变化情况的组织，能够根据获得的经验重塑政策目标的领导者，而不是更具刚性的组织结构和更少灵活性的领导者。[32] 的确，更富洞察力的政治决策者常常试图拥有改变他们所创建组织的能力。[33] 总之，事情并总不是我们想象的那样，但即使如此，它们也总能运行得很好。我不是要通过这种方式来质疑，很多公共项目必定是失败的；我的目的只是想说明，必须从更广阔的视角对成功与否的标准进行评判，而不是仅仅依靠对目标与结果的机械比较。[34]

执行研究常常忽视以下一些重要因素：能够与时俱进不断学习的组织、那些必定随环境变化而调整的政策项目、计划必定是变化的、那些没有百分之百完成的计划有时也有极大价值。[35]

此外，执行研究者经常研究那些仅仅实施了很短时间的政策项目，从而可能会低估其长期影响和忽略其修正错误的可能性。[36] 因为，公共政策要根据特定的准则来应对变化的现实，而不是像动外科手术那样精确地设计一套根据已知投入可以预知产出的自动程序。[37]

执行研究主要建立在两种不同的方法之上，即“自上而下”和“自
下而上”。前者把民主程序所确立的政策目标作为分析的出发点，之后
再试图分析执行过程，再来看是否实现了政治意图和计划目标。与之相 66
反，“自下而上”的观点更关注承担执行政策项目的组织的实际作为，之
后再试图分析其结果，而无须过多考虑民主程序所确立的政策目标是否
对其执行产生何种重要影响。[38]

对哪种方法更好进行争论，在很大程度上是浪费时间。规范的、理论上的辩论，不是通过讨论选择研究方法就能够解决的。从理论的角度来看，“自下而上”的方法更有优势，它更能考虑到不确定性以及上述提到的组织调整的需要。然而从规范的角度看，这种方法也存在很大的问题，因为按照这条思路进行调查的研究者常常把实际的管理者能够做什么——或者换句话说，他们的兴趣在什么地方——作为分析它应该做什么的出发点。因此，由于方法的选择，经验分析没有经过明确的规范分析，就转换为从规范性的观点出发。[39] 当然，应该考虑到，在特定政策领域内现有的组织有其合理的兴趣和知识，但是，让地方政府（或政府网络）成为政策合法性的唯一责任者，似乎是非常不合理的。[40]

公共政策的执行分析

对于上述问题，执行研究主要采取了两个途径。一种途径是强调达成一致的难度，这代表着一种指向组织商谈的研究进路。它崇尚实用主

义；根据这种趋势，执行研究者致力于为公共政策实践者提供坚定而适应形势的建议——在我看来，这是无关紧要的。另一种执行研究的趋势是，为更深层次的系统化和普遍化而继续努力。[41] 如果我们的目的是探
67 究成功的政策执行需要的条件的话（在实现政治家更多意图意义上的成功），后一种途径显然更加富有成效。那么，这种研究能够告诉我们什么呢？ 这里，我们又遇到了问题。首先，要抓住这些文献中的关键变量是不容易的。劳伦斯·奥图尔（Laurence O'Toole）曾写道：

> 研究者并未一致同意执行理论的框架，甚至在成功执行的关键变量方面也不一致。大多数执行研究者在构成成功执行的要素上也没有达成一致意见。[42]

这里有很多问题。一方面，大量的个案研究没有被纳入任何单一理论当中。[43] 此外，经验研究的强势定位完全是以理论的简化为代价实现的——当提出一项政策方案时，图表是如何体现的，或者图表中出现什么错误。执行研究不可能比得上微观经济学的数学精确性或博弈论的简洁形式。像这个领域一位先驱者认为的那样，这是因为“执行问题如此复杂和微妙，以至于很难知道从何处着手”[44]。如果决策者需要一个确定的答案来回答怎样实施公共政策，他们将面临漫长的等待。如果人们把研究限制在纯粹的经济模型范围以内，那么关注提出一项经验上可靠的成果必然会限制人们试图摆脱的理性律条。在执行研究的基础上，我们不能就“政府能够做些什么”这个问题给出确定的答案。这并不令人惊讶，也不应因此而对我们的事业过度悲观。这同样适用于其他大多数社会科学领域，在这些领域，研究目标是获取具有经验基础的知识，即人和资源应该怎样组合起来，以获得预期的后果（尤其是当人和资源在一个动态的现实中运作的时候）。[45]

68 一个典型的例子是商业企业管理（商业经济学的研究对象），另一个例子是军事战略。这些领域的研究比政策执行研究更广泛，但在以上任何一种领域中，都没有发现类似如何取得更好结果的确定性知识（例如，怎样盈利或赢得战争）。[46] 一旦我们脱离纯粹的理论模型，普遍化的难度就会大幅增加。[47] 把经验取向研究和学术模型研究区隔开来的，并不是构建理论通则的诉求。毋宁说，二者的区别在于这样一个事实，

经验取向的研究者并不满足于对他事先知道会验证他所选择的理论模型进行分析。[48] 其目的并不是寻找将对其模型进行严格验证的经验证据，即理论必须考虑的有价值的经验证据。

执行研究所产出的，最多不过是一套经验的通则。研究者已经发现某些经验现象和成功的执行有关，但他们并不知道原因是什么。具体来说，在一份列举成功执行关键因素的表单中，可以发现其中的线索。在这份表单中，戴维·马兹曼妮（David Mazmanian）和保罗·萨巴迪尔（Paul Sabatier）就如何设计一个公共计划以最大限度地提高成功执行的可能性给出了他们的建议。该计划应该是这样的：

(1) 清晰的构想和明确的目标；

(2) 基于精确的因果理论；

(3) 赋予执行者以足够的合法手段；

(4) 按照目标群体可以预期的方式进行构建；

(5) 被置于技艺娴熟和积极的组织领导之手；

(6) 有代表目标群体的组织支持；　69

(7) 拥有重要政治家及官员的支持；

(8) 不与其他公共计划相冲突；

(9) 如果社会经济预期是不利的，则不执行该项目；

(10) 赋予足够的资源；

(11) 相信公共机构对项目持赞同态度；

(12) 其制定不会与法律发生冲突。[49]

还不清楚的是，我们应该从这份大量存在执行研究的表单以及其他类似的单子中了解些什么。[50] 例如，上述表单没有说明，哪些因素比其他因素更重要，在什么样的情况下、哪些类型的项目比其他项目更难执行，也没有更多地说明，哪些组织更适合什么样的任务。[51] 很多因素显然是微不足道的。哪些项目缺乏足够的资源和政界官员、目标群体的支持，哪些项目会受到其他项目的阻碍，哪些项目缺乏充分的法律依据等等——这样的项目终将失败，这并不会令人感到惊讶。

另一个问题是，在何种程度上，这些建议是绝对的或者相对的。例如：不考虑目标团体的强烈反对而执行公共项目，偶尔也是可能的；其

70 他项目尽管资源不足也具有可行性；等等。我认为，问题是实证研究者通常不把他们的分析提升到更普遍的层次。也就是说，他们不只在政策实践者所面对的经验现实基础上进行归纳概括（当然这是必须做的），还选择在经验层次上进行理论分析。因此，在通常情况下，这些研究人员很难说出什么政策实践者没有意识到的东西。

另一个关键问题是，公共政策执行者能在多大程度上影响执行研究强调的变量。归纳总结执行困难的进一步努力，凸显出所谓“嵌入性”问题。所谓“嵌入性”，指的是在公共政策中存在复杂分析的等级制度，以至于在某一方面像是项目决定性因素的东西——例如，个人的知识和价值观——实际上都“嵌入”在更大的社会结构当中，被更深层次的作用因素所影响。根据这种观点，公共政策由不同部分独立的功能层次所构成，作为“限制范围之内……表面上的实践遵循着一套规则，并受更深层次的规则所限”[52]。

从这项研究中，我们洞察到许多在当前政策层面发挥作用的变量，它们似乎都是重要的、可能被影响的、能够“嵌入”到更深层次的结构条件，这些条件限制着（至少在一个合理的时间范围内，通过利用有限的资源）可能改变的东西。这些更深层次的条件，可能是某种意识形态的或者社会的、地理的、组织的或经济的，改变它们的预期可能是完全不同的。

【注释】

［1］Zarefsky（1986）.

［2］Glazer（1988），p. 3.

［3］Zarefsky（1986），pp. 161f. and pp. 199f. See also Dionne（1991）and Skocpol（1987）.

［4］例如，见由彼得·弗洛拉（Peter Flora）整理编写的四卷本巨著《增长的极限：第二次世界大战以来的欧洲福利国家》（***The West European Welfare States Since World War*** Ⅱ）（1986和1987）。

［5］See，e. g.，Inghe & Inghe（1967）. 这本书产生了很大的影响，并在瑞典印刷了接近50 000本——对于这类书，这几乎是个令人难以置信的数字。在美

国，唯有 Harrington（1962）能够与之媲美。

[6] 现在，这并不仅仅是一个社会民主党的理念。对瑞典公共政策措施特性进行的大规模经验分析，见 Uddhammar（1993）。

[7] See Fox（1987）.

[8] Elmore（1983），p. 213.

[9] Murray（1984）. See also Glazer（1988）.

[10] 对运用默里统计数据的批评，见 Jencks（1992）and Katz（1989），pp. 153f. Cf. also Salonen（1993），p. 49f。

[11] 在美国政治学领域，有一些对此类事件的卓越研究，其中有 Katz（1989）和 Dionne（1991）。当被记者问及 1992 年春天洛杉矶的骚乱事件时，当时的美国总统乔治·布什的回答是，原因在于 20 世纪 60 年代的福利计划。引自 Saskia Sassen，“对他们来说一无所有”，*Times Literary Supplement*（05-22-92），p. 11。

[12] SOU（1990：44），p. 28；Olsen（1990），pp. 127ff.：“控制社会发展的过程或者指出它的发展方向，这可能吗？” Brunsson & Olsen（1990）或曾提及，“权力研究”对改革前景是悲观的。

[13] SOU（1990：44）.

[14] Olsen（1990），p. 131.

[15] Simon（1955）.

[16] 正像 Jacobsson（2989）和 Brusson（1989）所提及的一些例子。

[17] Brunsson（1990），p. 35.

[18] Jacobsson（1989）.

[19] Schmidt（1991），p. 124.

[20] Cf. G. Miller（1992）.

[21] Mazmanian & Sabatier（1983）.

[22] Bardach，quoted in Winter（1990），p. 23.

[23] Goggin（1986）and Kettl（1993b），p. 414. 这似乎也适用于对上述提到的“非理性主义学派”组织理论。关于“权力研究”对社会改革的悲观论调的批判，见 Olsson（1991）。

[24] 这样一种谨慎而片面的列举，可能是错误的。See Niklasson（1992），pp. 144-152. 对于执行甚至有问题项目的可能性，其他研究则表达了更乐观的态度。例如 Levin & Ferman（1985），Cerych & Sabatier（1986），and Mazmanian &

Sabatier（1981）。

[25] 然而，这显然具有很强的可读性。See，e. g.，Palm（1981），Regan（1987），and Cohen & Gooch（1990）.

[26] Elmore（1983），p. 213；cf. Therborn（1991）.

[27] 典型的例子见 Pressman & Wildavsky（1973），也见 Elmore（1983）。

[28] 此外，比较研究是极其有限的。对执行过程中相似的困难和有差异的结果的项目进行的比较，就更少了。当然也有一些例外，见 Cerych & Sabatier（1986），Immergut（1993），Janoski（1990），and Rothstein（1996）。

[29] Wittrock & de Leon（1985），p. 48.

[30] Wildavsky（1979）.

[31] March & Olsen（1989），p. 58.

[32] Cf. Wildavsky（1979）.

[33] Ronthstein（1996）.

[34] 对一个简单目标模式的批判，见 Vedung（1991），ch. 3 and Fischer（1995）。

[35] Palumbo（1987），p. 95.

[36] Goggin，Bowman，Lester & O'Toole（1990）.

[37] 对政治和社会的机械主义观点的批判，见 Petersson（1989），chapters 2 and 3。

[38] 对综合分析的讨论或尝试，见 Sannerstedt（1996）and Matland（1995）。

[39] 对于这种方法更深入的批判，见 Linder & Peters（1990）。

[40] 这种分析方法最严重的缺陷是："未能从影响其利益主体的因素展开。因为，它在很大程度上依赖于参与者的观念和行动。因此，分析间接影响他们的因素，甚至那些即使参与者不承认的直接影响其行为的因素，是不太可能的。" Sabatier（1986），p. 35；cf. Matland（1995）.

[41] Lundquist（1986）.

[42] O'Toole，（1986）；cf. Ingram（1990），p. 426："实证研究领域也没有实现概念的明晰。"

[43] Palumbo（1987），Kelman（1984）.

[44] Williams（1976），p. 536.

[45] 可以比较政府习惯采取的另一项复杂行动，即军事活动。有一个现代

分析家就德国战争理论发表了迄今无人能及的观点，他就是卡尔·冯·克劳塞维茨（Carl von Clausewitz）："克劳塞维茨认为，尽管从战争的系统研究中还可以得到许多经验，但它们可能总是一些难以预测的事件，比如摩擦、不确定性、机会以及非理性的心理因素、道德和创造力等事件……关于战争，一个最基本的事实是，它不能由一成不变的法则所控制。" Handel（1989），p. 3。

[46] Williams（1989），p. 252；cf. van Creveld（1985），p. 261；and Handel（1989），pp. 3ff.

[47] 在我看来，公共政策的执行研究已经从军事策略研究中学到了很多东西。怎样才能够让大规模的且必然是层级化、组织化的单位在一个非常动态的环境中按照人们所期望的方式运行？

[48] Pedersen（1977）. 佩德森断言，这种做法是受马克思主义者启发的典型。在我看来，这种习惯传播很广，并不局限于新古典经济学。

[49] Mazmanian & Sabatier（1983），pp. 41f. 对于编列其他类似表单的研究，可见 O'Toole（1986）。他检视了超过 100 项的执行研究，发现其中的关键变量超过 300 个。

[50] 该记录保持者可能是 Chase（1979），他列出了不小于 44 的不同变量。

[51] Goggin，Bowman，Lester & O'Toole（1990）.

[52] Benson（1982），p. 149；cf. Lundquist（1987），ch. 2.

第四章
政府应该如何行动：一个分析模型

71 从历史的高度审视，政府所要承担和完成的事情是永无止境的，无论是好是坏。显然，政府至少能够在适宜的环境下实现多样化的目标。正如之前所提到的，执行研究者已经大致列出了成功执行公共方案的相关因素。为了使论述更为清晰，我将会使用一个简单的分析模型。这个分析模型的核心思想是从总体上将各类因素整理分类。采用这种处理问题方法的目的之一，在于从理论层面上对这些问题进行分析，至少比前文提到的那些未经分类的清单的理论程度要高。另一个目的，是对一个更常见的政策执行理论进行详细的阐述，即一个政府能够做什么和不能够做什么。

首先，我们要按下列的方式对政策失败的相关因素进行分类：政策失败的原因是在于（a）程序的设计，还是在于（b）方案执行的阶段，也就是执行过程的管理当中？[1] 基本的想法非常简单——任何一个方案，无论它可能被设计得多么精巧，如果委托给一个不适合完成这个方案目标的组织来执行，这个方案必然会失败。

然而，正如索伦·温特（Sören Winter）所指出的，

> 72 不当分工导致这个领域具有这样的特征：专注于政策制定和立法过程的学者很少对法律通过后的结果感兴趣，而专注于执行和政策评估的学者显然对执行过程兴趣阙如。[2]

政策分析家传统上认为，质疑公共政策的目标超出了他们的能力范

围，所以政策分析家通常仅限于对最佳执行方案提出建议。显然，如果我们想要弄清政府的能力，不仅要考虑其理性的执行能力，还要考虑其理性进行决策的能力。

因此对于这两个主要的执行研究的领域，我想要再加上第三个领域：政策的政治合法性分析。如果一个方案没有赢得直接影响群体或大多数公民的足够信心，它几乎不可能成功地实施——无论设计得多么巧妙，或者执行过程组织得多么完美。例如，许多方案需要得到其目标群体的同意（或者至少是没有敌意），目的是确保方案能够成功地执行。[3] 同样，我们所了解的用来遏制或者解决某些社会问题的措施，大部分人认为太严厉、违背完整性、代价高、不公平，或者道德上有异议，这样的措施都无法实施。这些都基于相同的原因，即这些措施所拥有的政治支持太微弱。[4] 本书关于合法性的质疑与对政府机构的信任感高度相关。[5]

此外，政策设计、组织和合法性三个领域中，每一个领域都可以再次分为本质和过程的两个问题。前者与正在讨论中的方案内容有关，后者与其自身的动态性有关。本质的问题将这类事务视为如何能够使得方案目标随政策对象及官员完成（或阻碍）执行方案的尝试进行改变。过程的问题则将此类事务视为政治体系的不同层面怎样才能协调一致的行动，一个集权或分散管理的方案应该如何协调地执行，等等。[6]

另外，所有的这些因素要以动态的观点去考虑。有些适用于 A 时期却并不必然适用于 B 时期。一项政策只能在某种外部条件下有效，而如
果这些条件发生改变，这个方案的目标也需要随之改变。由于一个方案 73
在执行时采用的具体形式反映了“方案与它周围的环境之间的相互影响，我们不能期望发展出一种简单的或者单一的回溯性执行理论”[7]。外部条件（经济、社会、政治）自然能够影响实施公共措施的前景。这一点在理论上无足轻重，但是它在实践当中却是至关重要的。[8]

于是，可以划分为六种模型（见图 4－1）。我们可以通过图 4－1 做更进一步的分析。既然公共政策有这么多的缺点，模型的目的就是将这些缺点进行分类。当政府不能完成其要做的事情的时候，政府的能力缺失可能会反映在政策设计、组织或者合法性上。而且，在该领域中任何

一种政府失败，都可能是实质或者过程的失败。原则上，六个方块中一定会有一个亮“绿灯”，因为很可能项目执行就是为了激励其产生而设置的目标。为了更清晰地论述（在现有的研究的帮助下）政府能够做什么以及不能够做什么，我们下面将会对每一个方块进行检验。

	实质	过程
设　计	1.	2.
组　织	3.	4.
合法性	5.	6.

图 4－1　六个主要影响政策实施因素的种类

了解你想要什么：政策设计的实质（1）

第一个主要的类别涉及方案设计的方式。我应该首先强调，无论是在理论分析上还是在实践上，这个领域很难洞察。从理论分析上看，这是因为政府的理论并不清晰，尤其当涉及如何对不同方案进行分类时，就更是如此。从实践上看，这是因为不同的公共措施包含许多种实质性知识，作为政策执行的研究者，我们很难形成一个清晰的观点。即使存在导致如青少年犯罪、污染、实业、虐待儿童、药物依赖、通货膨胀、
74 贫困、性别歧视等等问题的部分理论，但是采用哪些措施能够解决或者减轻这些问题，我们也知之甚少。在理论上，对于这样的社会问题的解决措施也许是存在的，但是由于某些原因（伦理的、法律上的、政治的、经济的），这些措施根本不太可能实际施行。很显然，具有根本设计错误的方案不可能成功地执行，即使它被交给了积极性高、消息灵通以及资金雄厚的组织。[9]（一个错误设计的方案是指，完全按照计划执行但经证实没有达到预期效果的方案，或者方案有严重的副作用，以至于如果该方案没有实施，情况反而会好得多。）

政策分析家们认为，为使方案成功执行，就必须对方案的权变理论

或者政策理论进行修正。[10] 例如，假如劳动力市场并不需要为失业者提供的培训，那么即使这个培训本身水平很高，失业者在未来找到工作的概率也不会提高。[11]

显然，一个方案的设计重点是能否实现方案的目标。然而，人们通常对这个问题的争论采取了一种非理性的形式，研究者们指出，政治过程有时会产出非理性的结果，如给公共管理部门下达不清楚或者相互矛盾的（甚至是不可能的）指令。[12] 不过，这一问题恰好部分地反映出政治过程的实质。[13] 例如，当强大的媒体关注某一个问题时，政客们也许认为他们在被迫实行某种公共补救措施，甚至是当手中没有经检验的或者已知的解决问题的办法的时候，结果就“导致趋向于在问题没有解决的情况下，将难以处理的社会问题丢给成为替罪羊的官员”[14]。

这也许就是为什么完全是象征性的方案能够存在的原因。也就是说，大多数这样的方案所实施的措施，不是为了能够产生任何的影响，而是为了显示一个备受关注的问题正在采取补救措施（尽管正在做的是 *75*
什么以及将有什么效果，可能都不太清晰）。[15]

另一方面，也存在由强烈道德因素决定公共措施制定的情况，尽管我们还不太掌握代价与效果的关系，也许甚至还不知道结果会是什么。象征性的政策不只有供应方，它还有需求方。[16] 对于通过政府行动减少社会问题的需求在增长，但并没有相应地提升政府的能力。

如前所述，执行研究者认为政策有清晰而准确的目标，那些政策制定者原本就了解付出的努力与取得的成果之间的关系。这些学者需要一种“更好的能够鉴别主要因素和偶然联系的理论”[17]。比如，中村（Nakamura）和斯莫尔伍德（Smallwood）认为：

> 政策的目标和实现这些目标的手段必须用足够准确的术语表达出来，从而使得执行者们知道他们应该做什么。[18]

然而，在很多情况下，这种关于公共政策概念的描述完全不现实。而且，它假设了一个从根本上就被误导的知识与政治行动之间关系的观点。通常的情况是，即使是在不存在确定性理论、不了解不同的措施将导致的效果，或者对主导措施实施的条件也不十分了解的情况下，政府也必须采取措施。政府活动的典型领域——国防——也许能够解释这一点。在这个领域，坦率说只有经验研究（说得委婉些）。很多国家已经在军事项目上投入了大量资金，既涉及科技也涉及战略，而这些项目已经证实是被误导的。此外，这些项目不是建立在投入的资源与取得的结果之间关系的精确理论基础之上的。[19] 这是因为，同许多其他
76 行动一样，军事竞争总是很难去预测投入与产出之间的关系。例如，很难知道什么时候投入是充足的，无论是数量上的，或者是质量上的。反过来，也存在人们不能确定投入资金使用的情况。科技的快速发展只是导致该领域的不确定性以及由此产生的弹性需求的因素之一。[20] 另一个因素则是在防御计划基础上确立项目的不确定性。正如里根所说，“军事专家面对最大的问题，就是从他们的政治领袖那里获取他应该准备什么类型的战争信息”[21]。

然而，很少有人会真的希望，我们不应该维持军事防御，或者不应该尝试去按照仅有的知识去组织军事防御。就像在很多其他的领域一样，形成公共政策是相当成问题的，因为政策需要调节不确定性以及灵活地执行。那种以为我们总是能够在先前的、已知的理论基础上决定我们行动的想法太过天真了。[22] 我们唯一能够完全确定的事情是，如果根据执行研究的相关理论原则来组织军事防御，那么这种防御要么完全不存在，要么在战事中完全无效，因为它缺少灵活性以及在军事行动中成功应对不确定性的能力。[23]

我们的知识总是有限的，这一重要观点可以应用于公共政策的很多领域。[24] 我们不是很明确地知道哪些措施将会在监狱政策、医疗和社会
77 政策、健康护理、环境政策、教育、抵抗失业或者货币政策中（一个应时的例子）发挥作用。[25] 在这些例子当中，虽然我们的知识是合理可靠的，但是它只在某些条件下才适用。而且，知识是快速变化的：“在很多领域……知识变化的速度是如此之快，以至于主流的理论成果在一代人或十年的时间内就会遭到淘汰，教科书必须每几年就要更新或者替换。”[26]

在执行研究者当中，这种观念很普遍，即如果他们有任何对方案成功的期望，公共项目就必须以不容置疑的因果理论为基础，这种观念充其量是天真的，更坏的情况是十分危险的。[27] 也许可以说，这种想法反

映出福特主义的生产线式社会，在这种社会制度中，最高层级的人总是知道该做什么和怎样去做，而那些执行者的任务就是简单地遵循上层所确立的严格指令。然而，在后福特主义的信息与知识社会，这种观念从根本上被淘汰了。在大部分领域，变化的速度是如此之快，对将操作调整到符合变化的现实情况的需要也是如此之大，以至于中央政府明确了解必须完成什么，并把这一认识及时传达到地方一级的希望，实际上是极其渺茫的。[28]

我们能找到一个合理的依据，将根据公共项目执行难度进行分类吗？ 上面所提到的内容给出了部分答案，即在实施阶段必须解决的不确定性越大，执行的难度就越大。首先要对一个既定政策寻求干预的操作情况的性质进行区分。这种情况能够在完全动态和完全静态之间变 78
化。一个变化的目标比一个静止不动的目标更难管理。然而，变化目标显然需要较强的适应能力。换句话说，问题在于公共政策究竟应该根据每一个案例的独特环境进行调整，还是采用更加普遍的、标准化的措施。

第二个方面是政策影响社会状况的程度，也就是政府希望直接地还是间接地干预。[29] 建立一套设定行为框架的规则体系是一种类型。在这一框架内，公民社会里的个人或组织可以按照他们的意愿进行活动。在民法和婚姻法中，这样的例子随处可见。该领域具有“自我约束和独立的反应性法律体系”的特征。[30] 这与成文法不同（成文法规定个人什么可以做，什么不可以做），也与实体法不同（它详细说明了个人可以对政府要求什么，也阐明了政府可以从个人那里要求什么）。[31] 民法不涉及哪种商品和服务应该被交易，婚姻法也不包含诸如谁应该娶谁或者为了圆满的婚姻应该做什么等方面的详细规定。在这些事情上，政府并不会干预（非常宽松的限制）；然而，对于制定契约的某些确切规则，政府就会干预。[32] 一些主要的经济管理工具，比如课税和总收益，也归入这一类。为了简单一些，我们将这种类型的政策看作规范政策。

当政府试图通过自身机构影响公民的行为（尤其当政府完全实现这个目的）时，则是另一种类型。这适用于各种所谓“人类处理”的活动，即那些发生在学校、社会机构、监狱、酗酒治疗中心、职业介绍所等的活动。我们可以称这种政策为干涉政策。在图 4－2 中，我将这些维度制成了交叉的表格，并根据这些维度分成了不同种类的公共政策。[33] 哪种类型的方案是最难执行的，哪种类型的方案是最容易执行的呢？ 我们可以从执行研究者的研究倾向获得反向好处，那就是他们偏好于找出最有争议的案例。这显示出相当广泛的共识，即最复杂的执行方案是那些可能被描述成动态的干预类型，而那些旨在管制静态环境的方案则相对容易执行。[34] 之前提到的例子——为了增加具有较低水平就
79 业者雇用机会的劳动力市场政策，为无家可归者或不适应社会的人提供住房的住房政策，为了确保教育体系的进步能够更平等地在社会经济团体之间进行分配的教育政策，以及直接提供救助性措施的社会政策[35]，这种类型的项目有三个共同点：（a）它们寻求在动态过程中以不同的方式来影响公民的行为，（b）有效的理论表述还不确定，（c）这个领域的变化是相当大的。[36]

		操作状态	
		静止	动态
措施类型	约束	普遍儿童补贴 统一费率基础养老金	民法
	干预	根据经济状况的房屋补贴	治疗性社会护理 积极的劳动力市场政策

图 4－2　公共政策的维度

要使公共措施能够适应普遍的、暂时性的转变（例如，商业周期波动）存在两个方面的困难。首先，在公共管理部门中建立一个有效的管理体系并不是一件轻而易举的事情。要使公共组织调整其政策手段，从而有效地适应不断变化的环境是非常复杂的。[37] 例如，因为对公共产品的需求通常是由政治因素决定的，所以与在理想市场条件下的公司经营相比，传统的公共管理机构不能即时感受到公共产品需求下降所带来的影响。其次，公共管理部门是一个相对稳定的组织，并与立法机构保持
80 一定的距离。这一事实是有意义的，特别是从立宪主义者的角度来看。[38] 一个经典的例子就是，法院不应屈从于政治的影响，它必须能够

对抗议会多数的意愿，尤其是当社会或政治正在发生急剧变化的时候，议会多数要求法院也必须在司法判决的模式上实行立即变化。

由于其本身的内在逻辑，议会的决策系统向公共管理传递信号是相当迟缓的。例如，在正常的情况下，立法机关每年都要对每一个政策领域制定一次决策准则。在一个特定的政策部门，可能发生的变化非常快。成千上万的决定必须做出来，而且每一个决定都涵盖了一种现实情况。查尔斯·林德布洛姆（Charles Lindblom）给出了一个经典的表述，政府有“强壮的大拇指，却没有其他手指”[39]。

使公共项目的运作过程适应具体个案的问题，是执行研究中少数研究得相当深入的问题之一，我将之称为“街头官僚”的问题。根据关于这种现象的一个著名理论，在动态的干预领域采取的措施特征，事实上是由这个领域的关键人员决定的。这是因为，每一种问题的解决都需要采取不同的措施，考虑到之前提到的不确定性的因素，由中央政治机关来详细地规定所有不同的措施是不可能的。因此，必须赋予这些与服务对象面对面工作的职员（包括教师、健康专员、社会工作者、警察等等）相对广泛的行动自由，以使他们能够准确地选择适应个案的措施。[40] 也就是说，必须赋予他们独立的、承担责任的判断权力。在既定的环境中，这种权力采取的措施是适当的。正是所有这些活动，构成了这个公共项目。至于这些行动是否反映了民主机构所设定的目标——这是一个开放性的问题。[41]

相应地，对于公民来说，许多非常重要的决定是由当地的公共机构以及个别官员做出的。[42] 这里，就出现了我们可能称之为“民主黑洞”的问题，即让那些决定公民福利的管理者与政府官员，在任何情况下都能够对他们的行为负责，这是很困难的（事实上，也不可能完美地接近这种状态）。[43] 因此，对于公共政策的实质后果，选举产生的政治家只能施加有限的影响，或者更直接地说，在这些情况下，他们 81
对政府实际上能够为公民做的事情只能产生有限的影响。因为这些工作人员必须被赋予在他们的理解下对不断变化的情况进行判断，并依据这些判断而采取措施的特权。在这些方面，就非常需要（a）正在讨论的项目的组织以及（b）采取措施的合法性。

从民主得以确立的制度形式来看，与静态的管制政策相反，动态的干涉主义要受到质疑。例如，改变由普遍统一费率的退休金计划寄出的信件数量是相对容易的，仅仅在国家社会保险局的中央计算机上输入新的指令就够了。但很难改变像教师、社会工作者、警察这些一线工作人员的态度和行为。[44] 即便是在一些可能的情况下，我们需要知道是否政策的变化将会在目标群体成员中产生预期的效果，以及这种效果怎样产生。指挥链的长度——从中央领导人到高级官员，到中层管理者，到现场工作人员，最后到公民——把整个事情弄得太复杂了。[45]

我用一个典型的静态管制例子（即一般儿童补贴）来解释这种情况。在某种程度上，这个例子与其他相似的慈善基金一样，没有很好地满足公民的需求。简而言之，穷人得到的太少，而富人得到的太多。这就像按照弹道条件，瞄准尽可能广泛的目标，并设法平等地击中每一个目标。从需求的角度来看，最好是不断地调节儿童津贴以适应持续变化的家庭经济环境。在理论上，人们能够精密地校正这个系统，以至于每个家庭每个月都会有社会工作者登门拜访，他们与家庭成员一起审查这家人的经济状况，然后开出一张适当金额的支票。这样一个精密校正的系统，它的目的是达到最大精确程度的收益，当然是可能的。[46] 但是，实现这样一个如此准确的目标的代价将是十分高昂的。首先，实现这样一个目标将需要大量的社会工作者；其次，侵犯公民的私人生活的情况将变得严重；最后，在这个系统中，真正的力量将会集中在官员手中（因为在每个个案中，做出具体的决定都依赖于官员的判断）。

82 简单得出政府不该从事动态干预类型政策的结论，当然是令人满意的，因为政府看起来缺乏成功地实施这种政策的能力。然而，这个结论不能普遍适用于所有情况，现实并不是如此简单而有序的。首先，许多研究显示，政府实际上拥有这种实施动态干预政策的能力。至少在某种情况下，政府能很好地完成这种任务。我们接下来将要了解在哪些情况下，政府才能够完成这个工作。[47] 此外，这在政治上根本不可能自然而然地产生。例如，如果我们想要社会采取一些措施来减少虐待儿童事件的数量，确保残疾人能够得到照料和获得工作岗位，为遭受工伤的人提供康复的条件，开展积极的劳动力市场政策或者为维持秩序而出动警力，那么要完成这些任务，没有这种公共项目是根本不可能的。如果这种类型的政策有效，那么政策制定者就必须清楚，他们一定对公共管理部门的组织以及应用手段的合法性施加了硬性要求。[48]

要清楚：政策设计的过程（2）

执行研究者经常强调的与公共项目相关的一个因素，是必须处理政治冲突对政策设计的影响。确立福利项目有时是一个充满冲突的过程，涉及很多困难。其中之一是，为了克服提到的政治冲突，政治家们常常做出妥协——这种妥协会导致项目执行的整体目标不清晰。通过这种妥协，不同的政治团体设法将他们自己偏好的规划写成法律文本。有时，这些法律文本成为即便采用最敏锐的分析也无法理解的文字。结果是：

> 执行妥协政策必须满足所有互相冲突的利益。政治家们在进行讨价还价过程中所做出的承诺会形成政策条款，相应地，他们也需要履行所做出的承诺。但这意味着，要把模棱两可的字句和符号转变成清晰明确的或者至少不那么含混的现实。此外，除了政策执行需要高准确度之外，那些直接受政策影响的人，也许希望政策执行规则能够详细地表述，目的是限制那些价值观迥异的事务性职员的 83
> 自由裁量权……有些与此相关的人最终会失望和不满，看起来几乎是不可避免的。[49]

在这种背景下，政治语言有其内在逻辑，这种逻辑已经被普遍使用的具有积极性但却是模糊含义的表达方式所证明。[50] 这种达成共识的需要或愿望因此导致了这样一种结果，即方案目标是用不仅仅是模糊，而且是矛盾的措辞表达出来的。

语义含糊常常是法律文本中用于解释政策目标的特点，含糊意味着没有意外。政治过程的某些方面是鼓励这种含糊的。[51] 与之相反，按照精确规则管理的政治体制是更加明晰的：政治决策直接与政府承担具体措施的责任相联系（例如，以确定的金额增加养老金）。决策与保障其实施的前提条件之间的联系（例如，决策的资金）是非常清楚的。可以确定，这有助于约束公共政策的制定过程。相比之下，政策目标之上的公共决策的特征恰好相反：公共决策与政府要承担具体事务的责任没有直接联系。因此，立法者倾向于在法律文本上写非常模糊的目标——事实上，在如此高的抽象水平上，也几乎不可能去评估这些目标。[52] 在公共政策执行时，只要这个政策目标是普遍性的，政治家犯下错误也不必付出任何代价。

不用说，上述推理的重点不是建议放弃政治妥协。在议会政治中，妥协是不可避免的，也是必要的；像许多执行研究者做的那样，仅仅抱怨这种现象，就未免过于天真了。更确切地说，我们普遍忽视以上讨论的问题。

对于那些本质上动态干预主义的政策项目，以及涉及精确目标的项目，必须按照不精确的方式进行制定。这个悖论——即严密的执行需要不严密的机构——是议会机构运作的结果。也许可以说，这是立法逻辑
84 所固有的。也就是说，严密的执行需要现场工作人员能够调节操作的措施，以适应具体条件的性质。后者是复杂而且可变的，没有哪种方法能够预见现场工作人员在做出决定时必须予以考虑的所有变量，或者在法规中详尽地阐述这些变量。如果那些制定法律的人仍然尝试这样做，结果会弄得法规太过复杂，根本不可能理解或运用。因此，实现精确的政策目标，需要我们接受由所谓成文法制定的抽象目标。[53] 当然，这并不是一个新颖的看法，亚里士多德就认为，成文法不能精确地应用于每一种情况，立法者“不能解释所有情况……从而被迫做出普遍的表述，这种表述不适用于所有情况，而只适用于大多数情况”[54]。

还有一个有趣的悖论。按照规则进行管制是要求政治权力与宪法规范保持一致的结果。依据宪政主义原则，行使权力必须服从法律法规，法律使得公民可能预见到与政府交易的结果。然而，尤其是在动态干预主义的案例中，这会形成极其复杂、不可测知以至于结果完全相反的规则。也就是说，这种不确定性大到难以判定究竟哪些规则是可应用的，哪些规则是不可应用的。[55]

瑞典定量供应酒精饮料管制规定的命运就是这样一个特例。这种管制以定量配给酒制度而闻名，从 1910 年生效直到 1954 年。[56] 定量配给酒制度背后隐含着这样的思想，绝不为每一个行为端正的瑞典成年人统一设定最大定额。这么做的目的，其实是卖给每个公民精确数量的这种刺激性饮品，从而期望他们在社会认可的规范下处理问题。因此，对于精确目标的要求是很高的。另一方面，由议会制定谁将会被允许购买多少酒的规定，是极其不明确的。法律只是简单地陈述："所有出售葡萄酒和烈性酒的人应该遵守秩序，从而将可能的损失降到最低。"这个制度假定，实现这个目标的操作细则应该在执行阶段制定，那么，这个制度自然会成为一个极其复杂的事项。结果导致批评者们认为，政策是不可 85
预知性的、独断性的，并且忽视了个人权利首要性、法律对任何人一视同仁原则等根本法律规范。在这个制度中，权力部门是高度分散的，这意味着当地酒业垄断企业的主管行使了专制权力。一种拜占庭式的规则体制发展了起来，包括许多令人怀疑的细节，这些细节是当地权力部门常常运用的。然而，面对这样的批评，1934 年成立的调查该制度的委员会回应道：

> 对于拒绝购买权利而言，制定公正的、完整的法律条款会导致非常复杂的法律。在法令中加进来这些细则，不可能实现预期的结果。毫无疑问，在执行过程中无法把所要考虑到的环境与观点都具体化，因此，这些指导性的细则需要更具普遍特征的规则来补充。这种解决办法的目的——用指导性的方式来规定执行项目的所有情况——将不会实现。[57]

果不其然，到 20 世纪 50 年代早期，定量配给酒制度就取消了，部分原因是严格执行的要求没有实现。收集足够的个人信息，从而以可靠的方式去判断人们的酒精消费能力是不可能的。[58] 我认为，要求在执行阶段的目标非常精确，必然导致法律必须用不精确的、一般的方式来制定。这使得（a）关于项目执行目标不清晰，（b）增加一个风险，与项目相关的政治冲突将会导致项目目标规划方面的妥协，这些规划非常不清晰或者相互矛盾，以至于不能有逻辑地重新设定，也就是不能转化为该领域工作人员行为的有效操作建议。这种自相矛盾现象的逻辑是，在执行过程中目标精确的意愿，将导致极度的分散和成文法的使用，进而会造成项目核心目标变得不清晰。

86 相反，从一开始就接受广泛目标的政治妥协会促进政策的精确性，并会导致执行过程的诸多问题。[59] 例如，包括一般儿童津贴的规模或者公民允许购买酒的数量，这些都可以精确地予以具体化。这就导致了另一个观点，在设计政策项目时，要尽可能地接受广泛性目标。这也是一种反对政治完美主义思想的论点。从定量配给酒制度时期到现在的社会福利法，这种思想已经渗透到许多瑞典政策当中。结论就像之前所说的那样，它有力地支持了反完美主义的公共政策——换句话说，近似的正确要比准确的错误好。在第二章得出的关于政府应该做什么的结论，在这一点上确实找到了有力的支持。

进一步的问题是，在包含许多不同层级的政治系统中——地方的、区域的和中央的（也许还应该加上超国家的），政策的成功执行常常需要在这些不同的层级实施政策措施。如果存在尖锐的政治对抗，且多数政策需要在不同的层级上执行，困难也就在所难免。因为在不同的层级，政治上的多数可能是不同的。[60] 此外，这个问题很明显日益增加，对精确目标政策的需求也越来越多。因为不确定性程度越高，就会有越多的地方层级上的官方机构必须被赋予广泛的行动自由。然后，地方官员就会以一种按照特定政策而不是原来计划的方式，运用这种行动的自由，甚至可能阻止原来政策的执行。[61] 这个问题的本身并不反对权力分散，但是却反对授予不同层级以执行的政治责任和权力。因为当中央层级为实施方案而承担政治责任，却把执行权委托给地方政治机构的时候，就很容易产生问题。

联邦制国家（比如美国和联邦德国）的执行研究已经达到相当高的水平，使得这个问题已经得到极大的关注。此外，在这些国家（尤其是美国），法院在公共项目的政治决策中发挥着重要作用，从而使这个问
87 题变得更复杂了。但不管怎样，作为一个普遍的问题，权力的分散即政治责任和执行权力彼此分离，并不会促进政策成功地执行。[62]

如果人们将福利政策与国家公民身份相结合进行思考，很自然就会产生这种观点，即公共政策不应仅仅因为公民住在不同区域就对之予以

区别对待。中央国家可以将福利政策的执行权委托给地区的或当地的政府，但可以确定的是，这么做的原因是促使这种方案适应当地的环境，实现更广泛的政治参与。重点是“同等关怀和尊重”以及平等的“基本能力”的公民权利不应根据公民居住区域而有所改变。

组织的艺术（3）

组织的研究分为两个完全不同的学派。建立在新古典主义经济学基础之上的研究学派将公司看作一个激励的系统。根据这个理论，组织的主要任务是建立一个经济结构，从而激励那些自利机构实现组织目标。换言之，激励结构是组织运作最重要的因素。另一个学派由行为科学家组成，它将组织看作一个由动机、工作、职业道德组成的强大社会规范所维系的共同体。管理的任务是激励个体共享组织的目标，并为实现这个目标而寻求合作。[63]

这两个学派至今仍没有说服彼此。采用数学模型的“强硬的”经济学家将“温和的”行为科学家——他们的研究常常是建立在参与者的观察或者档案资料的基础之上——视为落伍的“叙事者”。这也许是很有趣的，但却是不科学的。另一方面，行为科学家认为，组织的经济学分析试图在不可预测的和动态变化的世界中寻求像法律那样的规律，是毫无意义的。在某些情况下，他们认为新古典经济学的基本假设是对标准价值观的一种威胁，而正是这些价值观使得组织行为（被看作一个集体的方案）得以可能实行。

在加里·米勒（Gary Miller）的《管理困境》（*Managerial Dilemmas*）这本书里，他寻求在两个派别之间建立一座沟通的桥梁。[64] 他关于分离与分析的观点，无疑是属于新古典经济学的，但同时也成功地揭示出， 88
根本不可能设计出一个“正确的”激励结构。这是因为，基于理性主义经济学理论的“不可能性”定理无法设计出一个激励结构，能够引导公司职员为了公司的最大利益而相互合作并且有效率地开展工作。简单来说，原因在于为设计“正确的”激励，“委托人”需要关于“代理人”工作流程的信息。然而，根据这个理论，如果“代理人”是自我利益效用最大化者，他们就绝不会透漏负面信息，因为他们有很好的理由去相信，“委托人”将会用这些信息来反对自身的利益。按照博弈论的标准逻辑，让理性的、追求自我利益的个人在寻求共同目标的过程中进行合作是没有道理的。因为这种合作生产出来的产品，在本质上是集体性的。在关于代理人真实偏好的错误信息基础上，“委托人”可能设计出错误的组织结构，从而导致集体行动的困境问题。在这种情况下，让大多数利己主义者只关注自己的目标而不是组织目标，并因此降低效率，还是值得的。[65]

按照米勒所说，在组织中，机会主义行为和不合作行为所带来的巨大的风险，赋予组织一项根本的管理职能——在雇员和部门之间促进信任。从道德上讲，与在政府组织中一样，建立以个人领导才能和以合作为导向的组织文化，是克服在公司市场竞争中集体行动问题的关键因素。在米勒看来，完全建立在经济刺激之上的策略是注定要失败的；他甚至宣称，跟没有成功创造出雇员和管理者之间合作的氛围的公司相比，成功创造出合作氛围的公司将占据更大的优势。于是，米勒开始着手研究“强硬的”经济理论，而且他恰恰是从“温和的”行为
89 科学的领域出发的。可以这样说，在探索规范和职业道德的经济重要性的路上，米勒走了一条非常有趣但却漫长的道路。“委托人”传达的信息非常清楚，他们应该促使“代理人”忽视短期私利，承担整个组织的责任。就像米勒自己指出的，对于新古典派经济学家来说，这种结论似乎是荒谬的。然而，这正是从他们的理论起点出发而得出的结论。

执行研究者提出了许多怎样组织执行过程的建议，这些建议大都与充沛的资源、积极能干的员工以及持续评估执行机构的重要性有关。因为从组织上讲，当执行复杂的方案时，错误总是难免的。

然而，除了这些相当明显的问题之外，执行研究者没有发现其他的因素。他们并不知道，哪种组织结构对公共政策执行来说是普遍有效的。这一点并不奇怪，一个特定的组织类型适当与否，与所要执行任务的特点密切相关。研究者们必须要解决的公共项目的不确定性程度存在

很大变数，所以没有最好的组织类型，也没有最好的激励结构类型。对发放一般保险金的组织需求，与对提供预防性医护服务的组织需求完全不同。这一点很重要，而且需要时刻牢记。因为一般观点是，公共管理部门是一个庞大的组织，统一的组织模型能够满足公共管理分析的需要。在这个领域，传统理论一致强调公共管理的统一结构。[66]

不过，这种方法不符合经验主义的研究。这不足为奇，管理制度的本质取决于管理所面对的任务特点和要解决任务的不确定性程度。研究显示，在不同的公共部门之间，组织类型存在根本的差异[67]；在不同管理机构的工作人员，对他们的任务以及政治与管理之间的关系持有完全不同的观点[68]；研究还发现，甚至在相同的管理领域中，不同的机构也可能会有根本不同的组织文化[69]；最后，研究也显示，在相似
领域，固定的管理部门采用相同的改革政策，结果可能是完全不 90
同的[70]。

如果想知道哪种管理模式是最好的，就必须了解 IDO（It Depends On）理论[71] 一般而言，必须考虑两个主要因素——组织执行的任务类型和应用的技术类型。[72] 无论是哪种因素——不确定性程度、分歧大小以及组织在执行过程中遇到的概率问题，都是必须要应对的。

对此，我没有要成为权威的企图（这个研究领域是非常复杂的）。但我想按照两种简单的分类对这些因素进行详细分析。首先，这些任务可以是统一的或者变化的。也就是说，在什么程度上执行措施必须针对个案进行调整？ 执行方案需要较大的环境调整吗？ 还是它能够按照惯例予以处理？[73] 另一方面，技术类型的问题是：标准化的行动方案对于处理不同条件下的任务是否适用，或者政府的知识是否可以替代更多的不确定性（因此执行组织必须在每一种新情况下寻找新的知识和解决方案）。[74] 我按这些维度制成图 4-3，并在每一个结果方格中填写了理想的类型模式。当任务是统一的，且技术能够被标准化时，官僚组织[75] 表现不错。因此，精确规则（甚至也许是正确的激励结构）可以运用到组织管理上。人口登记、土地测量、驾照注册等就是这样的例子。政府一般擅长做这种基本任务。而且，政治机构能够非常有效地完成这种任务，因为它们运用的是标准化的技术，并且处

理相对简单的任务。

		任务：统一的	任务：变化的
技术	标准化	官僚组织	专业组织
	非标准化	干部或管理组织	理论/研究组织

图 4-3　每一个组织类型的任务和技术

在有些领域，需要解决的案例类型繁杂多样，很难运用精确的规
91 则，因而需要特殊的专业知识。如果所要处理的任务类型较为简单，那么称职的专家负责选择适当的技术。卫生保健也许是这种活动最好的例子。从管理的观点来看，专业组织既有优点也有缺点。

当要执行的任务非常统一但技术选择很难判断时，干部或管理组织是最适合的。在这样的领域，所需的组织类型要比专业组织对技术上的变化更加敏感。干部组织（在组织理论中，也被称作宗派组织）对其领导者的目标转变非常敏感，并且能够迅速改变执行措施。除了对来自上级不断变化的信息做出反应，干部组织还善于在技术层面对执行进行调整。换句话说，它们是与私人公司最相似的公共组织类型。

最后，如果任务是可变的，且技术不可能标准化，这就需要有探索新知识的意愿并且能够将这种知识应用于复杂现实的组织类型。这需要组织拥有高度的自主权力。当然，这并不意味着组织是完全独立的——只有当它们履行公共责任，并在一个不确定的情况下，才是高度自主并负责的。作为交换，它们同意对其工作进行回顾性评估。这个最后提到的障碍无疑是最困难的。

如果按照目前能够观察到的趋势进行推断，那么结果将是：随着知
92 识与技术的快速发展，组织具有学习新事物和使知识适应不断变化的环境的能力——即图 4-3 中右下方的方格——这种能力越来越重要。[76] 这也适用于专业组织，因为组织所依据的知识变化得更加迅速（从而使得组织应用的技术更难以标准化）。一个关键问题是，是否能够在培养管理组织学习能力的同时，保持其活动应该接受民主约束的信念。实际上，在缺乏该领域的知识信息，或者缺乏这种知识在何种条件下适用信

息的情况下，能否有效地对项目进行管理？ 我将在第八章重新探讨这个问题。

这里，我们并不是对不同公共行为采用不同组织形式的优缺点进行详尽的检验，这从根本上讲是不必要的。[77] 我们的目的是解释 IDO 理论，即公共项目管理没有一种最好的方式（因此也没有最好的改进项目的方式）。我们应该从中汲取的教训是，采用一个不恰当的组织模式常常导致项目在执行阶段就流于失败。

组织的模式就像一些工具——它们只适合于执行某种明确的任务。那种认为分权组织类型在任何情况下都是正确且适合的想法，就像认为按目标管理总是比按规则管理更好一样，是没有意义的。[78] 它取决于任务的性质以及所应用技术的标准化前景。不可否认，按照目标采取分散的管理制度是可能的，例如，“公民是在如下情况下才有资格获得护照：他在海外旅游对社会有益，或有利于他的个人福利”。但是这种想法也绝不是完全可取的。另一方面，在不确定性较大的领域中，依据规则进行管理的集权制度很难成功实施。[79]

过程管理（4）

哪些组织问题是涉及执行过程的，执行研究者关于这些问题的哪类 93
建议应该被采纳？ 既然政府的职责是不统一的，并且政府的组成机构也是不同的——我必须将注意力集中在执行研究者反复关注的一系列问题上。

执行研究者普遍强调的也许是责任分离问题。这个问题在组织层面和个人层面都存在。责任分离意味着一个决定（或不决定）的权力及影响，与承担执行这个决定的责任相分离。[80] 在理想的民主条件下，个人或组织的权力与责任是统一的。然而，试图掌管权力而不用为结果承担完全政治上或管理上的责任，显然是非常诱人的。[81] 这就是之前我称为“民主黑洞”的问题，即关于公民福利的决策是在责任的真空下做出的。

首先，在组织层面上，公共项目的执行可以指派给一个单独的公共组织，如果事情出现错误，这个组织能够承担责任，这种传统观点似乎与现实毫不相关。相反，一些不同的组织总是同时参与到执行过程中来，尤其是涉及动态干预方案时。此外，在性质上，这些组织可以是公共的或者是私人的（或者是介于两者中间的，或混合的）。这些组织尽管在形式上均为公共性质，但同样可以从类型和方法上予以区分，例如，它们在特征上可以划分为司法的或行政的。另外，政策执行常常涉及中央的、区域的以及地方政府的共同努力，由于政治体制的不同层级都承担相应的政治责任（例如普选），那么这种多组织的共同努力就可能产生很多复杂的结果。[82] 最后，执行需要各组织间（私人的、非营利组织、公共组织）的合作，这是很常见的。这些组织中的最高权力握于不同行动者之手，权力关系也会非常复杂。[83]

94 另外，公共项目通常并不只是包含政府与公民之间的两维关系，而是包含政府、生产者与公民之间的三方关系。生产者可能是地方政府的组织、私人组织、国家地方武装、中央行政机构、利益群体、基金会或者所有这些机构的联合体。实际上，公共政策很少由政府实施，而是由部分自治的机构实施的。当然，在形式上，后者必须依据由前者设定的目标和指令执行政策；但是，当谈到政策的实际制定时，它们拥有重要的行动自由。[84] 这就像乔恩·埃尔斯特（Jon Elster）特说的那样：

> 公民在现代社会中的生活际遇，不仅仅是依赖于市场选择或政府的决策，执行也依赖于相对自治的机构所进行的分配，且依赖的程度越来越高，从对护理学校的认可或不认可开始，到对疗养院的认可或不认可结束。[85]

因此，在福利政策方面，从相对有限性的意义上定义国家是适当的，大体上相当于通常所说的政府机关（政府以及中央机构）。因此，国家能够做的事情，就是它能否对这些相对自治的生产机构进行协调或指导，并且对政府与公民之间的交易进行管理的问题。[86]

这也告诉我们，在分析这些问题时，仅仅对市场和政府之间进行简单的区分是不够的。在传统的公共项目中，生产（工作人员和组织）、资源和偏好是由政治家以及隶属于他们的公职人员按照等级方式决定的。这样描述的问题在于，政治领导权可以通过许多不同的方式行使，例如仅仅通过管制方式，或者向私人生产者分配经济资源。[87] 政策常常仅仅是由不同自治程度的机构执行的，这些机构依靠政府的指导，并且受到不同形式的非国家机构的影响（市场机制、职业规范、地方权力中心等等）[88]，这取决于机构形式是公共的还是私人的。 95

通过对执行过程的分析，执行研究已经成功绘制出极其复杂的“执行机构”的类型，这种方法（滚雪球式的技术）以某个特定社会问题——失业、环境恶化、犯罪等等——作为起点，追溯相关公共组织的政策手段。这些执行结构由一系列彼此之间存在网络关系的组织或者部门构成。在一个国家的不同地区，这种网络关系也许是完全不同的，尽管在执行政策中它们具有形式上相同的角色。（这是因为，那些正式描述的参与和责任的条件与执行过程中实际发生的形式常常毫无关系）。[89]

当进入政策执行阶段时，多组织网络的缺点是，组织（无论是公共的还是私人的）有其自己的利益、标准化的行动方案以及意识形态上的野心，由此，就会导致巨大的协调问题。弄清哪个组织为了什么（以及什么时候）承担责任是非常困难的。哈森菲尔德（Hasenfeld）和布罗克(Brock)对于这个领域的37篇文献进行评论时认为，“最惊人的观察结果是对组织间网络结构的特别强调”[90]。政府、生产者和公民之间的三角关系的确很复杂，最终确定谁为什么事情负责是非常困难的。另外，用来促使参与的组织共同工作的谈判与决策是很困难的、迟缓的，甚至有时是不合理的。[91] 对于将注意力集中到协调的问题上，执行研究已经为理解公共政策做出了重要的贡献。[92]

然而，需要补充的是，这些执行网络并不是不必要的或能够自动形成的。毕竟，组织分散的需求已经带来了政治的负担。这种分散导致地方当局获得了无须承担责任的影响力，或者相反——必须承担缺乏相应影响力的责任。[93] 此外，为了提高政策效力，政治家也许希望增加执行过程中有影响力的组织数量，但结果可能是并没有提高效率，反而导致了组织冲突和政策瘫痪。[94] 在让百花齐放的美好愿望下，政府易于使自身陷入困境。因此，执行研究者认为，决策制定者应该使执行过程和责 96

任分散尽可能简单和透明。[95]

这些理性主义的智识说起来容易做起来难。原因很简单，许多方案在不同层面上需要具有不同特征的组织来参与。许多社会问题非常复杂，以致解决方法或缓解措施的运用需要运用一系列的资源和不同类型的专门技术，而根据现代劳动分工的逻辑，这些技术一般只能由不同的组织获得。然而，无论这些方案有多么复杂，它们并不必然意味着失败。[96] 因为政府还是有能力执行需要各方高度协调的方案，尽管在这个领域的成功需要超乎寻常的努力。也就是说，政府可以构建执行过程，以使局部的协调问题最小化，至少也要使这种问题更易于管理。

解决这个问题可以通过不同方法。一种方法在前面讨论过，是采用反完美主义的政策，而不是复杂的、完美主义的政策（换句话说，就是接受广泛的政策目标）。另一种方法，是允许在执行网络中存在大的区域变化，但保持对某些关键管理机构的中央控制。为了避免责任的流失，分散化可能要求集中，这是非常矛盾的。[97] 每一个不同的层级上，权利和责任都应该是统一的，因为权责分离会导致非常严重的后果。[98] 第三种方法涉及针对执行机构的激励制度，使它们能够按照政府所希望的方式，在面对公民的时候表现得更理性些。

地方官员有时必须使用自由裁量权，如何解决执行中的自由裁量权
97 也是需要关注的问题。传统控制权力的方法包括：正式的评估制度、审计制度、视察、上诉程序、议会反贪调查员报告等等。显然，这些控制机制极其重要，涉及公平处理公职人员的职业利益以及公民竭力控制执行机构之间的关系。然而，在许多情况下，这些控制机制几乎不起作用，因为无法准确地对这种正式控制体制所需要的标准与规则进行规范。[99] 这一点尤其体现在公共职员直接面对公民的领域中，如教育和护理领域。[100]

一方面，管理公共项目需要正式的规则，这是民主构建行动的问题，不能够随意进行。此外，由于缺乏这种规则，公民不得不屈服于执行人员的专制权力。另一方面，过于苛刻和挑剔的规则也会起到阻碍的作用。例如，可能破坏我们想在这些项目中看到的关心和专业行为。[101] 这种规则也导致很难根据公民不断变化的需求和愿望对项目的运作措施进

行调节，并可能阻碍创造力和发展。[102]

精确规则的缺点之一，在于它常常是把“双刃剑”。一方面，它们可以用来迫使官员采取明确规定的行动（否则，违者将会承担责任）。另一方面，这种规则也可能被官员所操控，他们可以借口说，由于规则没有规定，他们就无须在特定的案例中，去做不可否认的、合理的、理性的并且符合立法目的的事情。

换言之，之所以说精确规则是把“双刃剑”，是因为它在规定公职人员需要做什么的同时，也规定了公职人员不需要做什么。或者可以说，这种规则也被其他人滥用。例如，这些规则也可能为公民提供了不按原来意图而滥用这些规则的机会。于是，整件事就成为在寻求利用法律漏洞的人和试图填补漏洞的人之间的无休止的斗法。[103] 这是公共政策传统的困境，没有简便易行的解决方法。[104]

在一篇关于残疾人境况的公共报告的文章中，我认为，如果我区分 98
内部规则和外部规则，那么在公共部门中，根据明确规则进行管理可能更容易招致广泛的批评。并且我认为，就内部管理而言，它应该尽可能地由一般目标代替精确目标。而管制公共机构与公民关系的外部规则应该被加强，“外部规则越精确，就会有越多的公民获得与政府交涉的权力，换言之，公民权力提高越大”[105]。

为了解决这些问题，政府需进一步完成两件事情。一件与公共官员的道德有关，另一件与公民的自由选择有关。我们先从前者开始。有健全的道德规章的专业群体在执行很多公共方案时能够起到关键作用。[106] 正如前面提到的，在许多领域，公共官员在执行过程中被赋予相当大的行动自由，因此，让这些官员意识到行动自由所承担的道德责任是很重要的。首要方法是通过道德教育的方案。[107] 许多专业的群体已经认识到这个问题，并且设计出道德准则。而且，在许多职业培训方案中，道德问题已经放在更加突出的位置，这也是一个极其重要的研究领域。[108]

试图通过强调官员决策的道德维度来解决这个问题，看起来好像有些过于温和。不过我相信，在防止权力滥用方面，这种方法的潜在作用被严重低估了。当然，它的作用依赖于道德问题的提出方式，并且（严重地）依赖于官员对必须为其行为公开承担责任的预期程度。

这里，我们可以回想一下在第二章解释的“同等关怀与尊重”原则。当然，这个原则可以被应用于社会价值分配的最终决策，以及某些官员的微观决策中。例如，它可以作为一个普遍原则影响官员的行为，
99 特别是官员对公民的行为。[109] 而且，当公民认为官员没有履行其职责时，可以转而向类似法院的特殊机构诉请强制执行。与其他方式相比，要求官员对其决策进行公开解释应该更能够促使官员对其决策可能存在的道德问题进行检查。因此，我们可以预期，当官员行为成为公共辩论的主题时，他们将会更加注重展现其专业素质。这种规范的优势在于（a）简单和清晰；（b）它意味着负责执行的官员难以受到不被局外人所理解的潜规则的庇护。

另一种可能性是，给予公民“用脚投票”的机会，即选择其他服务方案的机会。这种选择并非只是在公共的和私人的（或半私人的）生产者之间，它也可以在公共物品的备选生产者之间。本书第八章将继续讨论这个问题，即公共服务私有化所带来的政治和经济后果的问题。这里，我想探讨的是，公民选择减缓前文提到的任意权力行为和责任分离（即“民主黑洞”）的问题。

自由选择策略背后隐含的思想是简单的：政治家不能自上而下管理的事情可以通过公民自下而上地施加影响。如果公共服务的对象认为，公共雇员任意滥用权力，他们当然可以通过正式的或非正式的渠道表达诉求。但如果公民有机会进行不同的选择，他们就可以放弃那些没有使自己满意的服务提供者。并且，通过类似市场原则组织执行过程，中央决策制定者可以确保能够获得哪些生产者成功满足公民的需求、哪些生产者没有满足公民需求的稳定信息流。

公共政策的实质合法性(5)

1990年秋天，我应邀为康奈尔大学一些学生做有关瑞典福利模式的

学术报告。我担心，这会成为关于诸如养老金补助、父母保险、法定假
期、研究支持、幼儿补贴以及劳动力市场政策等神秘主义主题（对于美 100
国大学生来讲）的相当单调的唠叨。在随后的讨论中，一位学生向我提出了一个问题：你能够简要谈谈瑞典的税收吗？当我告诉他悲剧的真相——当时瑞典税收占GNP的比重为57%，这是美国的两倍——时，他诧异地看着我，然后大喊："这样的社会怎么可能存在呢？"听到这个问题后，我困惑了片刻，然后努力向他解释，事实上的确存在如果获得相应的回报就可能要承担如此高的税负的逻辑。对，那位同学当然听懂了，但我却误解了这个问题。他的问题不是"钱的价值"，他承认瑞典的福利国家成功地提供了我曾提过的所有服务。但问题是：那些把他们差不多2/3的收入交付给"政府"的公民是怎么搞的？这怎么可能呢？要不瑞典公民是令人奇怪的，要么瑞典的国家就是奇特的。那位学生极力宣称，在任何情况下，美国公民都绝对不会把他们的钱交托给"政府"。瑞典公民绝对不可能自愿地那么做。然而，我只能说，在瑞典还没有看到任何类似抗税的现象。

不过，问题还是很有益的，因为它表达了一个在很大程度上被执行研究者所忽视的观点——国家的正当性以及民众对政治制度的信任。对于公民来讲，要求像瑞典这样的普遍福利国家提供所有的一切，却拒绝承认提供这些服务是国家的责任的观念，都是非常可能的。因而，公民是否认为国家值得他们信任，这对于国家能够做些什么是极其重要的。[110] 从理论上讲，如果公民将国家（福利国家）看作是浪费的、腐败的或管理不善的机构，则那些足够理性和经过深思熟虑的公共项目也可能遭到人们的抵制。[111] 如果没有对负责执行公共政策的机构的信任，政策执行很有可能流于失败。

美国社会政策领域最杰出的保守主义分析家之一，哈佛大学的内森·格莱泽（Nathan Glazer）教授在专著《社会政策的局限》（***The Limits of Social Policy***）中对此问题进行了研究。在其极富洞见的分析
中，他指出了美国推行选择性福利政策的弊端，并认为普遍模式会矫正 101
他所担忧的问题，从而应该获得更多青睐。例如，他写道："起初我们原本是，现在也可以并且也应该是，低收入工作与同样低水平的福

利——健康保障、社会保障以及带薪休假——相匹配的，但现在高收入的工作更加吸引人了。”[112] 但是，基于以下理由，他也反对把普遍福利政策引入美国。

第一，税负更高了，提供给公民的一般福利（作为高税收的代价）“可能被计算弄得乱七八糟，或者损失在邮寄过程中了，或者在邮箱中流失了”。第二，“政府并没有区分，征得的税收哪些是用于政府一般功能的，哪些是用于转移支付的”。在格莱泽看来，没有理由认为，存在一条牢不可破的明确边界，能够用以区分“政府把大量征得的税收用于一般的转移支付，而把剩余部分维系政府功能。”第三，美国公民被指望会提出大量相当非理性但在意识形态上却有分量的反对意见，诸如：“这是我的钱……为什么应该让政府拿走，即使它承诺，或者发誓会全部返还？”此外，格莱泽还注意到，“无论我们离瑞典税收水平有多远，人们还是会觉得税收太高了，不想缴纳更多的税，即便向他们解释说更多的税收是用于给他们提供服务的”[113]。

对此，我们应该如何解释？ 很明显，格莱泽这是在质疑美国政府的计算能力。事实上，他还在怀疑美国邮政局在多大程度上能够将税单邮寄到正确的地址。[114] 最后，他还对政客是否会染指由普遍性福利制度催生的大量社会保障资金心存疑虑。

没有理由认为，格莱泽对于美国政府能力的精彩质疑是毫无根据的。[115] 在此，我只想说格莱泽极好地阐释了国家合法性的关键作用。某
102 一国家拥有的合法性程度，对于它能做什么和不能做什么，是非常重要的。西达·斯科克波（Theda Skocpol）也用这个观点来解释克林顿政府1994年保健计划的失败，她认为，对“官僚制”的普遍担忧和“手段测定或烦琐的申请程序”使得美国的中产阶级远离了全民卫生保健的观念。[116]

如今，在意识形态领域内，关于国家合法性问题的所有立场都有其广泛的代表性。传统的马克思主义者认为国家只是资产阶级的执行委员会，是一种压迫和剥削工人阶级的机器。无政府主义者和自由主义者把国家视为由专制的官僚精英控制的掠夺性的怪兽。社会民主主义者的观念则是，国家就是人们的家园，我们可以充分信任它能够解决我们社会的问题。社会自由主义者的观念是，国家是一个巨大的社会保险机构。

社会保守主义理论的观念是，国家是人民的教育者。公共选择的观点则假定，国家是由无利不起早的自利政客和官僚控制的。社会人类学的观点是，国家代表着文化的秩序。女性主义者认为，国家只是男权压迫的工具。法律主义者的观点是，国家是中立者，所有公民都可以得到法院公平的对待。此外，还有国家首先是一种军事机构的理论。国家是由鲜血和土地组成的有机体的法西斯主义观点。还有关于国家是一种应对利益的合作型安排的观点。有国家作为公民社会威胁的观念，因为它干预了大部分的公共领域。

这里，我的意图并不是主张任何一种国家观点比其他观点更加正确。因为，所有国家类型都无可置疑地存在于特定时空。如果研究历史，就会轻而易举地发现支持任何一种国家内在本质的证据。可供选择的国家的类型是如此繁多——这简直是模型检验者的节日。但是，任何
一种经验性的阐释，都会遭到另一种观点的反对。寻求国家真正的本质 103
从意识形态角度讲是可行的，但在理论上却毫无意义。[117]

在这个问题上，对普遍类型的分析能够帮助我们多少，我满怀疑惑，因为在国家实际上是什么这个问题上，它们更加含混不清。我认为，那种我们能够在单一规则基础上，对所有集体性的、在地理上固定不变的决策秩序（比如国家）给出超时空的描述观点，根本就是胡说八道。[118] 国家本质的构成是变化的。毫无疑问，在某些情况下，国家机器可能落于社会阶级、种族、部落、宗族、宗教派别、匪徒、政党、社会精英或者（更普遍的）某一社会性别之手。相反，在另一个历史时期，不同的社会、道德和意识形态力量对国家（或者国家的某一部分，在某些事务上）的影响可能是平衡的。

这里，我的观点是，国家的能力不仅仅是一个项目设计、因果理论或者执行组织的问题。它还是一个公民如何看待现实存在的国家的本质问题。从博弈论的角度来看，在公民眼中，国家作为一个集体行动的合作单位能否被信任，这才是战略性问题。按照格莱泽所阐明的，在美国和瑞典这两个发达的民主国家之间，国家在社会政策领域的合法性可以是完全不同的。格莱泽完全意识到这一点，他宣称，某些欧洲国家已经建立了比美国更全面、更慷慨的福利国家，这是因为（a）从历史上看，

104 这些国家已经确立了更强大的合法性；（b）它们的社会在伦理和宗教上更加具有同质性。[119]

根据大多数的西方民主理论，国家权力能够通过自由、公平的选举获得合法性，并与一系列权利、自由联系在一起。这些理论存在共同之处，它们都提出了政治制度输入的一面：它们检验了公民能够影响政府决策的手段。然而，如前所述，要执行一项在良好的民主制度中选择的政策远非如此简单。因为没有任何政府能够制定出如此详尽彻底的规则，以涵盖所有的偶然情况。并且没有任何议会能够确保公民把所有公共主体的决策都看作是正当民主程序的反映，即使是民众意愿的直接表达。如果在公民的眼中，在政策执行阶段运用的权力是合法的，就还需要其他的措施。

国家合法性有三个方面或许应该区分。它们与公民的相关度如下：

（a）对国家干预的容忍度；

（b）对旨在影响群体个人行为的国家决定的认同度；

（c）与国家合作以实现政策目标。[120]

一个重要的教训是，公共政策合法性可能会发生变化。在不同的国家、同一国家的不同政策之间都可能发生变化。此外，它可能是特殊性或者普遍性的：它可能与特定的项目和机构联系在一起，也有可能与整个政治体制相联系。

这里，列出一份长长的增强公共执行合法性的建议表是简单的，例如，反对腐败、滥用权力和管理冲突的措施等等。然而，我反对这样做，因为这些措施的大多数都显而易见（在概念上而非在执行上）。我更倾向于阐明一些普遍的问题，如上所示，这些问题在很大程度上被执行研究者忽视了。我也应该提请大家注意，我认为国家的合法性部分是
105 历史给定的，部分是由政治决策所修正的。这种合法性和对政治制度的信任建立起来很难，但破坏起来却很容易。

官僚制理论的杰出代表马克斯·韦伯（Max Weber）强调分析作为一种管理组织的国家的重要性：

那么，对于国家而言，要容忍它统治之下的人们要求提供行使权力的权威基础。他们什么时候、为什么提出这样的要求？统治者

将其权威建立在何种内化的合法性基础之上？以及建立在哪些外在机构之上？[121]

韦伯式分析的焦点，是既定秩序的正当性问题。统治阶级如何才能有效维系民众对其统治权力的尊重？ 答案是，要确保被统治者——其公民——将运用管理权力看作是合法的。[122] 与大多数社会理论家不同的是，韦伯认为政治合法性并不依赖于政治制度的输入方面，即不依赖于公民是否经由投票选举和民主代表以民主程序方式决定政策。对于韦伯来说，政治制度的输出方面——由官僚主导的政策执行，至少也是重要的，因为输出方面才是国家与公民直接发生联系的，也是公民所依靠的。例如，韦伯认为，国家的合法性更加依赖于征税者与公民的关系，而不是公民是否拥有普遍的选举权。[123] 韦伯的观点——政治制度的输出对于国家合法性是关键性的——更切近于福利国家的时代，而非他自己生活的时代。

这个问题更具有一般性。新近引进的许多西方国家的管理公共部门的方法或许可以更好地阐释这一点。这种新的方法可以描述为目标管理，它与靠法律规则进行管理的传统方法是完全不同的。[124]

就其对公共政策合法性的冲击而言，这种转变可以从两个途径进行描述。以下是较为悲观的论调。国家当局并不准确规定执行组织要做什么，而是满足于制定政策的一般目标。因此，政策执行者被教导要朝着指示的方向努力。但是，我们应该注意的是，一般目标并不具有使得公民向国家提出合法要求的性质。如上所述，它允许政治家把过于雄心勃 106
勃的政策目标写进法律文本，从而将所有事务转交给实际管理的实体（其法律功能仅仅相当于指出了偏好的政策执行方向）。从公民个体的立场来看，这些政策目标的陈述在价值上是非常不清楚的，因为它们缺乏法律上的价值。或许，国家并不一定要说它想要怎么样。如果政策目标与执行措施之间的偏差太大，我们就可想见，公共政策在合法性上可能会遭遇失败。进一步，目标管理增加了公民对地方官员自由裁量权力的依赖，使得公民丧失了与管理者进行斗争的权利，从而导致公共政策合法性遭到破坏。那么，按照这种描述的图景，引进目标管理和法律框架的后果是极大地降低了公共政策的合法性。[125]

以下是更加乐观的根据。国家当局拥有新的管理手段，因为它们认为政策手段通常必须应用于具有不确定性和极具变化的环境。通过严格限制确定最高目标，核心决策者能够使得实际执行组织应对这种不确定性。他们不是命令政策执行组织要做什么（他们也确实不知道这一点），而是鼓励执行组织灵活地面对变化，即获取更多的知识，从而更具创造性和预见性。因此，目标管理增强了国家代理人迎合公民需要的能力，从而增强了公共政策的合法性。

以上两种图景，哪一种更准确？我认为，这取决于怎么处理作为政策过程的合法性。在有些领域，法律框架的合法性更低。[126] 有没有某些由传统法律框架控制的领域反而合法性更好呢？的确有。比如卫生保健，这一领域就在公民中拥有高度的、稳定的合法性，从哥德堡大学“社会、意见与大众传媒”课题的访谈研究部分来看，这是非常明显的。[127] 瑞典卫生保健制度就是由纯粹法律框架主导的——1982 年开始施
107 行的《卫生保健和医疗服务法》。在这部法案中，瑞典国会没有描述公民在患何种疾病时有权获得何种对待。除此以外的其他事情，更多的是由各地的郡议会来决定的（在瑞典，郡议会负责公共保健服务的运行）。

卫生保健是典型的学习领域——新技术不断引进并随着新的环境而日益调整，即在知识通则与实际应用之间建立了有效的连接。[128] 那么，什么才是这种高度合法性的根据？对此，我可以提出四个不太确定的答案。一是对医生专业的广泛尊重。二是医学教授业已确立的道德准则。三是可诉的独立法院——保健和医疗准则委员会——已经存在，它独立于卫生保健的提供者。如果公民认为他们遭到不公平对待，可以向这个委员会投诉，并认为——仅就他们的特殊个案——卫生保健制度并没有正确地追求它所负责的目标。然后，委员会将检查他们的个案是否违反了一般准则——看采取手段是否建立在“科学或已被证实的经验”基础上。[129] 第四个可能的解释，当今这个领域选择的自由已经存在。公民可以“用脚投票”，即他们可以放弃那些未能满足诸如专业素质、接待诉求、亲和性等方面要求的看护者。

这个例子显示，国家能力可以很高，即便（a）政策制定者缺乏相关技术的知识，（b）执行组织的运行环境高度不确定，（c）民主程序出现

了大的“黑洞”。通过上述四个方面的因素，“黑洞”就在很大程度上被堵上了。这表明，执行研究者（以及组织理论中“非理性”观点的拥护者）极度地夸大他们的论据。他们对于国家能够做什么的悲观态度，一般地讲，是站不住脚的。

作为过程的合法性（6）

那么，民主国家能够做些什么，以确保其政策能够以合法的方式来 108
执行呢？如前所述，仅仅主张一项政策要在良好的民主秩序中颁布实施是毫无助益的。这里，我将诉诸执行与合法性之间的关系概况。[130] 从中，我区分了六种理想模型，每一种都有不同的合法性基础。以下是这六种模型的简要描述。

法律-官僚模型

在这个模型中，精确而统一的法律规则调节着关于公民的管理事务。这些规则具有相当持久的效力。国家手段被看作是合法的，因为公民非常了解这些规则，并能够预期与国家进行交涉的成果。如果这些规则被突然或者经常地改变，公民评估国家政策措施影响的能力就会受损。这一模型进一步假定，这些规则是由中立的、不腐败的、公正的官僚来运行的。这一模型唯一的致命弱点在于它的僵化，即这些规则制定得足够精确以使之能够运作起来是非常困难的，或者根本不可能。

非常矛盾的是，这一模型可以和市场（或类似市场的）过程以及自由选择联系在一起。例如，可能会制定这样的规则，确保所有公民都有自由选择的权利（如选择医生、学校等等），结果是增加了合法性，因为自由选择权利保证了公民不能任由服务生产者支配。

专家模型

在这个模型中，国家把执行权力完全转交给非常权威的专家。由于专业人士经过非常复杂的训练，从而被认为具有特定的专业素质，通常具备职业的道德规范。因此，作为政策实践者，相信他们能够出于职责

做出决策。他们的专业素质一定是建立在确定的科学之上的，必定能够
109 适合实际的执行过程。专业群体、公民与国家之间的关系常常是非常复杂的。首先，为了执行某些特定项目，国家依赖于专业群体的支持和专家建议。此外，这种依赖必然限制国家在专家群体的领域内采取的措施。专业群体通常也依赖于国家，因为给予其成员以垄断专业实践的地位，并通过其他方式促进了公民对其专家建议的信任。此外，公民对专业群体的判断和知识的信任，对于后者使政策的具体执行合法化是决定性的。[131]

合作主义模型

这一模型的核心在于，它把政策执行的自由裁量决定权转给政策对象的群体代表。由于群体代表是按照组织化的民主方式选择的，他们被假定是能够信任的。把对政策施加影响授予这些代表的解释之一，是如果施加影响被拒绝的话，他们就会运用其组织资源来阻止项目的执行。但是，在有些情况下，国家（瑞典）也适合创建执行组织，以使执行决定具有合法性，因而更加容易执行。[132]

使用者导向模型

这一模型把对执行过程施加影响赋予那些能够以个体的、直接的方式与某一既定的公共项目发生联系的公民（比如公共服务的对象）。具体来说，这意味着，使用者（自己或与其他使用者联合起来）做出关键性的执行决定。这种途径的优点是，民众很少亲自做出关键的决定，至
110 少参与决定。另一方面，这一模型的问题也很多：有些问题与该领域人士的专家式的野心相联系，其他问题则反映了同一使用者群体的其他利益冲突。

政治家导向模型

在这一模型中，政府试图通过使地方的选举政客介入执行决策的方式赋予执行过程以合法性。这一模型假定政客拥有特定公民的眼光，以至于他们对决定的参与一般地被认为是合法的。因为他们是民主选举出来的，所以被视为共同体的代表。在瑞典管理实践中，就有非专业法官参与地区法院审判、市政政客参与社会保险委员会的例证。此外，在其他政治体制中，法官和政策委员会都是选举产生的。我们假定，这些政

治代表越是直接选举出来的，执行过程的合法性就越强。这一模型的一个弊端是，它必定带来管理决定政治化的风险；另一个弊端是这样一种危险，只有支持该政客的公民才会信任他们。

彩票–基础模型

上面所述的所有模型都建立在这样的假定之上，仅当决策者拥有正当的专业知识、资源和价值时，才会实现合法性。但是，有时找到这样的人是不可能的，至少找到足够多的这样的人是不可能的。这可能是因为，需要做出的决定太多了，或者是因为，要获得所有个案的必要信息的代价太大了。有时，即便国家不能制定出任何纯技术性的合理规则，也必须做出决定。那么，为了避免过于随意，国家会转而诉诸彩票模型。所谓彩票模型，一方面决策过程是任意的，但另一方面每位参加者都有平等的机会。那么，在后者的意义上，买彩票就不完全是任意的（只要彩票排号机正常工作）。这一模型的典型例子，就是选择谁将在军队中服役的征兵过程——在选择性兵役制度的国家。

所以，国家可以通过以上六种模型赋予执行过程合法性。很显然，
这些模型只是一种分析框架（或者所谓的“理想型”）。当然，现实中的 *111*
执行过程都是混合形式的（见上面的卫生保健服务）。如此介绍的目的是尽可能地区分堵塞民主“黑洞”的不同方法。表 4－1 总结了这些模型的特点。所有不同的模型都有积极的特点，也都有消极的特点。这里，我们或许要重新回顾 IDO 理论，即这些模型只有其特征符合要承担的任务时，才能够发挥创造合法性的功能。专家模型只是适合于那些使用专业知识的领域。法律–官僚模型最适合于相当静态的社会领域中“多重目标”政策。在目标群体没有形成有信心的利益组织[133]，或者许多组织相互竞争的情况下，合作主义模型极有可能会失败。合作主义模型还有个问题，它必须处理好核心利益组织与国家关系的问题。通过拉入利益组织并使它们共同负责执行来赋予公共政策合法性的策略，这些组织能够成功地发挥平衡作用非常关键：它们必须与国家和成员都保持一定距离。如果国家认为它们基于其成员的利益而不愿意妥协，或者其成员认为它们完全致力于国家的利益，那么合作主义模型就不能正确地发挥功能。如果一定要实现合法性，利益群体就必须发挥国家与目标群体之

间传送带的功能。[134] 如果利益组织与国家或者目标群体走得太近，公共政策合法化的合作主义策略就很可能会失败。

表 4-1　　　　　　执行过程实现合法性的六种不同模型

模式类型	法律-官僚型	专家型	合作主义型	使用者导向型	政治家导向型	彩票-基础型
合法性基础	一般规则	科学知识	共享利益	共同决策	自由、普遍的选举	平等机会
组织	层级化	合议性	多主体	自我管理	二元的	不存在
主要行动者	官员	专家	组织代表	顾客	政治家	彩票监督员
假定	精确规则	可用知识	垄断利益	积极参与	代表性	可靠性
积极影响	可预期	科学理性主义	反对选举	参与	政治责任	策略目标
消极影响	非灵活性	负面的团队精神	特定利益占优	利益差异	政治控制	不可预期
决策类型	解释规则	专业判断	谈判	全体大会	政治判断	抽签

结　论

虽然只有20年的历史，执行研究者已经为回答国家能够做些什么这个问题做出重要贡献。不过，一般来说，我们也已经从他们的研究中获得极大的反向利益——它已经能够使我们批评执行研究者超理性主义的方法，以及他们对公共政策过于苛求的态度。而且，当执行研究者指
113 出那些特别难以执行的政策时，我们已经能够判别哪些类型的政策运行良好。因此，我们很少用执行研究者提出的“项目单”。也没有任何理由对公共政策可能性报以愤世嫉俗的态度，而这种态度是执行研究者和“非理性主义”组织理论家广泛持有的。

我的第一个结论是，国家能够而且必然要采取行动，即便它不知道要做什么、不要做什么。那种认为必定存在确定无疑的因果理论的观点是没有经验基础的。从理论上讲，它假定了一种过于理性主义的政策概

念（以及人类行为的确如此的概念）。在很大程度上，成功的政策执行通常是一种组织实施过程的问题，以适应政策理论灵活性和不确定性的需要。

因此，我们能够设计出一个简单的公式，以发现民主国家能够做些什么。国家能力是由以下所决定的：

1. 政策理论不确定性的程度；
2. 能够弥补这种不确定性的适应性和学习型组织形成的程度；
3. 在执行阶段合法化措施能够适用的程度。

这些条件之间的一般关系可以进行如下描述：政策理论不确定性越强，对组织和合法性的要求就越强（图 4－4 的案例 2）。当然，反过来也成立：政策理论越具有确定性，组织任务越简单，执行过程的合法性就越容易实现。

	政策理论	组织	合法性
案例 1：广泛目标（静态调整）	+	－	－
案例 2：动态干预	－	+	+

图 4－4　公共政策成功执行的假定

政策设计可能有好几个选择。例如，通过广泛目标的政策，换言之，容忍较少的理性主义抱负以增加政策理论的确定性，我们就能够把对组织和合法性的昂贵的、麻烦的要求最小化。一般地讲，儿童补贴和基本统一养老金保险就是这种典型的例子。另一方面，如果有必要应用“动态干预主义”政策，并更具理性主义性质，那么组织和合法性因素的比重就会更大。

当然，这并不是反对按照充分可行的理论来设计公共项目。相反，我更加反对的是这样一种观念，在任何措施成功运用之前，就必定能够获得某种在社会中实际生效的因果关系的知识，即中心决策层必定能预先知道应该做什么。从经验意义上讲，在某些政策领域，必定存在特定 114
知识，尽管要使这种知识实际发挥效用还存在诸多困难。这种情况并不仅限于社会科学领域。构成经济政策框架基础的经济计量模型就是个例子——在政策具体实施阶段，好像并不经常使用这一模型。例如，在这些经验模型的基础上，很难轻而易举地预知，有多少不被财政部所控制的经济因素在发挥作用。

另一个结论是，国家行动不能无所不包。组织和合法性问题太多了，从瑞典的酒精饮料定量配给制度的命运中可见一斑。这不是在支持实施反理性主义政策。例如，充斥于瑞典社会福利法案中的国家（这里的意思是市政部门）对公民福利完全负责的观念明显是荒唐的，原因很简单，存在着各种各样的病人，而我们对什么措施会减缓病痛却知之甚少。[135] 即便合法性不存在问题，国家也缺少干预和安排好公民生活的组织能力。存在社会问题本身并不是建立公共项目的无可辩驳的理由。如果国家的知识是不确定的，或者合法性问题没有得到有效解决，那么，绝对有理由相信这会遭到挫败。

还有一个结论是，一般组织方面的方案很可能弊大于利。如果国家不为组织问题所限，它可以成功地做很多事情。应该选择那些适合于任务的组织类型以及必然要用的技术。

最后一个结论是，我们可能会观察到，在很多情况下执行并不是一
115 种在公民和国家之间的双向选择。因为还牵扯第三方——服务的生产者。公共服务生产者是一种部分自治性组织。但是，它既可以是公共的，也可以是私人的，在执行其任务时没有绝对的行动自由。国家能够做什么，取决于它如何处理部分自治组织的产生者与公民之间的关系。

【注释】

[1] Mayntz（1975）. 这篇论文观点正确但并未完成。几乎在每一篇此类的摘要概述中，都转述了这篇论文。See，e. g.，Ingram（1990）.

[2] Winter（1990），p. 24.

[3] Mazmanian & Sabatier（1983）.

[4] Mayntz（1975）.

[5] Luhmann（1979），p. 88.

[6] Palumbo & Calista（1990），pp. 12f.

[7] Berman（1980），p. 207.

[8] O'Toole（1986），pp. 203f.

［9］Lundquist（1986），pp. 76f.

［10］或者像温特（Winter 1990，p. 23）所写的："不考虑负责实施的机构的承诺与资源，一些政策从开始就不可能执行。"

［11］Cf. Lundquist（1986），pp. 180f. 或者，我们也将之称为政策的有效性。

［12］Nakamura & Smallwood（1980），pp. 34ff. 然而，这不仅仅只适用于公共组织。实际上大多数组织必须处理相冲突的目标。 cf. Ingraham（1987）；Perrow（1986），p. 133；and March & Olsen（1986）.

［13］我要补充，出于人类行动的本质。

［14］Palumbo（1987），p. 95.

［15］Winter（1990），p. 25；cf. Lowi（1984）.

［16］对于作为象征性政策的"为贫困而战"引人入胜的分析，参见 Zarefsky（1986）。

［17］Mazmanian & Sabatier（1983），p. 41；cf. Hasenfeld & Brock（1991），p. 469f.；O'Toole（1986），p. 188；Ingram（1990），p. 446. 保罗·萨巴蒂埃后来同意"强调'清楚而持续的政策目标'是一个错误"，Sabatier（1986），p. 29。

［18］Nakamura & Smallwood（1980），p. 33.

［19］经典的例子是英国军队在一战期间西方前线的行为。See，e. g.，Cohen & Gooch（1990），pp. 12f.；and van Creveld（1985），pp. 166ff. 在 1918 年的八月大进攻中，大批的骑兵部队使得不可能将坦克和大炮带到前线。在伟大的骑士精神突破的可能性下，由信念所筑就的精神监狱只能被大将军——澳大利亚部队的指挥官约翰·莫纳什爵士——冲破，他从开始就不是专业的士兵，因此，他不可能完全被传统的总参谋部的思维方式——关于对保持传统思维习惯戒律的等级制度组织的特性——所教导。 参见 Pedersen（1985）and Regan（1987），pp. 78ff.。

［20］Handel（1989），pp. 51ff.；and Regan（1987），pp. 77f.

［21］Regan（1987），p. 78.

［22］March & Olsen（1989），pp. 57f.

［23］On p. 26，Cohen & Gooch（1990），军事组织具有避免不幸的能力的特别重要的三个属性，这种不幸能导致灾难，这种能力能够适应环境，能够学习，能够预见。

［24］在组织理论中一部经典的著作继续探讨了这个问题，参见 March & Olsen（1986）。 See also Nakamura & Smallwood（1980），pp. 34ff.

[25] 关于应用于健康护理的措施的不确定性，参见 Maynard（1993）。

[26] Handel（1989），p. 53. 这也是产生中央计划经济衰落的问题，参见 Nove（1983）。马克思主义者具有中央管理经济将会管理得很好的偏好，然后更加仔细观察执行研究，参见 Rothstein（1992b）。

[27] 公共政策执行机构、军事组织尤其对这方面内容感兴趣。一方面其必须等级化管理，另一方面其必须在不断变化的环境下执行政策，并且必须处理快速变化的技术。在激励这部分的著作中，包括 von Clausewitz（1836/1984），Handel（1989），Aron（1983）和 Howard（1983）。

[28] Lidström（1991），p. 11.

[29] On pp. 148f.，Lundquist（1986）区分了四个维度：（a）目标/无目标，（b）直接/间接，（c）具体/一般，和（d）精确/不精确。

[30] Hydén（1988），p. 145.

[31] Ibid.

[32] Esping（1994），p. 372.

[33] 这部分大部分是以里普利和富兰克林（Ripley & Franklin，1982）论述的内容为基础，他们相应地受到来自洛伊（Lowi，1972）研究的影响。

[34] Seidman（1983）.

[35] Elmore（1978）. 人们也可以仅仅通过研究执行研究者集中于什么种类的方案得出这一结论。Cf. O'Toole（1986）and Matland（1995）.

[36] Wolman（1980），p. 437.

[37] See Rothstein（1996），ch. 3，and literature cited therein.

[38] Cf. Algotsson（1993），ch. 1.

[39] Lindblom（1977），p. 65.

[40] Adler & Asquith（1981）.

[41] The seminal work is Lipsky（1980）.

[42] Cf. Elster（1992）.

[43] 关于这些管理问题的概述，参见 Lindensjö 1987，也见 Åström（1988）。

[44] Zald（1981）.

[45] Lundquist（1986）；cf. Lindensjö（1987）.

[46] 它取决于执行过程是怎样组织的。

[47] 考夫曼（Kaufman, 1960）在这个领域有经典研究。

[48] Lundquist（1986），p. 188.

[49] Lewis（1984），p. 211.

[50] 正如刘易斯所写的："有一个谨慎的防止准确陈述的愿望，这种准确陈述将会带来政策可能必定判断失误的风险。" ibid.，p. 208.

[51] Cf. Ahlböck（1995）.

[52] Cf. Åström（1988），pp. 81ff.

[53] 我已经描述这一点，见 Rothstein（1992a），尤其是第三章和第 150－153，168，190－192，281－283 页。

[54] Quoted in Brand（1988），p. 46.

[55] See Algotsson（1993），pp. 17ff，cf. Goodin 1982.

[56] 这部分以 Rothstein（1992a）第七章的论述为基础。

[57] SOU（1934：39），p. 149.

[58] 研究显示那些考虑对醉酒监管的人是一个大的群体，他们给予了最大的拨款，并且同等大的群体被完全排除在外，例如，那些尽管完全没有给予配给量，但成功获得酒的人。

[59] Cf. Goodin 1982.

[60] Sharpe（1986）.

[61] Ibid.，p. 176.

[62] See Wolman（1980）and Palumbo（1987）.

[63] 在马奇和奥尔森（March & Olsen，1989）的著作中，比较"交换的逻辑"与"拨款的逻辑"的讨论。

[64] G. Miller（1992），cf. Wolf（1993）and Kreps（1990）.

[65] 新古典主义的观点并不强调通过以前就存在的文化、社会或者政治纽带对合作行为进行解释。人们认为，这种纽带将会增加每一个行动者对其他行动者会进行合作的信心。根据罗伯特·贝茨所说，这种规范的形成，是"由那些必须被解决的问题所激励"（Bates 1988：395，cf. Scharpf 1990：477ff.）。

[66] See，e. g.，Birgersson & Westerståhl（1985）.

[67] Rothstein（1996）.

[68] Norell（1989）.

[69] Grosin（1992）.

[70] Lindbom（1995）.

[71] 在组织理论中，这称为"权变理论"。参见关于商业经济或者组织理

论的教科书，如 Aldrich（1979），p. 57。

［72］“在有效的组织中，组织结构反映出技术水平。”见 Gortner，Mahler and Nicholson（1987），p. 113。

［73］Cf. Perrow（1986），p. 150.

［74］这部分以佩罗的理论为基础（Perrow，1986）；cf. Demchak（1991），especially ch. 4。

［75］这里术语“官僚”并不代表任何不敬的意味。更确切地说，它是一个中性的概念，表示一种特殊的组织形式，一方面这个概念的主要因素包含等级制度，另一方面包含以准确的、明确的、编纂成文的、由中立且公平的机构应用的规则为基础的管理。

［76］Cf. Petersson（1989），pp. 53ff.

［77］See Rothstein（1996），ch. 3. 另一部运用类似方法的组织理论著作，见 Mintzberg（1979）。

［78］关于目标管理的评论，参见 Rombach（1991）。

［79］一个经典的例子是，在 1916 年的索姆河战役中，按照罗林森的命令，英国第四军团采取极其严格和集中的计划。结果是，下级单位在前线不能利用重要的战略性的机遇，结果就是造成了现代最大的军事灾难之一。在计划的舞台上，失败是注定的。See van Creveld（1985）.

［80］Scharpf（1988）；cf. Young（1981）and Hill（1972），p. 62.

［81］Hanf & Scharpf（1978）.

［82］Scharpf（1988）.

［83］伦德奎斯特（Lundquist，1986）讨论了这一点与机构/行动者问题的联系。例如，不同层级的结构条件如何相互影响，以及如何影响不同的行动者。

［84］Elster（1992），p. 4. 这里，伦德奎斯特（Lundquist，1986）区分了三个层级：(a) 政治家们怎样引导高级官员，(b) 官员们怎样管理他们的机构，并且 (c) 这些机构怎样尽力控制公民。他分别称这些层次为行政管理、组织管理和社会管理。

［85］Elster（1992），p. 2.

［86］Cf. Petersson（1989），ch. 8.

［87］Salomon（1989），ch. 1.

［88］See Ostrom（1992），pp. 14f. 例如，如何综合公共管理和私人管理，从而使得当地自然资源（地下水、渔业水等等）使用者群体能够解决他们的内部协

调问题。

［89］See，e. g.，Hjern & Porter（1981）and O'Toole（1983）.

［90］Hasenfeld & Brock（1991），p. 460.

［91］Cf. March & Olsen（1986）.

［92］Winter（1990），p. 27；cf. Hasenfeld & Brock（1991）.

［93］Cf. Petersson（1987a），pp. 17ff.

［94］Wolman（1980），p. 448；and Scharpf（1988）.

［95］Ham & Hill（1984），p. 99.

［96］Cf. O'Toole（1986），p. 201.

［97］Bardach（1977）；cf. O'Toole（1983）.

［98］Williams（1982），pp. 1－17.

［99］Cf. Elster（1992），pp. 167ff.

［100］See Lipsky（1980），ch. 1.

［101］Adler & Asquith（1981），p. 11；cf. Jon Elster（1992），pp. 169ff.

［102］See，e. g.，Titmuss（1971）.

［103］Elster（1992），p. 171.

［104］Cf. Lundquist（1992），ch. 2.

［105］SOU（1991：46），p. 104. 比较英国《公民宪章》的例子，参见 Tritter（1994）。

［106］Cf. Arvidsson（1991），pp. 249f.

［107］在哈佛大学约翰·F. 肯尼迪政府学院，道德规范方案是常常提到的例子。

［108］参见 Lundquist（1988）对相关问题和文献的回顾。

［109］事实上，德沃金的许多哲学观点好像都来源于他所致力于解决的真正的执行问题：当法律条文和先前惯例都无法给出清晰指导时，法官应该怎样判决。See R. Dworkin（1977），chapters 1 and 3.

［110］Cf. Tarrow（1996）.

［111］Cf. Skocpol（1995）.

［112］Glazer（1988），pp. 13f. 在该书的其他地方，他还写道，“普遍性社会福利项目有其优点，有助于创建共同体的共同观念”。p. 95.

［113］Glazer（1988），pp. 89f. and p. 93.

［114］不过，格莱泽忽略了他更好的判断。美国极少数成功的社会政策项

目之一就是社会保障——有点儿像瑞典的企业年金制度——它成功地做到了这一点（把账单在正确的时间寄给正确的人）。值得注意的是，它也是里根政府没有成功砍掉的极少数社会项目之一。See further Dionne（1991），pp. 285ff and Pierson（1996）.

[115] 关于这一点，非常尴尬的是，他获得了西达·斯科克波的强烈支持，而西达·斯科克波通常认为，美国社会政策的相对（与西欧相比）落后，可以从美国政府在实施这些项目时的能力不足得到解释。See Skocpol & Finegold（1982）and Skocpol（1991）and（1995）. 之所以说这是非常尴尬的，是因为斯科克波恰恰是极力主张美国政府应该通过建立普遍主义类型的公共计划以解决其社会问题的人士之一。See Skocpol（1991）.

[116] Skocpol（1991）.

[117] 在德国法学家汉斯·科尔森（Hans Kelsen）的观点中，可以找到相关的例子。他把国家等同于法律秩序。这一观点要么是错的（在法律秩序产生之前，国家就已经存在了），要么在分析上没有任何意义（例如，在一般意义上，所有国家都代表某种秩序）。然而，从某个角度讲，即便保留某种程度的法律概念，科尔森也有可能是对的，有人可以宣称，斯大林统治下的苏联和希特勒统治下的德国就没有国家，因为当时没有法律。这种界定技巧或许成为解决上述理论难题的方案；然而，它的弊端也是显而易见的。用诺伯特·巴比奥（Norberto Bobbio）的话说，科尔森的国家定义“从正当基础的国家概念中祛除了所有描述性权力”。Bobbio（1990），p. 13; cf. Kelsen（1945 and 1992）.

[118] 大多观点采取马克斯·韦伯的立场，即国家之所以区别于其他组织在于它有合法的授权。但这是不正确的，因为在大多数已知社会中，在家庭中行使权力也是合法的。

[119] Glazer（1988），pp. 16f. 在下一章，我将说明为什么我认为格莱泽在最后一点上是错的。比利时和荷兰在伦理和宗教方面截然不同，但仍是相对全面的福利国家。这就足以说明问题了。

[120] Mayntz（1975），p. 263. 在很大程度上，迈因茨的观点是建立在卢曼（Luhmam，1969）之上的。

[121] Max Weber（1919/1977），p. 14.

[122] Friedman（1981），pp. 6–9.

[123] Beetham（1985），pp. 265ff.

[124] Cf. Lindbom（1995），Olsen and Peters（1996），Osborne and Gaebler

（1993），ch. 4，and Esping（1994）.

［125］Cf. Esping（1994），pp. 392ff.

［126］例如，拘押儿童引发的问题。See Hollander（1985）and T. Lundström（1993）. 对框架法律的合法性分析，参见 Hydén（1984）and Esping（1994）。

［127］按照埃利奥特（Elliot, 1992）就这一主题的调查，在 11 项社会福利制度中，公共性最强的卫生保健机构得到的认可度远远高于其他机构。其他机构的排序依次是：广播电视、警察、初级学校、报刊、军队、大型公司、瑞典国会、贸易工会、政府，最后是银行。

［128］See Carlsson，Garpenby & Bonair（1991）. 关于在瑞典工作环境和劳动力市场（这些领域和卫生保健计划面临着相同的问题）中它是如何发挥作用的研究，参见 Rothstein（1996）and Lundberg（1982）。

［129］对保健和医疗准则委员会的社会-法律分析，参见 Carlsson & Isaksson（1989）。

［130］Rothstein（1992a）and（1996），especially ch. 3.

［131］很多专业是非常不同的。对比一下公民对内科医生和社会工作者的信任程度。当然，其间的差异可能反映这些职业群体展现出来的专业程度，比如，精通各自领域的知识的程度。然而，这些差异与那些社会工作的基础知识相比，也取决于现代医学知识更广的适用程度。

［132］Rothstein（1992a），chs. 11 and 16.

［133］Cf. Öberg（1994）and Bennich-Björkman（1991）.

［134］有些经验性阐释，参见 Rothstein（1992a），chs. 7，17，and 18。

［135］我非常感谢伦纳特·努德福什（Lennart Nordfors），是他让我注意到社会福利法案这方面的问题。

第五章
正义的制度

116 一个正义的制度必须形成自身的支撑基础。意即，它的安排必须可以为体系中的成员带来相应的正义感，一是出于正义原因，二是依照规则行动的积极愿望。因此，对稳定的要求以及与正义原则相冲突的令人沮丧的愿望标准更多地制约着制度。这些制度不仅应该是正义的，而且必须以鼓励参与者的正义美德为目标进行设计。[1]

约翰·罗尔斯的这段话，或许可以帮助解释本章的主题，即组成政治系统的制度（特别是负责实施社会政策的制度）与社会通行的正义规范之间是什么关系？应该怎样塑造这些制度以“鼓励参与者的正义美德”？

《苍白骑士》的故事

《苍白骑士》［*The Pale Rider*, 克林特·伊斯特伍德（Clint Eastwood）在20世纪80年代中期写作的一部西部小说］描述的事情经过或许有助于解释本章的论点。讨论的事件经过如下：一群金矿矿工的领地遭到有钱有势的矿产公司老板的骚扰。因为矿工宣称对一些土地拥有

所有权，而这些土地位于矿产公司老板所觊觎的土地下游。最初，矿产
公司老板企图用暴力破坏矿工们的财产——矿产公司老板的手下周期性 117
地闯入矿工们的居住地并毁坏建筑，驱散动物，杀死孩子们的狗，等等。但是这种骚扰策略并没有带来期望的结果。矿工们并没有被吓跑，而是团结成了一个整体，并且他们对矿产公司老板的反抗更加坚定了。

邪恶的矿产公司老板改变了战术——大棒变为胡萝卜。他给矿石开采基地的每个人一笔数目可观的钱，来换取他参与矿产开采的许可权。穷困的矿工的努力不见成效，所以他们非常希望采纳这个提议。原因很简单，考虑到自身利益，利用当前形势是现实的做法。他们还知道，如果拒绝矿产公司老板的提议，可以预见将来会遭遇更多的暴力（并且很有可能是致命的）。所以矿工们接受提议似乎是很自然的事。但是，问题是他们的反应必须完全一致，因为只有每个矿工都出卖他的股份，提议才是有效的（否则，这件事对矿产公司老板而言将毫无价值）。这就意味着矿工们必须做出一个共同的决定——他们不能仅基于个人的考虑就接受或拒绝这个诱人的提议。因此，每一个矿工都必须参与组织应该如何推进的公共讨论中，并在大伙面前公开捍卫自己的观点。

随着讨论不断深入，两件事变得清晰起来。第一件事是绝大多数的矿工都认为，该提议从经济角度来说是非常有利的，他们有充分的理由从自身合理利益的角度出发接受它。第二件事是没有人想接受这个提议。没有一个矿工想出售他的股份——有一些人害怕被视为想出卖自己的同伴的懦夫，另一些人不愿屈服于横行霸道的矿产公司老板（矿产公司老板非常强大）。接受提议很可能是不正确的。很显然，矿工们认为他们可能遭受暴力性报复的前景是非常糟糕的，但是与其让他们的朋友处于困境，或背叛自己的自由理想，他们宁愿放弃这次机会。他们最后选择了坚持和反抗（当然，最后他们因为伊斯特伍德的胆识和精湛枪法而获救，但这是另外一个故事了。）

借助《苍白骑士》的故事，我想解释的观点如下：民主并不仅仅是，或许根本不是一个计算选票和将偏好机械地累加起来的问题。民主的过程也是一种复杂的政治活动。民主的制度——议会集会和公开辩
论——迫使参与者公开捍卫自己的立场。[2] 因此，参与者必须用道德术 118

语来证明其行为是合理的。道德争论发挥着非常重要的作用。因此，民主需要一种特殊的道德逻辑，这种道德逻辑在某些方面不同于其他制度的逻辑（如市场）。回到上文的例子：阻止矿工们分别接受提议并离开的原因并不是矿工们的偏好或动机的结构发生了变化，而是矿工们做出决定时所处的制度秩序的特殊形式。该制度的特殊性在于：(a) 每个人都被迫采取一个公开的立场，(b) 每个人都被迫在面对面的情况下通过辩论证明其观点的合理性，(c) 决定必须是全体成员共同做出的，因为问题是共同的，即财产是共同拥有的。这就意味着，个人决定关系到所有人都留下来还是所有人都离开的问题。尽管从个人效用最大化的角度来看，矿主的提议是有利的，但出于自身的重大利益，矿工们草率地认为它是不公平的，他们其实应该停止冒险并放弃特许权。[3] 而且，制度设置使每一个人都确信他们可以相信其他人全都会留下来，也就是说，没有哪一个人会冒变成“蠢货”的风险。因此，他们的决定（留下还是反抗）产生于做出决定的集体会议的制度形式，这种制度形式鼓励参与者关注公共利益而不是自己的狭隘私利。换句话说，受到社会规范（如团结和信任）引导的行为重要性得到了提升。

但是，我们无须为了解释政治制度对于社会规范的重要性而向往好
119 莱坞电影中的乐土。埃莉诺·奥斯特罗姆（Elinor Ostrom）在她的一本重要著作《公共治理》（***Govering the Commons***）中研究了大量的案例，这些案例涉及人们在各种不同的背景下如何管理他们赖以生存的公共资源。这里所讨论的资源是一种特殊的类型（如淡水资源、畜牧用地和捕鱼区），具有三个关键的特征：第一，个体行动者有着强烈的动机去最大限度地开发它们；第二，无法限制其使用，因为它们在一般情况下容易获得；第三，它们是有限的，如果使用者无限制地开发它们，它们将很快被用尽（当然，这种行为将伤害所有需要它们的人的利益）。因此，在这样的领域，不受制约的追求自身利益的行为对所有涉及的人产生的结果，将比受影响各方选择合作并以某些形式规制这些资源的消耗的结果更加糟糕。这是公共行动的核心问题。

让我们来看看奥斯特罗姆的众多案例之一——20 世纪 40—50 年代，加利福尼亚南部的水资源消耗。奥斯特罗姆分析了这一区域的农民怎样

改变他们的共同行为，从一场针锋相对的浪费资源的战争转变为建立一个自愿的、自我管理的机构，对限制水资源供应做出统一的规定。奥斯特罗姆写道：

> 每个流域都建立了自愿联盟，以提供一个集会的公共场所供人们面对面地讨论共同的问题和可能的战略……为方便讨论而提供集会公共场所，使情势的结构发生了改变，从个人在不知道其他人做什么的情况下独自做出决定，转变为个人与其他人共同讨论他们的选择。[4]

正如奥斯特罗姆以许多论据充分的例子证明的那样，设计决策环境本身在转变个人关于自身利益的观念中起着决定性的作用，并因此改变了他们的行为。就短期自身利益而言，他们仍然具有非团结一致行动的动机。但是，当他们处于一种迫使他们公开讨论所选择行动方式的情境下，社会规范的重要性就变成决定性的了，并且讨论结果是各类集体的、一致性的解决办法。[5] 这并不意味着，我们所讨论的行动者从自我主义者变成了纯粹的利他主义者，而是他们重新定义了自身利益，使其 120 与公共利益（避免向公共资源排污，就像上面的例子所展示的那样）一致。这是一个重要的经验主义结果，因为它违背了政治学的经济研究方法的一个基本原则，即“代理人……当他们参与市场活动和政治活动时，他们在相同的普遍价值尺度基础上行动”[6]。另一方面，这与实验研究的一般性结论一致，实验研究的结论是如果制度结构存在沟通的可能性，它将极大地促进行动者的合作和团结行为。[7] 也可表述为：个人的行动既不是一致的，也不是由不变的“人性”决定的。相反，行动的逻辑根据个人参与其中的制度形式而改变。例如，个人行为在匿名（如在市场或者投票室内）的情况下与发生在别人的视线内，并且需要与别人讨论时（如议会或其他代表性集会）是不同的。[8]

因此，社会科学希望探寻一种真实的“人性”（例如，像“经济人”）并据此推导出简单而精确的模型，这从根本上是徒劳无益的。因此，我们的分析将进一步指向如下内容：在特定的制度条件下，严格的经济学意义上的合理性可能是最重要的，而在其他条件下，社会规范可能起到关键作用。因此，社会科学的任务是发现政治制度与个人行动的逻辑之间的关系实际上是怎样起作用的。

约翰·罗尔斯关于原初状态假设的理论经常被片面地解释，各种各样的批评假设罗尔斯的理论是处理这样的问题：从效用最大化的意义上说，理性的个人在对自己未来的资源和社会地位一无所知的情况下将会如何选择。[9] 然而，罗尔斯改变了他在这个关键点上的看法。[10] 他的理论
121 不是建立在任何“经济人”合理性假设之上的。在其最新的著作中，罗尔斯论证了如果一个人希望理解他的理论，那么他应该区分两种不同的行动逻辑——“理性的”和“合理的”——并且，在原初状态中，通常是后者在指导人们。必须补充一点，罗尔斯本人也造成了关于如何解释他的理论的误解（他承认这是误解），在《正义论》中有不太恰当的表述：

> 将正义理论描述为理性选择理论的一部分……是错误的（也是很严重的误导）。我本应该说的是正义的概念与公平一样，采用了一种理性选择的解释，理性选择要受到合理条件的约束，以表现出代表自由、平等人们的各方面的考虑。[11]

根据罗尔斯的观点，合理与理性应该用下面的方法区分开来。开始是：“人们是理性的……如果他们确信别人也会做同样的事，他们就愿意提出原则和标准作为合作的标志，并自愿遵守这些原则和标准。”[12] 罗尔斯并没有从任何经济理性推论出合理的行动；相反，他认为在本质上合理和理性是平等的，两者都是基础的、独立的类型，都能够指导人类行为。因此，并不是说罗尔斯反对“经济人”的存在。他只是指出，同样存在另一种形式的非利他行为：“理智”。[13]

另外，理性的个人缺乏其理智的同伴所拥有的一种重要品质：“道德敏感性的一种特殊形式，它是期望进行平等合作，并且只有当有望得到他人认可才这样做的基础……当其利益仅仅让自己受益时，理性的代理人会接近发疯。”[14] 因而，最根本的差异在于“合理在某种程度上是公共的，但理性不是”。因此，可以在篝火旁当着别人的面辩解与在匿名契约的情境下可以接受的是不同的。根据罗尔斯的观点，这就意味着：

> 我们进入其他人的公共世界，并且准备好去提出建议或接受（情况可能如此）与他们合作的条件。这些作为原则的条件解释了

我们在构建社会关系时共同拥有并在彼此面前公开承认的那些理 122
由。[15]

因此，仅仅以博弈论为基础解释原初状态——原初状态在罗尔斯的理论中起关键作用——是不可能的，因为原初状态并不是这样一种情境，行动者除了在事实发生后分析“对手”的战略选择以外，还在没有交流的情况下设定自己的行为。[16] 罗尔斯的结论是无可挑剔的，像卢因（Lewin）所做的那样，不能因为参与者风险计算的有缺陷的或错误的假设而批评罗尔斯的结论，因为罗尔斯的理论解答了民主制度的生成问题，这意味着他关于参与者风险规避的假设与卢因的纯理性分析大不相同。[17]

那么，原初状态更像是一种无公共商谈的制度，而不是一种匿名的策略博弈情境。在这一制度下，观点取向不同的代表召开会议，以期通过讨论、商议和谈判发现应该被社会广泛接受的社会、政治秩序的共同原则。原初状态假设，他们可能持有中立的立场，并且他们关于意识形态、宗教和其他此类问题的观点是存在分歧的。[18] 因此，罗尔斯的原初状态中的决定性条件与市场中的匿名毫无共同之处，而是更像一种共同的、开放的制度，这种制度对《苍白骑士》的结果具有决定性作用。[19] 它与埃莉诺·奥斯特罗姆描述的决策讨论会的相似性也是很引
人注目的。在一项比较英国和美国公民的态度和行为的调查中已经证 123
明了政治讨论的机会与对共同利益做出贡献的期望之间存在正相关性。[20]

那么，我们应该怎样理解“合理的”行动？ 它既不与狭隘的自身利益相似，又不能被视为利他主义。[21] 我在这里使用的概念是政治理性，它与经济理性是有区别的。政治，其目的是一种制度化的公共程序（与市场相反）。理性，是在商议、辩论后要达到一种制度解决方案，以使组织和个人可以从中找出公共问题的共同解决方法，即使充分考虑彼此间的差异。实际上，民主存在的制度形式——尤其是议会和自由辩论——并不是将既存偏好简单累加起来的结果。然而，民主制度的创制者“总是产生于用来商议和发现共同利益的场所”[22]。

自我利益理论的有限价值

正如在第一章中所提出的，当代西方福利国家在规模和范围上有着极大的不同。用基于自身利益最大化观点的经济模型，这一结论应该如何来解释呢？这种政治行为模型从20世纪70年代起就在政治科学中占据主导地位。不过，这种政治学的经济研究方法最近面临严厉的批评。[23] 许多证据表明，政治行为不能按照将个人利益视为动力的经济学理论为基础进行解释。这些例证包括所谓的投票悖论，即尽管就公民的个人利益来说，没有这样做的直接原因，但公民仍选择在选举中大量投票。引用该学派代表之一莫里斯·菲奥里纳（Morris Fiorina）的话：投票悖论“吞噬了理性选择理论”[24]。简·曼斯布里奇（Jane Mansbridge）对研究状况的总结如下：

> 124 政治科学的经验研究流派与研究民主政治实际运行方式的个人利益模型相互对立，几乎所有的流派都有轻微的抵触……自我利益是激发政治行为唯一原因的断言肯定是毫无意义的，如果个人利益包含所有的动机，如果个人利益意味着任何有意识地只将自己作为受益人的行为。[25]

邓利维（Dunleavy）对该学派提出了激烈批判：“最近许多关于政治科学中的经济学解释的讨论都是毫无益处的。”[26] 正如卢因和邓利维等其他学者所阐释的那样，以自我利益为基础，对官僚、选民、政治家的行动可以进行解释的假设缺乏经验的支持。[27] 经验哲学中的发现也没有肯定自我利益理论：

> 在哲学、管理学和经济学中，最近进行了几百项关于囚徒困境和其他以组织为代价个人获利行为的博弈试验。这些试验表明，即使在完全匿名、不会受到组织惩罚的条件下，仍会有相当一部分人（通常为25%～35%）会坚决拒绝采取理性的利己行为。[28]

最近，更多的分析也已经表明，从这样一个完全个人主义、利己主义的观点出发，来解释为什么人们在任何情况下都选择服务于公共福利是完全不可能的。因为共同行动的成本很高，因为共同行动的结果变成了每个人的规则（既包括那些对共同努力有贡献的人，也包括那些没有贡献的人），所以有着个人利益效用函数的个人没有任何理由承担这些成本。[29] 然而，这正是人们在许多机构（公司、组织和国家）中经常做的。

摆脱这种困境的一种方式是将利他行动引入理性模型中，即如果A在B的消费中发现了乐趣，那么A将资源赠予B就是理性的。但正如曼 125
斯布里奇所强调的，这种改变将理性行动理论的所有解释性内容都掏空了，因而在分析上变得毫无意义。[30] 埃齐奥尼（Etzioni）已经按下面的方式阐述过这种观点："从方法论的观点来看，将效用概念扩展为无所不包违背了完备概念化的原则。一旦一个概念被定义为包括给定范畴中的所有事件……它将不能再增强人们的解释能力。"[31] 这种方法也可以被视为一个循环推理的例子，在这种循环推理中，行动者可能做的任何事都会暴露他对行动目标的偏好。因变量"解释"了自变量，这与方法论的原则是根本冲突的。

正如玛格丽特·利维（Margaret Levi）所强调的，它"比选择性动机解释更具灵活性。克制不遵守交通规则、乱丢垃圾的行为、支付税款、参军的人，要比理论预测的多得多"[32]。从经验上和理论上反驳仅将理性个人利益视为政治动力的观点相关研究急剧增加。市场逻辑的解释在转到政治领域时在相当大程度上表现出自身的不足。[33]

面对这样的经验事实，该领域的许多学者努力将他们的解释予以情景化。这通常意味着他们尝试将制度纳入模型当中。[34] 但是，这将导致他们从一个充满问题的情境引入另一个更加困难的状况，因为它引入的是理论性的解释，而不是理性的行动者。[35] 根据理性选择理论的最新进展，之前描述的那种合作是根本无法解释的。简单地说，如果共同利益的合作需要许多理性的和利己的代理人做出贡献，在这样的情况下，它要经常为个人的背叛（即不合作）付出代价。[36] 乔纳森·本德尔 126
（Jonathan Bendor）和迪利·慕克吉（Dilip Mokherjee）在理性选择理论基础上总结道，理性行动者模型可以解释为什么公共行动的模式能够持续存在，但“不能解释它们是怎样产生的”。他们表示，“合作的出现是难以解决的问题——一个可能需要其他分析方法的问题”。他们选择这种推理性质完全不同的解释来说明，为什么有些情况下会有合作，而在另一些情况下不会有合作：“例如，由于早期不幸失败而导致对规避合作存在广泛怀疑这样的特殊事件。”[37] 或者是源于即将来临的特殊历史条件的另一类原因。然而，即使要进行有组织的合作（为了某种非理性的原因），它也应该——根据理性行动者模型——是高度不稳定的，因为组织成员面临着停止为组织持续买单的诱惑，甚至当成员持续从组织的运作中获益时。[38]

让我补充一点，理性选择的地位并没有因为有人宣称合作行为可以用既存的文化、社会、政治联系或制度来解释而变得更加稳固。有人认为，这样的联系或制度将增加行动者对其他人也会合作的信心。但正如迈克尔·赫克特（Michael Hechter）所写的，问题是“为那些代表博弈论者所要解释的帕累托有效均衡的制度”[39]。为解决集体行动问题而建立一项制度，又产生了集体行动的问题。[40] 对于理性的利己者而言，这样的制度（选择的动机对制度的制定是必要的）将永远不会出现。马克·利齐巴奇（Mark Lichbach）分析了大量集体行动（CA）问题的解决办法。他总结道：“最主要的困难是每一个解决办法都假设至少存在另一种解决办法。”并且“所有类型的解释都仅仅只是将对集体行动的解释向后推了一步”[41]。在实践中，这就意味着要参照现存制度。或者，我们可以引用赫尔曼松的经典表述：“因此，理性行动者模型永远都不会是普遍适用的。”[42]

但是，从这篇评论中，并不能得出应该抛弃理性行动者模型的结论。相反，该模型最有价值的结论是绝大多数代理人的行动都是策略性
127 的，意思是我们做什么（如我们愿意支持怎样的福利体系）依赖于我们认为“别人”愿意做什么。他们是否愿意缴纳他们负担的那一部分税款，政府是否会履行它承诺的事？等等。这幅我们认为别人是什么以及会做什么（如他们是否愿意合作）的“心理景象”，在通俗用语中被称为社会规范。这就意味着，仅仅知道一个人是“理性的”，也知道他或她的偏好（或效用函数），但如果不知道他或她的关于“别人”将会

做什么的“心理景象”，我们可能无法预测一个人的行为。[43] 举一个极端的例子，如果你确信今天不杀你的邻居，他明天就会杀了你，那么即使杀人不在你的效用函数上，今天杀了他也可能是完全理性的。但是，如果你认为（即如果有一个普遍的社会规范）他们会在这样一个项目上与你合作，那么，请求你的邻居与你共同为邻里的孩子建设一个操场，同样也是理性的。

社会规范的政治意义

因此，我们可以合理地得出结论，社会规范和制度扮演着重要的角色。然而，不幸的是我们所知道的仅此而已。或者也可以这样说：“即使我们能够反驳在西方民主中个人利益主导绝大多数政治行为的假设，我们也远不能证明另一个假设，即公共利益是人主要的动机。”[44] 只要我们拥有关于个人效用计算和选择环境结构的信息，我们就能够根据个人利益来理解和解释行动，但我们对于什么影响着我们的社会规范仍然所知甚少（如为“共同利益”而行动的愿望）。

卢因试图按照大卫·休谟（David Hume）的步骤，通过强调“社会习俗”的作用来解决这一困境。但是，将一个规范解释为“他们同意遵守的行动准则”的规范——就拿卢因给出的例子来说，政治官员对当选政治家的忠诚——是没有说服力的，因为它基本上相当于同义反复，等于说人们之所以做他们做的事，是因为他们想做这些事情。因此，在如何解释习俗和规范方面，他显然并没有揭示出什么有价值的因果联系。但是，如果对社会习俗和规范进行逻辑上和经验上的合理区分，那么证明卢因的解决办法还是有用的。[45] 埃德娜·厄尔曼-马格丽特（Edna Ull- 128
man-Margalit）指出，博弈论的创始人冯·诺伊曼（Von Neumann）和摩根斯坦（Morgenstern）已经认识到（早在20世纪40年代他们创建博弈论模型时），博弈论不能解释当出现若干个均衡点时，哪一个点是有效的（这种情况在实践中非常普遍）。他们强调了在上述情况下既定社会规范的重要性，或者用他们的术语来说，“行为准则”的重要性。[46]

此外，10年前，挪威社会科学家乔恩·埃尔斯特（Jon Elster）参与了有关个人利益分析中方法论的首要性和正规博弈论的适用性的激烈争论。但是，自从他尝试将该方法用于实证分析（在瑞典工资谈判体系中），他对该方法的评价就变得更加悲观了。在对自己关于瑞典工资谈判体系的著作进行介绍时，他写道：“我们很快就会了解，这些谈判问题的复杂性阻碍了外生模型的应用”，也就是说，“它不能用建立在理性行动者具有单一效用函数这样简单的假设基础上的模型来描述”[47]。而且，在后来的著述中，他竭力强调社会规范的重要性（按照卢因的比喻，它就像“社会的胶合剂”）。卢因在消极的意义上定义规范：受规范约束的行为与根据理性的个人利益采取的行动是相反的。换句话说，所有非后果论的行为[48] 都是受规范约束的行为。在他的分析中，规范变成了一种剩余的范畴，我们可以把所有无法以理性行动者模型解释的东西都归入其中。埃尔斯特的阐述如下：

> 特定规范为什么会出现在特定的时间和地点？对社会科学而
> 129 言，这是一个问题。遗憾的是，我不能给出任何答案。我甚至不知
> 道从哪里开始寻找答案，或者答案通常是什么形式。[49]

埃尔斯特的观点确实是非常令人沮丧的。如果理性选择理论真的像他认为的那样毫无用处，如果规范对于解释社会和政治行为真的如此重要，那么，社会科学实际上处于一种非常尴尬的境地，因为我们无法回答这些规范是怎样和为什么出现的，甚至无法回答我们应该从哪里开始着手来寻找答案。[50] 用理性自利行动者的反面——非理性的行动者或纯粹的利他主义者——来代替理性自利行动者是毫无助益的，因为按照我们的假设，这些行动者所遵从的规范体系本身也需要解释。而且，从直觉上来看，很难想象会存在这样的行动者。结果似乎应该是：放弃根据个人动机和策略来解释政治生活的企图。

此外，在不同的社会背景和制度下，规范的重要性是不同的，影响程度也不相同。如果我们想解释人类行为的多样性（比如，参与集体行动的意愿或一个合理、公开的政治演讲），并且如果我们相信规范在这种联系中扮演着重要的角色，那么，我们没有别的选择，只有努力找到

一种方式——在一个比效用最大化的简单原则更为先进的理性概念基础上——来解释受规范约束行为的多样性。为此，我应该重提罗尔斯对“理性”和“理智”的区分，并且应该引入制度条件。在制度条件下，行动的某种逻辑将比另一种更为重要。不过，首先让我们对文化在故事中的角色进行简短的讨论。

文化理论有帮助吗？

在 1992 年的英国电影《哭泣游戏》(***The Crying Game***) 中，爱尔兰共和军（IRA）劫持了一名来自英国军队的士兵，爱尔兰共和军的目的是用人质交换一些被英国抓获的爱尔兰共和军战俘。但是，被劫持的士兵与其中一名抓获者的关系变得很友好，两个人渐渐地开始交谈，当然，被抓获的战士非常害怕，并说他确信对他来说整个事件将悲剧收 *130*
场。而这名爱尔兰共和军战士（或者说恐怖主义者）尽量安慰他，说他很可能不会被杀害；在这种情况下，只需要每个相关方（尤其是英国军队）做出理性行动就可以了。但是，英国士兵仍然相信他会遭遇悲惨结局，并且讲了个故事来支持他确信的想法。

> 一只青蛙和一只蝎子在河边相遇，它们都想过河，蝎子不会游泳，请求趴在青蛙的背上过河。由于清楚蝎子会分泌毒液并且本性奸诈，所以青蛙对这个主意非常怀疑，但是蝎子向它保证没有什么可担心的。毕竟，如果它如此愚蠢以至于去蛰青蛙，那么它们都会沉没。青蛙被如此理性的言论说服，冒险驮着蝎子下到了河中，但是，河过到一半的时候，青蛙感觉到了它所恐惧的那致命一蛰。在临死前，它哭了出来：“你为什么这样做？现在我们都要沉没！”蝎子答道：“我无法控制，这是我的本性。”

通过这个例子，我希望说明的问题如下：约束我们行为的规范是由结构决定的吗？它能深深嵌入我们的历史、生理和文化，以至于超越有意识的人性影响吗？我们能将其归结为安东尼·吉登斯所谓的

“文化兴奋剂”或“结构兴奋剂”因素吗？ 我们可以通过有意识的策略行动来影响这些事情吗？[51] 换句话说，社群主义哲学家究竟是对还是错？

政治科学中的文化理论有其最重要的支持者阿伦·威尔达夫斯基，他提供了走出经济模型困境的方法。威尔达夫斯基批评埃尔斯特用纯粹理性主义观点解释社会进程的尝试，他的批评是恰如其分的：

> 埃尔斯特明智地拒绝了通过个人在不同机会下的差异来解释所
> 131 有行为的想法；他认识到每个人的期望都是不同的。但是，如果是这样，那么在偏好形成并发生变化的情况下，处理为什么人们会想要他们想要的东西等等问题的“螺栓”和“螺帽”在哪儿呢？理性选择解释的一个危险是，它们使偏好成为一个无缘无故从天而降的救星。[52]

在威尔达夫斯基看来，经济模型将偏好视为已知的，实际上是本末倒置，并且将社会科学中最有趣的部分——人们为什么想要他们想要的东西——排除在外了。[53] 为什么每个人、每个组织乃至整个社会的规范和偏好会有差异？ 对这一问题的解释必须成为政治科学的中心目标，而不是被看作一个“魔术箱”：“不仅能够得到你想要的，还能决定你想要什么，这些都是人与人之间制度的建立、改变、破坏的重要组成部分。在制度的框架内，个体能够确定他们应该偏好什么。”[54]

根据威尔达夫斯基的观点，规范在我们多种社会文化的边界之外。偏好和规范——例如，关于集体和团结行动的价值——是通过我们自愿或非自愿地参与社会关系形成的。换言之，它们是“社会建构的”。受人类学家玛丽·道格拉斯（Mary Douglas）的启发，威尔达夫斯基将文化划分为四种基本类型。根据（a）组织的凝聚力强或弱，（b）组织中社会控制允许较大的个人差异还是基本不允许。通过将这两个维度交叉制表，威尔达夫斯基得到了四个基本的人类规范模式：等级制度、宿命论、竞争论和平等主义。人们被归入的类别不同，他们在合作和团结行为方面的规范体系也是不同的。等级制度模式认为，个人应该为集体牺牲自己，不要期望在等级权力之外获得任何回报。宿命论者无论在什么环境下都不会合作。他们认为，其他人关于互利互惠的保证是毫无意义的——合作完全不是人类的本性。对平等主义者而言，不需要为与他们不对等的其他人而牺牲，因为他们遭受的苦难已经够多了。只有竞争论者对选择合作基本上持开放态度，因为他们可以将合作看成一种契约，在这种契约中，如果先前的承诺得以履行，他们的利益就可以得到满足。[55]

在解释现代福利政策方面，这种文化理论存在几个困难。第一，它 132
没有充分考虑到，后现代主义的个人如何同时参与多种迥然不同的文化。随着社会的发展，简单、紧凑、线性的生活方式变得更加少见了。当然，拥有传统价值观、为中产阶级投票、身为国际扶轮社（Rotary）成员，并且闲暇时间打高尔夫的政府高级官员始终存在。但是，我们应该怎样看待生态取向的银行会计师呢？ 他们用自己的沃尔沃轿车换取重型黑色哈雷摩托车，骑着这种摩托车上班，周末在一个蹩脚的摇滚乐队中玩老式莱斯·保罗电吉他，他们对人智学的思想体系深深着迷，他们每月至少有一天在亲子协作的日托中心度过。[56] 我的意思是，（后）现代西方社会要比传统的部落社会更具多样性，但正是部落社会为人智学理论的建立提供了经验基础。

第二，文化类型差异很难从整体上解释不同国家之间社会政策的差异。人们不只能够在盎格鲁-撒克逊文化中找到用于解释瑞典福利制度特殊性的理论，并认为该制度是瑞典文化中平等倾向的结果。[57] 在最近的一项研究中，斯蒂芬·斯瓦尔福斯（Stefan Svallfors）试图通过比较瑞典人和英国人的观点和价值观（代表性样本）来验证这种说法，这些观点和价值观包括平等、正义和福利政策（见 1991 年和 1987 年分别进行的采访）。他的结论之一如下：

> 在公民观点的层面上，基本上找不到瑞典作为社会民主统治故乡的证据，也找不到英国作为撒切尔主义基地的证据……当我们比较普通公民的态度时，相似点比不同点更为突出。[58]

瑞典公民的价值观并不比英国公民更加偏左；令人惊奇的是，按照斯瓦尔福斯的衡量尺度，瑞典公民的价值观反而在某种程度上更加右倾。此外，在最近一项包括德国公民观念的研究中，斯瓦尔福斯得到了相同的结论：“与其他两个国家相比，一般的瑞典公民并没有表现出任 133

何显著的‘左派’特征。与德国公民和英国公民比起来，瑞典在某种程度上甚至更加不像‘左派’。”[59] 因此，与其他西方工业国家相比，并没有证据证明存在一种特殊的瑞典平等文化，从而推翻斯瓦尔福斯的这一论断。我需要进一步补充的是，这样的结果特别有趣，因为这三个国家经常被划分为完全不同的福利模式。[60]

最后，这些文化理论有时会出现一些循环，尤其当这些理论被引用来解释各国在总体上的差异时。说“一个国家拥有有限的社会政策是因为这个国家的居民想要有限的社会政策”是没有意义的。[61] 这种表述方式可以简单地归结为，人们之所以行其所行，是因为他们想要这么做，这根本称不上社会科学的解释，而只是同义反复，在许多情况下，人们从希望解释的行为中直接推断他们的偏好，那就更加如此了。

罗伯特·帕特南（Robert Putnam）对意大利区域民主多样性进行了研究，并提出了新的观点。[62] 帕特南调查了为什么公共制度（即民主体系）在意大利不同区域的功能如此不同。这无疑是一个北部/南部的问题。帕特南的研究结论令人惊诧，即区域性组织网络的密集程度和影响力是决定性的。越多的人加入如唱诗班、鸟类观察俱乐部、运动联盟这样的组织中，民主就越能发挥作用。帕特南的研究还证明，比起传统的社会经济变化来，地域因素对于解释民主的运行方式更为重要。按照帕特南的观点，参与组织生活创造社会资本，这使得公民之间以及公民与社会制度之间在信任的基础上实现互动成为可能，也就是说，人们之所以选择与同伴进行合作，是因为他们相信同伴也会选择合作。在组织生活的各种网络中，出现了一个约束因素，其形式表现为促进合作的规范。用经济学术语来表达就是，社会资本减少了经济中的交易成本，即确保人们遵守契约的相关成本。通过参加大量的社会网络和联盟，个人
134 可以建立社会资本，这就解决了合法性问题。这是帕特南开拓性研究带来的好消息。该研究带来的坏消息是，这种状态不容易形成。也有一些像帕特南一样的历史宿命论主义者，从中世纪意大利政治文化的区域变化中探寻自变量。[63]

我的结论是，尽管这种文化方法成功地将价值观和规范从何而来的问题置于中心位置，但至少在当前背景下，它对这一问题给出的解答是

不令人满意的。因为此模型只是一维的。在此意义上，它类似于个人效用最大化的自我利益模型。因此，我们对团结和福利政策规范基础的探索必须寻求其他方式。

社会规范和政治制度

让我们回到金矿矿工的案例上。我们已经提出问题的默认解决方法，是从现行政治制度中找到现存社会规范（如以集体的、团结的方式行动的意愿）的踪迹。金矿矿工们不得不在参与一个公开、理性的（按罗尔斯的意义）辩论后做出集体决定。如果没有这种产生理性并保证人际信任的机制，金矿矿工们为了合理的自身利益，毫无疑问早已将其财产份额出售。因此，我的主要论点是，埃尔斯特对寻求现存社会规范合理解释的前景持悲观态度是没有根据的。我们不仅知道规范发挥了重要作用，我们还知道它们来自哪里，为什么它们各不相同，以及如何解释它们。我想说的是，社会规范能够通过政治体制构造行为者所面对的决策形势和影响信任的方式做出解释。这种方法颠覆了看待规范和制度之间关系的普遍方式。[64] 根据上述观点，“社会、政治和经济安排的制度形式将部分取决于社会成员共有的文化规范”的说法不正确。[65] 它们之间是互为因果的关系。

因此，受规范约束的行为变化以及不同社会之间规范的差异，可以归结为政治制度的设计。此外，这个观点还有一个有趣的政治后果，即社会规范不是（由文化、历史、世界精神等）结构性构建的。如果规范是随着政治制度特征而变化的，我们作为公民就能发挥关键作用。至少 135
在某些情况下，我们可以决定哪些规范应该在我们身处的社会中盛行，因为我们可以选择如何设计我们的政治制度。[66] 这证明（至少在瑞典政治史上某些特殊时刻），对于处于中心位置的政治行动者来说，通过这样一种有利于形成某些社会规范（和利益）生成的方式，有意识地构建政治制度是可行的。[67]

现在，我们必须放弃基于单向因果联系（即自变量与因变量之间的关系）的社会科学解释。可用的制度方法包括要尽量采用双向联系和各种动态操作的因果链。观点、利益、价值、思想、偏好等，都会影响制度和政策，但政策和制度也会影响观点等。这是一个历史发展路径的问题，取决于你站在什么样的规范立场。在这条路径上，无论是自变量还是因变量，都将进入良性或恶性循环，并实现不同的但却是稳定的均衡。我们必须努力解释两者之间因果关系的运作方式，而不是只研究特定的利益和规范如何导致特定制度的产生（或者反过来，特定制度如何导致特定的规范）。简单地说，思路似乎是这样的：制度产生了某些利益和规范，而这些利益和规范又反过来加强或削弱原有制度。换言之，我们发现了制度和利益/规范之间双向的因果逻辑。

在这里，之前提及的斯蒂芬·斯瓦尔福斯的比较态度调查具有特别的意义。看过他的调查结果后，我们自然会提出下面的问题：为什么有些国家在公正和平等问题上有非常相似的价值观，但却呈现出完全不同的福利模式，即对福利问题的不同制度解决方式？斯瓦尔福斯自己总结道，由于不可能从不同国家人民所持有的不同道德规范观念中找到解
136 释，因此应该在“公共话语领域”寻求解释。[68] 社会政策中的巨大差异不是源于人的价值观差异，而是“政治策略成功或失败的产物”。[69] 因此，根据斯瓦尔福斯的观点，社会政策拥有的选举支持的程度关键取决于哪个福利制度模型更有效，而这又取决于各种政治战略的成败。

这些都说明，制度是由处于中心位置的政治行动者有意识构建的——按照他们思想中的规范创造实际效果（这一点确实显现出来了）——这会使得我们以更加开放（从非确定性意义上来说）的态度来看待政治的历史。战略政治行动、政治制度，以及社会中的规范和价值观之间的关系成为一个经验的问题，从而使未来具有开放的可能性。

那么，制度与行为（受规范或个人利益约束）之间的关系该如何运作呢？我将综合运用阿马蒂亚·森、霍华德·马戈利斯（Howard Margolis）、玛格丽特·利瓦伊和利夫·卢因等人的方法来研究这一问题。[70] 根据他们的观点，相信个人依据单一、基本的效用函数来行动是没有理由的；相反，假设他们具有双重效用函数更合理。人们只从自身利益出

发行事，还是考虑到“共同利益”，卢因认为：

> 在做出服从（不服从）或自愿（非自愿）的决定时，都有规范的和实用主义的因素。当然，有部分公民的效用函数是单一的，他们追求单纯的收入最大化或单纯的道德。但是，相当一部分公民似乎都有双重效用。至少当相信公共物品正被生产出来，他们想为公共物品做出贡献，也希望社会能够尽量满足自己的个人利益。[71]

利瓦伊称此为“权变同意”，即公民将在一定条件下认同集体（此处，在政府组织）行动。该观点认为，公民尽量平衡按照社会规范行动的愿望（如促进“共同利益”）与理性的自我利益。换言之，他们有双重的效用函数。[72] 他们想追求自己的利益，但同时也希望“做正确的事”（再次借用好莱坞电影里的台词）。用博弈论的术语来说，他们愿意参与解决集体行动的问题，但也想为公共贡献，即使从直接经济利益出 137
发不应该这样做。出于道德的原因，他们的首选战略是合作，但他们不想成为“蠢货”，即发现只有自己选择合作和“做正确的事”。这就给个人提供了两个“嵌套游戏”。[73] 一个是与其他所有公民之间的游戏——他们是否合作。另一个是与政府的游戏，是否信任政府将会履行承诺。如上所述，这意味着他们的实际行为并不完全取决于他们的思想、利益、偏好、价值观或意见。相反，选择合作与否，将取决于他们的“心理图景”告诉他们其他人会怎么做，即是否相信其他公民将会合作，是否相信政治体制将会履行承诺。[74]

遗憾的是，我们对何种的政治制度（除了理想市场）会导致何种行为知之甚少。[75] 根据常见的观点，在小型的、区域性的、社会凝聚力强的群体中，人们合作和一致行动的意愿通常很强（正如《苍白骑士》中所说的那样）。一个经典的、经过细致研究的例子是战争中凝聚力强的小型部队。美国的研究人员对第二次世界大战期间及战后前线战士们冒着生命危险参战的动机进行了研究，他们发现，最重要的动机是战士们害怕在自己的伙伴面前成为逃兵，即成为一个没有道义的人。[76] 相比之下，中央的命令几乎无关紧要。相比在伙伴眼中成为一个道德低下的人，一般士兵都宁可冒着生命危险去战斗。[77] 这说明军队里存在一种信念，即“所有人”都处于平等的地位。毕竟，军队的斗争是士气的斗争，士气又取决于士兵对于基本道德需求得到满足的信念。

138 但是，我的研究要考察的制度类型（各类社会政策程序）并不是小型的、区域性的，凝聚力也不一定强。恰恰相反，它们是全国性的，往往还是匿名的（正如社会保障体系的情况）。不过，西方国家的福利制度各不相同，这是定性研究和定量研究得出的事实。有些国家的福利制度比别的国家更慷慨、更广泛；或者说，一些国家的公民比另外一些国家的公民更倾向于团结行动。如果这一事实不能用“历史”“文化”或“自我利益”来解释，那么问题就成为，它在多大程度上能够被解释为受规范约束的行为的后果——这里，规范是指由制度产生的规范。

随着社会科学的发展，人们对制度重要性进行分析的兴趣也在不断增长。目前人们认为政治制度[78] 在解释政治行为方面发挥着重要作用，因为它确定谁可能参与、可以使用哪些资源和实际决策时遵守哪些规则。引用乔治·泰斯贝利斯（George Tsebelis）的精辟表述：“制度选择是政策选择或结果选择的复杂均衡。”[79]

使得制度分析日益有趣的原因在于，一方面，制度分析强调政治行动几乎总是发生在某些限定性规则之下，对行动者的选择做出限制。制度不容易改变；制度具有稳定的结构，影响着可能的和合理的行为。另一方面，在特殊的历史时刻，行动者可以建构制度。这意味着理性的、社会可以接受的或者政治上可能的制度，不完全由真实的、固定不变的人性决定，而是会受到有意识的、合理的政治选择影响。

如上所述，我要指出政治制度的第三个重要作用——规范设定功能。意即，制度不仅影响政治行动者所认为的合理行动过程（从自身利益角度看），而且也影响他们认为的道德防御行为。当某人按照政治方式建立了一种制度——例如，一个社会保险项目、一种税收体制或制定决策的国会论坛——他就不仅改变了未来行动者认为的合理行动，还改
139 变了他们认为在道德上正确的行动。换句话说，社会盛行的道德观是社会公民及其代表建立的制度的产物。我认为社会规范不是由“性别制度”“阶层意识”或“国家特质”这样的形而上学实体提供的，而是由政治决策创建的制度条件的产物。[80] 以此来看，不是一种特定类型社会规范产生政治制度，相反，是特定制度产生了社会的规范。这里，政治制

度不是通过进化发展而形成的社会习俗体系，而是相反——政治制度催生了社会习俗。罗伯特·格拉夫斯坦（Robert Grafstein）指出，它们（社会规范）是“社会强力的代表”[81]。

当然，主张制度影响社会规范不是新的观点。相反，这是组织理论的一个分支——制度理论的重要观点之一。这一观点的核心宗旨是，制度不仅仅是偏好的累加，它们也涉及“共同的文化、集体身份、归属、盟约、共同感情、共同愿景、信条、历史、相互信任和团结等事务”[82]。现在的问题是，“是什么”和“为什么”的问题还未完全说明。许多（或大多数）制度都具有部分或全部的上述特征，但如果说有些制度比其他制度更具有某些特征，并且其重要性也大不相同，这也是合理的。如果我们认为政治制度（如一项普遍性福利政策）对于社会规范的形成具有重要作用，那么弄清制度与规范之间的因果逻辑就是很关键的了。

社会正义理论也涉及这一系列问题。罗尔斯著名的原初状态理论只
是一个设想的试验，其内容是在特定的制度环境下，理性的政治代表如 *140*
何创造出一个被认为公正的规范体系。[83] 对此，坏消息是我们不太可能将自身置于这样的原初状态下。正如《苍白骑士》中描绘的那样，“无知之幕”只是虚构的。好消息是，在这一点上，实际存在的制度似乎也是互不相同的。如果这是成立的，我们可以分析其中因果关系是如何运作的，即什么类型的制度会产生什么样的规范。简·曼斯布里奇强调了这个关键问题，即：

> 我们可以设计制度来鼓励那些从规范方面来说本身就是好的或会导致好的、公正结果的动机吗？[84]

这些是如何产生的？ 需要什么样的条件才能说服公民为国家付出金钱（纳税）、时间（强制性教育、兵役），或者为了国家而牺牲他们自己和最亲密、最亲爱的人（医疗、教育和其他形式的护理）？ 按照利瓦伊的观点，这种认同对于公民支持一项给定政策的程度是至关重要的。权变同意理论的含义是：我们可以想象这样一种情况，公民将道德价值附着到集体措施的目标上。然而，这些措施都很难组织，因为要确保所有得到收益的人都付出一定的成本而不是免费“搭便车”总会存在一些

困难。要想得到足够的支持，必须预先假定满足三个条件：（1）公民认为程序本身是公平的；（2）他们相信同胞都会在团结的基础上[85] 做出贡献；（3）他们认为项目的组织能保证程序公正。

> 评价对象往往是政府及其代理人。认为政府满足上述公平含义的公民普遍感觉他们参与了政策制定，并且政府决策者是相对公正和中立的，认为自己受到尊重，并相信过程的结果是公平的，即使不太令人满意，也是如此。[86]

141 那么，为了显示合法性，第一，国家必须诉诸社会规范，以强调集体性政治解决方案和项目的价值，且必须表明社会规范不是以一种歧视性或不公正的方式发挥作用。第二，国家必须说服公民，他们可以相信其他公民遵从，自愿或以特定方式为这些政策做出贡献。第三，必须证明实施这些措施“符合公平标准”。[87] 根据上述理论，那些声称国家行使权力不合法的人们（在全国或特定区域内）将认为，实际情况与上述条件恰恰相反。例如，他们会努力说服公民接受“这样的政府不能执行公平的标准”[88]。

显而易见，在不同的政策领域内，公民对国家合法性所持的观点可能存在差异。例如，认为现有农业政策向特定职业群体提供了不合法利益，并导致了主观武断和经济非理性。与此同时，也认为社会科学研究是重要的公共利益，因而可以无可置疑地接受国家的资助，因为它是由专业的、出色的学者进行的，为国家投入的税款提供最高回报。这些观点都是完全合理的。

有必要指出，以上条件中有两个与执行政策的机构是如何组织的有着直接的联系，即它们涉及国家能够做些什么。因此，我们如何设计这类制度对双向效用函数的指向至关重要；或者换句话说，对于社会将盛行什么样的规范至关重要。我将在下面更详细地讨论这些条件。

如前所述，第一个条件与该项目的“普遍公平”相关。项目的目标公正吗？例如，如果一场战争要求公民（实际上是公民中的年轻人）冒生命危险，那么它是公正的吗？卫生保健体系将所有公民都平等地包含在内，这是否适宜？

这种情况对公共政策和公共话语有相当大的影响。它意味着，公共措施不能只根据专家评估或者是有限的成本—收益分析的结果来评判。对于选择性项目来说，满足这一条件可能很难，因为选择性的项目只利 142
于特定的群体或利益。那些设计政策方案的人，即政治决策领导者必须准备好进行一场道德辩论，并至少根据某种正义和公平理论来评判该方案。换言之，他们必须参与国家应该做什么的讨论。正如古特曼和汤普森指出的，这意味着“在我们开展政治讨论时，应该鼓励官员以道德理性来评判自身行为”[89]。我们可以将其称为“实质正义”的要求。

第二个条件，是公民是否相信他们的同胞与他们承担相同的项目成本，即负担的公平分配问题。当然，公民可能会认为所讨论项目的目标是值得的（国防、福利等），也愿意支持它们，但前提条件是其他公民也付出同样的成本。国家生产的大部分物品都具有“价格过高的物品”的普遍特点，即它们要么完全受到影响，要么完全不受影响。经济理论的经典例子是桥梁：建造一座只有所需距离百分之九十九的桥是没有意义的，因为这样的桥是百分之百无用的。或者以国防为例：单枪匹马走出去保卫祖国的人无疑是英雄，但也是毫无意义的。或者还可以举第三个例子：如果税收系统正常运转，国家就必须让公民相信，所有（或几乎所有）的其他公民也将按时支付应纳税款。一个人愿意为“共同利益”做出贡献，是因为他相信其他大多数人也将参与，并且没有大型组织从中获得不法利益。[90] 当然，在某些特殊的情况下，一个满足共同需求的集体也可能仅仅通过诉诸道德规范而产生，但更典型的情况是（尤其是在较大的集体中），它一定会受到建立有效控制机制的影响，即通过正确设计的制度。

第三个条件是与项目的实施相关。权变同意要求该项目以公平的方 143
式执行，即它必须体现程序公平的优点。例如，公民可能认为本国所参与的战争是正义的战争（例如，他们可能认为这是一场防御战争），但由于选择哪个年轻人参战的程序是非常不公平的，他仍然可能会逃避入伍。谈及税收体系，公民可能确信其设计的原则是公平的，但如果他们认为纳税体系在实际运作中是极不公正的，就还是会争取避税。在社会保险方面，认为公正的程序非常必要，但仍然试图不遵守程序也是完全合理的，因为人们相信利益欺诈太普遍了。

借助于以上三个认同条件，我竭力将国家应该做什么的规范理论与国家能做什么的经验理论结合起来。作为现代福利政策基础的建构性理论，也由此而开始成形。“是什么”和“应该是什么”，这两种不同的问题都会聚合到政治制度（尤其是执行机构）如何建构的过程中，并达成一致。在下一章，我将详细阐述在社会政策领域中，这种双向联系是如何有效运作的。最后，以本章开始时罗尔斯的话做一个小结：“一个正义的制度必须形成自身的支撑基础。”

【注释】

[1] Rawls （1971），p. 261.

[2] Dryzek （1990），Elster （1986）. 他们认为，参与民主过程改变了公民偏好（从个人利益导向转向共同福利导向）的观点不完全是新的，参见 Mill （1861/1972），p. 217。该领域的一位理论家是尤尔根·哈贝马斯，他的《道德意识与沟通行为》（***Moral Consciousness and Communicative Action***）一书在理解这一观点方面做出了勇敢但是完全不成功（我不得不承认）的尝试。人们怎样理解他的“超规范”一词呢？按照他的解释，超规范是评价其他（行动导向）规范的唯一有效的过程。它是如何产生的？它会随着时间和空间变化吗？等等。

[3] 西方的专家毫无疑问会举出一个相反的例子，即经典的《正午》（***High Noon***）电影。小镇居民放弃了组织一场共同抵御强盗的战争的努力（集体行动的经典问题）。但是，对《正午》故事的进一步分析揭示了市民放弃努力的原因，他们重新定义了问题：他们认为威胁不是针对整个集体，而是针对镇长的。因为强盗头子和镇长之间有一些问题没有解决（如果我没记错的话，是关于一个绝色美女的），这是一场个人复仇，因此，小镇居民认为事件和他们没有关系。

[4] Ostrom （1992），p. 138.

[5] Cf. Hermansson （1990），p. 175：“在一个类似市场的、非合作的决策环境下，没有理由只考虑别人的结果却不考虑自己；而在共同决策的环境下，有理由同时考虑自己和他人的结果”。

[6] Buchanan & Tullock （1962），p. 20.

[7] Frolich & Oppenheimer （1992），Dawes，Orbell，& Simmons （1977），Frank，Gilovich，& Regan （1993）.

[8] See further Sunstein （1991） and Elster （1986），as well as Myrdal

（1970），p. 36，他在早期就开始了对这一问题的注意。

［9］See，for example，S.-O. Hansson （1989），Kymlicka （1989），pp. 65f.，and Lewin （1991），pp. 162f.

［10］Rawls （1993）：“公正和公平不支持这一观点。它没有努力从合理中推出理性。” Ibid.，p. 52. “将公正和公平视为从合理中推出理性会误读原始条件”，ibid.，p. 52。

［11］Rawls （1985），note 20.

［12］Rawls （1993），p. 49. 罗尔斯在日常演说中引用了如下的例子：“我们说：‘考虑到他们在谈判中的强势地位，他们的建议是完全理性的，但它仍是极其不合理的，甚至令人无法容忍。’” Ibid.，p. 48.

［13］罗尔斯赞同斯坎隆（Scanlon，1982）对于合理和理性的区分。

［14］Rawls （1993），p. 51.

［15］Ibid.，pp. 53f.

［16］理论上可能是这样，但实际战略复杂得多。像 Ordeshook （1986），pp. 303f. 所描述的，“即使只对人类相互作用的细微差别进行思索也能揭示出沟通所允许的大量战略：威胁、行动时机、欺骗，以及沟通本身。每一种可能性都涉及有关目的的内容，都会影响领悟和信仰，我们可以将其解释为一场非常复杂的游戏中的举动。” 我们只能说：“祝你好运！”

［17］Lewin （1990），pp. 161f. 另见 Howe & Roemer （1981）。另一方面，卢因（Lewin，1970）在交互民主模型中提到的“共同精神”看似很可能与罗尔斯的“理性”有关。

［18］Rawls （1993），pp. 135ff. 另见 Soltan （1987）。

［19］在埃尔斯特之后，约尔根·赫尔曼松也试图按照与罗尔斯对于“合理”和“理性”的区分将经济合理性与政治合理性区分开来。Hermansson （1990），pp. 353f. 此外，他还要求对政治合理性的概念进行具体说明。我认为如果考察过决策环境的制度特征，即它是否使无序沟通成为可能，这样的说明是可行的。

［20］Johnston，Conover，Crewe，& Searing （1990）.

［21］Eriksen （1993），p. 153.

［22］Mansbridge （1990），p. 9.

［23］Green & Shapiro （1994）.

［24］Quoted in Mansbridge （1990），pp. 14f.

［25］Mansbridge（1990），pp. 19f.

［26］Dunleavy（1991），p. 258. cf. Green & Shapiro（1994）.

［27］Lewin（1991），p. 126. Cf. Dunleavy（1991）.

［28］Mansbridge（1990），p. 17. 大部分试验是以美国大学生为对象进行的。根据 Frank，Gilovch，& Regan（1993），这个团体显然与众不同——他们是经济学专业的学生，比其他同伴更看重个人利益。这个报告的因果关系的方向对于该讨论具有特别的意义。导致了非合作行为/偏好的是经济学的学术研究，而不是具有原始偏好的研究经济学的个人。

［29］Lichbach（1994），Bicchieri（1993），Bianco & Bates（1990），Bendor & Mookherje（1987）.

［30］Mansbridge（1990），p. 9. Cf. Sen（1977），p. 93.

［31］Etzioni（1988），p. 27. See also Lewin（1991），p. 134.

［32］Levi（1990），p. 408; cf. Lewin（1991），Laurin（1986）.

［33］See Etzioni（1988），Cook & Levi（1990），Mansbridge（1990），Dunleavy（1991），Lewin（1991），Renwick Monroe（1991），and Zey（1992）.

［34］See Sheplse（1989）.

［35］Cf. Ordeshook（1986），pp. 1f.：“对组织性的所有解释和阐述如果在理论上是合理的，那么在个人选择方面也必然是可以理解的。”

［36］Tsebelis（1990），pp. 74ff. and Scharpf（1990），p. 476.

［37］Bendor & Mookherjee（1987），p. 146.

［38］Hechter（1987），pp. 10f.

［39］Hechter（1992），p. 47.

［40］Bicchieri（1993），Bates（1988），p. 395，cf. Scharpf（1990），p. 479.

［41］Lichbach（1994），p. 23.

［42］Hermansson（1990），p. 357，cf. Lichbach（1995）.

［43］Hardin（1996）.

［44］Lau（1992），p. 1090.

［45］Lewin（1991），pp. 140f. 卢因对“社会习俗”的定义还不是很清楚。如果可能，我将在此以非常谨慎的方式解释这个概念。但是，因为卢因认为它起着非常基础的作用，对它的意义进行更详尽的分析似乎是合理的。

［46］Ullman-Margalit（1977），pp. 15f. 为什么不同的国家以不同的均衡点结束，只能从历史的角度加以解释。关于理性主义者理论与历史的解释是怎样

结合的分析，参见 Ferejohn （1991），Lewin （1984），and Rothstein （1992c）。

[47] Elster （1989）. 对以博弈论方法为基础来解释规范形成的批评，参见 Ullman-Margalit （1977），pp. 14－17。

[48] 这就是说，行动的依据是确信行为对他们自己而言是正确的或错误的，而不是事件产生的结果。典型的例子是彻底的和平主义者完全禁止剥夺人类的生命，而不管内容和结果。

[49] Jon Elster （1991），p. 120; cf. Elster （1989），p. 125:“我不知道人类为什么有制定和遵从规范的倾向，也不知道特殊的规范是怎样形成和改变的。”

[50] 如果这是真的，那么社会科学家除了关闭商店之外将没有其他的事情做。

[51] Giddens （1979）.

[52] Wildavsky （1991），p. 308.“螺栓或螺帽”的短语引自一本书——《社会科学的螺栓和螺帽》的标题，该书为埃尔斯特所写，其主题是关于社会-科学解释的。

[53] 事实上，经济学的解释经常是循环的，因为当他们从行动者的决定总结出他们的偏好，并且将这些决定“解释”为偏好的结果时。Cf. Mayhew （1979）.

[54] Wildavsky （1991），p. 305. 就我所见而言，埃尔斯特并没有打算回应这种批判，而是选择探索政治现象的哲学解释。这可能被认为是他反对社会科学中的结构主义方法的被压制斗争的逻辑终点。See Elster （1993）.

[55] Wildavsky （1991），p. 312. 这是对威尔达夫斯基文化理论的一个高度概括的描述。更全面的描述（除上面提到的著作之外）见 Thompson Ellis，& Wildavsky（1990）。一个阶段性总结见 Wildavsky（1987）。

[56] 呼吁关注这种发展的众多研究包括 Ingelhart（1990）和 Pettersson （1992）。

[57] See，e. g.，Verba，Norman，& Kim （1987）.

[58] Svallfors （1992b）. 认为瑞典社会盛行平等的文化理念的相关文献参见该文。

[59] Svallfors （1993a），p. 102.

[60] Cf. Esping-Anderson （1990）.

[61] Orloff （1993），p. 57f. Cf. Mayhew （1979）.

[62] Putnam （1993）.

[63] Tarrow (1996).

[64] Cf. Soltan (1987).

[65] Weale (1990), p. 486, cf. Wilson (1993).

[66] Cf. Dorth (1990), p. 5:“制度是人类的创造，因此我们的理论必须从个人开始。同时，制度对个人选择施加的约束非常普遍。将个人选择与制度对个人选择施加的约束结合起来，是统一社会科学研究的重要步骤。”

[67] Tilton (1990), p. 34; Rothstein (1992a), chs. 6 and 16.

[68] Svallfors (1992b), p. 24.

[69] Svallfors (1993a), p. 122.

[70] Sen (1977), Margolis (1984), Levi (1991), and Lewin (1991).

[71] Levi (1991), p. 133. My isalics. Cf. Levi (1997).

[72] 参见上文罗尔斯的观点，“理性”和“合理”是人类行为的互补和基础类型。

[73] Tsebelis (1990), cf. Moene & Wallerstein (1996).

[74] Misztal (1996), ch. 6 and Hardin (1996).

[75] Cf. Cook (1987).

[76] Keegan (1976), pp. 334ff.《苍白骑士》中的金矿矿工故事似乎往往会在现实世界重现，参见 Howard (1985) 军事心理学和历史研究。

[77] 用博弈理论来讲，这意味着许多行动者希望能够参与所谓的保险博弈。即使实际上会有损失，他们也很高兴能够为“共同利益”做出贡献，只要 (a) 他们相信他们会从这次集体行动中获得收益，(b) 其他的行为者也选择合作。See Hermansson (1990), p. 75.

[78] 定义为“通过默认规则和决策过程将个人聚集起来并制约其行为的正式安排，由一个或一组被正式承认拥有此项权力的行动者强制实施”，参见 Levi (1990), p. 405。

[79] Tsebelis (1990), p. 118.

[80] 对规范来源的研究寥寥无几。如在近期出版的《布莱克韦尔政治思想百科全书》(***Blackwell Encyclopaedia of Political Thought***) 的索引里，甚至找不到“规范”或“社会规范”这样的词。这些研究存在的问题是他们采取实用主义方法，即他们将规范描述为特定社会制度的结果（如著名的囚徒困境），需要找到一定的解决方法（以普遍接受的规范形式）。这种实用主义的例子有 Ullman-Margalit (1977) 和 Hardin (1982)。对哈耶克这一思想的分析，见 Lundström (1993).

［81］Grafstein （1992），p. 1.

［82］March & Olsen （1989），p. 126.

［83］See，e. g.，Söderström （1977）.

［84］Mansbridge （1990），p. 21.

［85］Levi （1993），cf. Levi （1991）. 利瓦伊（Levi，1997）有第四个条件，即“能够负担的成本”。我反对该条件的原因是，如果公民面对的是“不能承受的成本”，他们就会认为政策是不公正的。

［86］Levi （1993），p. 7；cf. Tyler （1990）.

［87］Levi （1993），p. 12. 利瓦伊的理论部分建立在 Margolis（1984）的研究基础上.

［88］Levi （1993），p. 11.

［89］Gutman & Thompson （1990），p. 141. 此外，从一个理性的角度，一些学者已经开始强调领导者合法赋予共同努力的目标重要性。See Bianco & Bates （1990） and Bendor & Mookherje （1987）.

［90］Cf. Rawls （1993），p. 53：“只要我们是理性的，我们愿意制定出公众社会的框架，在框架下可以合理期望每个人都赞同并采取行动，**如果可以相信其他人会同样行动。**”

第六章
全民福利国家的政治和道德逻辑

144 在前一章中，我重点提到了狭隘的自我利益和在开放、理性过程中产生的社会准则是如何支配人类行为的。此外，人类行为具有双重的效用函数，且具有策略性。那么，这将会对实际政策产生何种影响后果？对普遍性福利政策的发展前景而言，这又意味着什么？这里，我要运用制度主义的分析方法，它建立在这样一种观念之上，即制度和行为之间存在着双向互动关系。[1] 这意味着，我们必须解释两个问题：究竟是什么社会动因推动了普遍性福利政策的出台和持续衍生；福利政策作为一项制度安排反过来又给这些社会动因产生了怎样的影响？此外，如果我们再按照人类的双重效用函数的观点，还会产生两个问题：第一，什么样的制度和社会准则才能支撑诸如普遍性福利政策这样的宏观制度？第二，如果按照这一制度运行的方式，哪些社会准则和个人利益会被增强，哪些又会被削弱？

从学理上讲，分别检验政治的和规范的逻辑可能是有利的。然而，就像之前所强调的，人类行为具有双重效用函数的核心观点在于，政治逻辑和道德逻辑是紧密相连的。因此，必须把二者整合起来从整体上进行讨论。公民之所以愿意协助实现普遍性福利政策的目标，取决于他们对政策的内容和过程的认同，而政策内容和过程的正确性又反过来取决于掌控公共决策和执行的政治制度是如何设计的。

不同国家之间社会政策的差异

现实的世界几乎不会按照社会科学模式的预想来运行。回溯到 30 145
年前，经济合作与发展组织（OECD）国家用于社会事业的资金占国民生产总值的比例差别并不太大。直到 20 世纪 60 年代早期，瑞典作为福利国家之一，它的社会政策并不比其他国家更加全面和丰富。而 30 年之后，不同国家之间社会政策的区别已经日趋显著。或许可以说，社会政策的相对发展是以扇形展开的。然而，我们已经观察到，小国之间社会政策的差异性已经取代了其聚合性。20 世纪 90 年代初，瑞典在许多方面都已经区别于其他国家，其中之一就是其社会政策异乎寻常的广度和深度。[2] 令人瞩目的是，不同国家社会政策之间日益出现更广泛的差异，与这些国家开始走向经济全球化的时间刚好是一致的。的确，在过去的 30 年里，总的来说这些国家在政治和社会政策方面的相互依赖性与日俱增。因而似乎有理由断定，这将导致不同国家社会政策目标方面聚合性的增加，但事实并非如此。

显然，用我们之前所提到的测量福利政策差异性的方法来描述西方资产阶级民主制之间的区别还比较粗糙。有人曾尝试判断不同福利模式之间质的区别，并取得了不同程度的成功。[3] 我们之前已经提过，其中一个普遍的区别，就是选择性福利政策和普遍性福利政策间的区别。表 6-1 总结了一些这两种福利类型的差别。

表 6-1　　选择性福利政策和普遍性福利政策的变化范围

范围	选择性福利政策	普遍性福利政策
用于社会福利的资金占国民生产总值的比例	小	大
福利水平	极低	适当
法定福利和服务范围	有限	广泛
享有福利和服务人数所占公民总数的比例	小	大
福利项目的主要类型	标准认定	普遍推行

续前表

范围	选择性福利政策	普遍性福利政策
福利项目在阻碍首要需求时的作用	无	决定性
融资手段	收费	收税
私人组织的重要性	巨大小	
国家指导的支持作用	极小	积极

资料来源：Sainsbury（1991），p. 4； cf. Korpi（1980），p. 303.

正像黛安娜·塞恩斯伯里（Diane Sainsbury）所说的，即使瑞典的福利国家与纯粹的全民福利国家模式之间还存在相当大的差距，但它基本上还算达到了全民福利国家模式的水平。应该指出的是，全民福利国家一个不容回避的特征，就是沉重的赋税负担。如果社会福利和服务是全民享有的，如果这些福利服务都达到相当高的水平，那么显而易见，高
146 税收就是不可避免的了。当然，对一个自由论者来说，人们能够接受占国民生产总值57%的税收负担，这是不可理解的。对于这个困惑，显而易见的答案是，公众之所以会认可这种公共事务，主要依赖于这样一个被广泛接受的观点：所得到的福利果实与由此引发的税收牺牲之间的比例是相称的。[4]

这意味着，如果我们要理解全民福利国家背后的政治逻辑，就必须从古典意大利复式记账法的角度来思考。这一意大利复式记账法得以建立的基础，是花费与收益关系、负债与资产关系的观念。当我们研究瑞典的社会政策时，应该将这种方法铭记于心。从1990年的税制改革至今，瑞典的税收体系只是取得了些许的进展（而且无论在实质上还是在形式上，都存在着不公平）。[5] 许多学者坚持认为，既然能够将福利和服务平均分配给每个人，而且税制总的来说是比例性的，那么在收入群
147 体当中实际上就没有实现真正的再分配。[6] 一些经济学家因而断言，这种福利制度在很大程度上已经成为昂贵的官僚主义的迂回路线。[7] 事实并非如此。实际上，这种常见的观点只是现代社会科学众多的谬误之一。表6-2给出了相应的解释。这个再分配的逻辑如下所示：为了简单明了，在第一列中，我们按照平均收入所得将人们分为相同大小的五组。假设小组中平均收入最多的是平均收入最少的5倍，我们称之为不

均等商的数值是 5 / 1。我们进一步假设，所得税不是累进的，而是严格的比例税制。我们把税率起征点定为收入的 40%，这大概相当于国民生产总值目前用于公共部门部分的 56. 2%，包括用于社会、教育及其他福利政策。最后，我们假设公共福利和服务是普遍的，这意味着，每组中的个人都可以获得平均相等的额度——不论现金福利和/或公共福利补助。结果，正如我们在最后一列中所看到的，A 组和 E 组之间不均等商戏剧性地减小了——从 5 / 1 降低为 2. 33 / 1。按照这个普遍性福利政策运作的模型，不均等水平减少了一半多。需要指出的是，如果将各组的（或各人的）一生的收入记录下来，并在每个人生阶段及时进行比较，再分配逻辑也是按照同样方式运行的。那么，除非你能够强辩，随着时间 148
的推移 A 组、B 组的人会和 D 组、E 组相互交替，再分配的效应会递减。

表 6－2　　全民福利国家的再分配影响

组	平均收入	税（40%）	转移支付	税后和转移支付后所得
A（20%）	1 000	400	240	840
B（20%）	800	320	240	720
C（20%）	600	240	240	600
D（20%）	400	160	240	480
E（20%）	200	80	240	360
A 组和 E 组的比值	5 / 1	(= 1 200)	(1 200 / 5= 240)	2. 33 / 1

然而，应该再次强调的是，模型中的再分配之所以得以运行，是以没有以任何累进税的税制为基础的，而且再分配也没有以公众真正需要的福利和服务为目标导向。因而，当诸如艾米·古特曼（Amy Gutman）、杰·唐纳德·穆恩（J. Donald Moon）、彼得·鲍德温（Peter Baldwin）、布莱恩·巴里（Brain Barry）、阿尔伯特·威尔（Albert Weale）、戈登·塔洛克（Gordon Tullock）等学者声称，普遍性福利政策不能对实现社会公平做出任何重要的贡献时，他们实际上错了。[8] 我认为，造成他们犯错的原因在于，他们忘记了这样一个简单的事实：在评价经济交易的净影响时，所有的收入和支出都应该计算在内。相反，他们只是简单地指出这

样的事实——每个人所得相同，这其中显然不包括任何的再分配。他们所忽略的事实是，即使税率的比例是相等的，不同的收入群体的绝对收入也会不尽相同。[9]

上述学者们忽略了意大利体系复式记账法的核心思想——有贷方记录就必须有借记方。当支出（税）从比例上是相等的，而名义上的收入（福利、服务）也相等，那么在高收入人群和低收入人群中，就会产生相当可观的再分配效果。艾米·古特曼曾声称，大多数公民都可以受益的社会服务制度“最不可能满足低收入者的物质需要”。无论从理论角度还是从经验角度，她的这种论断都缺乏依据。[10]

拘泥于细枝末节的人往往认为，对全体公民来说，全民福利国家的许多福利并不平等，而是与收入多少有关，这样就限制了再分配的效果。在有些领域，比如教育领域，中产阶级显然获得了更多收益。[11] 这一观点在理论上确乎如此，但在具体的政策中却并非如此。即使把这种类型的福利包括在内，再分配的作用还是相当大的。原因在于，在全民福利国家，几乎所有收入再分配的项目都会设一个收入上限，超过这个上限，就不能再得到任何补偿金，而超过这个上限的高收入者则必须继
149 续付费（以工资所得税的形式）。换言之，就像沃尔特·考皮（Walter Korpi）和乔基姆·帕姆（Joakim Palme）所说，再分配的程度“并不仅仅取决于目标的准确性，还取决于转移支付的数额”[12]。瑟德斯特罗姆（Söderström）关于瑞典社会保险制度再分配作用的研究数据显示，如果用收入最高家庭的20%和收入最低家庭的20%作比较，那么税后和转移支付后，不均等商从3. 75 / 1降低到2. 43 / 1。瑟德斯特罗姆的观点——瑞典福利国家对中产阶级的支持最多，而且没有产生任何再分配效果——并不成立，相反却被他自己的数据全盘推翻，因为数据显示，前60%（从经济实力强弱角度）的家庭所缴费用多于它们从社会保险制度中所获的福利回报。[13]

因而，当像布莱恩·巴里这样的哲学家声称，全民福利国家在不同的社会阶级间并不必然“产生净支付转移”时，他的观点缺乏任何经验基础的支撑。[14] 与选择性福利国家相比，全民福利国家模式是一个更有优势的再分配工具——在不同国家收入分配比较的经验研究中，这一观

点会找到更有力的支持。[15] 幸亏卢森堡收入数据研究中心建立了所谓的数据库，我们现在才比早些时候了解到更多有关这些问题的情况。如表6－3所示，不同国家间收入再分配的差别相当大。从中得出的一个有意思的结论是：两组数据之间存在明显的相关性——福利制度越普遍，再分配的作用就越显著。在表格最后一列的下半部分，那些通常被划分为非全民福利国家的也是如此。必须强调，这是一个相互矛盾的且与直觉相悖的结果。有理由认为，如果一个国家确实把从富人那里取得的东西分给穷人，那么这些集中帮助那些"真正需要帮助的人"的国家，再分配的效果也可能最大。然而，事实表明并非如此。这些国家从"每个人"那里索取，却只是将所得分给了"每一个"最能体现显著的再分配效果的人。这部分地解释了上述模型：税收在很大程度上是比例性的，而大多数社会福利要么是均等的，要么存在一个上限（例如，所获得福利受到某一特定的限制）。但是，政治因素也不容忽视。沃尔特·考皮和乔基姆·帕姆这样阐述他们的观点：如果我们从富人那里拿走部分财富并将所得分给穷人，那么富人将不会有特别大的损失。[16] 或者，我们可以引证林登·B. 约翰逊（Lyndon B. Johnson）当选总统之后，在解释何以没有解雇联邦调查局局长 J. 埃德加·胡佛（J. Edgar Hoover）时说的话：与其他方法相比，最好是运用体制内中产阶级的巨大动力，自内向外地推动。[17] 福利制度不仅覆盖穷人，也要容纳富人（最重要），这是福利国家是否进行再分配至关重要的一点，也可能是与你想法相反的一点。 150

表6－3　根据税前和转移支付前、税后和转移支付后得出的净再分配排名（均以基尼系数为基础）

税前和转移支付前的基尼系数		税后和转移支付后的基尼系数		净分配（百分比）	
挪威	0.385	瑞典	0.197	瑞典	53
加拿大	0.387	挪威	0.234	挪威	39
英国	0.393	德国	0.252	德国	38
德国	0.407	英国	0.264	荷兰	37
瑞士	0.414	澳大利亚	0.287	法国	35

续前表

税前和转移支付前的基尼系数		税后和转移支付后的基尼系数		净分配（百分比）	
澳大利亚	0.414	加拿大	0.293	英国	33
瑞典	0.417	荷兰	0.293	澳大利亚	31
美国	0.425	法国	0.307	美国	25
荷兰	0.467	美国	0.317	加拿大	24
法国	0.471	瑞士	0.336	瑞士	19

基尼系数是计算不均等性的标准统计数据。

资料来源：Castles & Mitchell（1992），p. 22. See also Fritzell（1991），p. 148.

福利国家的政治逻辑

151 那么，我们如何解释西方福利国家在范围和特征方面的差异呢？正如在第一章中所指出的，这个领域的研究非常广泛，而且这些研究揭示了（并不出乎意料）许多正在发挥作用的因素。不过，经验似乎更加支持所谓的动力资源模式，这一模式强调的是工会和社会民主党进行工薪阶层动员的重要性。工会越强大，社会民主党的政治影响力越强，推行的福利政策就更加全面和普遍。[18] 剩下的问题就是要解释：为什么与其他制度相比，资本主义民主制条件下的社会民主政党更强大，工会的组织水平更高？ 在推行的政策和劳工组织的力量之间，是否存在着某种联系？ 也就是说，是制定的政策使得社会民主政党和工会更加强大吗？ 这个问题的答案是肯定的。[19] 就像在社会科学中常见到的一样，这些因素之间的联系不是单向的，而是双向的、辩证的。

在工人运动方面，卡尔·马克思的理论出现了一些偏差，其中之一就是对生产力发展的错误预期。他认为，生产力的发展一方面会导致工人阶级的同质化，另一方面会使得工人阶级占据数量上的优势。当然，事实发展并非如此。自第二次世界大战以来，西方的社会民主党不得不纠结地应对这样一个事实：传统的选民群体发展停滞不前，之后又在数量上减少，取而代之的是白领团体的迅速增长。

为什么不同国家有不同的福利安排？社会民主政党业已确立的福利项目类型与他们所获得选举支持之间究竟有什么联系？对于这些问题的研究已经成为问题的焦点。[20] 按照这一理论，如果社会民主政党想要吸引大量选民以执掌政权，就必须设计福利项目，以获得不仅仅是（不断减少的）工人阶级的支持，也包括（不断增加的）白领阶层和服务业界（那些在阶级分析中被称为中产阶层或中产阶级的人）人士的支持。

但是，这将使社会民主党的竞选策略家面临左右为难的尴尬境地。152
一方面，他们可以将自己局限于传统的工人阶级议题中；而这将更难赢得选举或者使得胜选根本不可能，不过这也可以减缓工人运动内部的紧张关系，并使得政党保持传统工人阶级的形象。或者，他们也可以通过推行一项这样的福利政策来拓宽选举基础：这一福利政策的设计不仅能够吸引普通劳工还能够吸引白领雇员。如果要使吸引大量选民从而夺取政权成为可能，那么后一种方式更具有优势。然而，后一种方式也会承担这样一种风险，在政党内部引起紧张局势和被传统的工人阶级政党支持者斥责为非社会主义者，这些传统的工人阶级政党支持者稍后可能在投票中弃权或以某种方式支持其他政党。[21]

然而，按照阶级的构成和工人运动组织的不同，不同国家之间这种困境的严重程度也会有所差异。这就可以解释，为什么不同国家的社会民主政党的成功程度会有所不同。这个理论颇有趣味之处在于，它将结构因素（阶级结构）、机构因素（工人阶级组织）和行动者水平因素（社会福利项目形式的选择策略）在动态的进程中结合起来，这在社会科学研究中是比较少见的。[22]

这里，我不会尝试检验这一理论是否能够站得住脚，而是将之作为社会民主党福利国家的结构与其选举支持之间双向联系的正确解释。在我引用的文献中，读者们可以看到更多的证据。我更愿意强调在这一研究中发现的重点。瑞典的社会民主党在处理这个难题方面似乎是最突出的。他们已经成功地找到了蓝领和白领两个利益阶层之间可能的最优平衡，而且依照着改革主义者政治策略中的事后手册制定了多方面的社会福利规划。从总体上看，他们已经成功地构建了社会福利政策，不仅取得了政党传统支持者工人阶级的支持，也获得了白领阶层和中产阶级的支持。这个双向互动的过程被认为像永动机一样运行，社会民主党统治之下的国家建立了普遍福利政策，该政策反过来又产生了持续增加的政党支持（尽管政党的传统选民数量在减少）。另一种解释是，这一过程
153 已经迫使社会民主党派的右翼分子接受甚至是欣然接受全民福利国家的意识形态。[23] 那么，第一个命题就是，只有当全民福利国家得到了社会上层的支持时，它才能够存在。“穷人”“下层社会”“工人阶级”或者其他这样的社会群体都太弱小了，根本不足以构成全面的普遍性福利政策的选举基础。相反，如果政策的制定也能够关照到白领群体和中产阶级的利益（这些利益是被限定的），那么该党也可得到这些人的支持。

如果我们再回过头来看看表 6-2 中的 C 组——中产阶级，就可知中产阶级在政治上占据的重要地位已非常明显了。中产阶级处于这样核心的地位，原因主要有两个：首先，该模式显示，对中产阶级这个群体来说，普遍性福利政策在很大程度上是一项经济迂回政策。也就是说，他们交了多少税，就会获得相同价值的服务和福利。在经济上，他们既没有收益也没有损失。[24] 因此，按照理性主义的效用最大化假设，这一群体对于普遍性福利政策的意见，将会比其他群体表现出更多的不确定性。不过，即便考虑到理性主义的观点，在两种条件下，普遍性福利政策也能够获得中产阶级的支持。

第一种条件是，这个利益群体的成员认为，他们所得回报的价值差不多等于付出的价值。坦白点说，对个体来说，进行这样的计算极其困难；但我们仍然假设，这些人能够意识到这种联系，并且具备理性计算能力。如果他们认为公共服务或者质量低，或者遥不可及，或者有其他不可接受的特征，那么他们对普遍性福利政策的支持（如支付）意愿就会减弱了。这意味着，在政治协商中，他们会撤回对推行此项政策政党的选举支持。此外，根据权变同意理论，如果普遍性福利政策不能实现其承诺，或者从程序上来说，如果人们普遍认为各种体制都被滥用了，那么结果也会如此。

尽管在经济上不能从普遍性福利制度得到任何好处，但出于理性主

义的本性，中产阶级还是会支持这项制度，其中另一个原因在于普遍性福利制度的保险特征。对于一个未来不完全确定的人来说，即使不能通 154
过普遍性福利制度在物质上有所得，但他仍然有支持该制度的理由。万一由失业或疾病导致了不可预期的经济困境，相比于选择性福利制度，由普遍性福利制度来应对这样的事件可能会更易于让人接受。因为选择性福利制度要求受益者在得到任何帮助前变卖所有财产，并且提供的帮助只能够维持最低生活水平。而在事实上，由于临时的经济困难而被强迫变卖掉大多数财产，这对于中产阶级而言，尤其不能接受。此外，选择性福利制度还会使得走出经济困境或者重新找到工作变得更加困难。

中产阶级发挥关键作用的另一个原因在于，如果基于自我利益基础上的理性投票行为是正确的，那么C组就会成为选举中发挥决定作用的一组。按照理性主义者的观点，D组和E组显然会支持普遍性福利政策，因为他们会在物质上有所得。相似地，A组和B组会反对这个政策，因为相比于所得到的回报，他们所交的税更多。（当然，他们也可以因为其他意愿而支持该政策。）决定政策方向的是C组，因为他们的选票决定了哪一方占大多数。因此，对于维持普遍性福利政策，中间阶层在政治上具有绝对关键的作用。一方面，这是因为，制度如何运作，该组在经济上最具敏感性；另一方面，因为它是选举中决定性的一组。简而言之，在那些推行普遍性福利政策的国家中，C组、D组和E组已经成功地建立了政治联盟。相反，在推行选择性福利政策的国家，政治联盟的多数是由A组、B组和C组组成的。民主的简单运算告诉我们，3胜过2。

于是，理论模型推出了我们对这种政治结盟的预期。实际上，在有关瑞典福利国家的支持基础和设计方面的经验研究中，这种预期已经得到证实。斯蒂芬·斯瓦尔福斯的研究（以采访数据为基础）——不同社会群体对福利政策的支持，在很大程度上已经证实了我们这个模型的假设：社会阶层位阶越高，对福利国家的支持越少。另外，从意识形态来说，中间阶层最犹豫不决，他们对社会政策的支持也最受条件制约。[25]
还有，在福利国家设计方面，托斯坦·斯文森（Torsten Svensson）指出， 155
社会民主党的策略家认为中产阶级的支持是至关重要的，并且他们还有意识地设计相应政策。[26]

然而，为什么不同国家要推行不同的福利政策，并且社会民主的力量变幻不定——这给我们提出了一些难题：

第一，如果瑞典社会民主党已经娴熟地为其福利政策建立起跨阶级的支持基础，那为什么它在 1991 年的选举中的表现却成为 1928 年以来最糟糕的一次？ 1985 年和 1988 年，该党展现出维护福利国家主要保证者的姿态，中产者（非常温和）的削减提议使得社会民主党派在竞选活动中占尽优势。[27] 那么到 1991 年，是瑞典选民突然厌倦了从出生到死亡一直被国家照料吗？ 或者是社会民主党的选举策略家在某些方面算计错误了吗？ 要么福利国家和其选举支持之间关系的理论从根本上就是错的，要么就是该党的策略家们没有细致研究与那一时期联系足够紧密的选举指南。[28] 在第七章中，我会细致审视这个问题，并尝试解释这一悖论。

第二，在我们之前检验并发现其不足的前提下，正在审议中的理论还将继续深入展开。这个前提是，人们的政治行为是建立在自我利益之上的。它为我们描绘了一幅残酷的景象：政策规划是为了满足某个群体的自我利益，从而获得他们的选举支持。换句话说，选民会赞许那些给予他们经济好处的政策，而且不会允许道德或共同利益的问题干扰他们的利益算计。

不能仅仅以狭隘理性主义的假设为基础来解释全民福利国家，原因如下：在北欧诸国中，中产阶级政党在过去二十年中掌权的时期相对较长。尽管如此，在中产阶级政府时期，我们没有发现任何一个国家的减少福利支出或向更大程度的选择性福利政策的变化。如果全民福利国家是社会民主党的议会力量得以确立最重要的因素，那么为什么北欧诸国的资产阶级政党没有在打破这个制度上获得多大成功，也没有以更具选择性的福利制度取而代之？[29] 正像保罗·皮尔逊（Paul Pierson）所指出
156 的，撒切尔政府和里根政府在试图削减福利计划时，也都陷入了有关公平问题的难题，更何况北欧国家。[30]

如果把分析局限在“理性的自利”范围之内，还有一种解释是中产阶级（在某种程度上）和上层阶级由于过高地估计了失业等风险而支持普遍性福利制度等等。[31] 即使普遍性福利政策不能在经济上回报他们的

所有支出，但自我利益模型足以解释其支持普遍性福利政策的行为。我反对这种观点。中产阶级或许是理性的、保守的，并且试图独自组织其社保体系和以某一阶级或专业群体为基础的社会服务，但不会以牺牲社会下层阶级为代价，尽管在资本主义社会中，社会下层阶级往往交税更少而需要更多帮助。[32] 因此，我们有很充分的理由质疑，自我利益是否足以解释政治行为（无论是政治家还是选民）。全民福利国家也包括道德逻辑，如同包括政治逻辑一样。那么，它的道德逻辑究竟如何呢？

福利国家的道德逻辑

在上一章中，我曾尝试指出，社会规范可以作为一种制度功能，反过来说也是如此。例如，一种声称国家政权从根本上说是不合法的规范降低了国家运作的能力（如捍卫公众利益），反过来，国家运作能力的削弱也增强了国家不合法的规范。这种循环还会往复继续。那么，如果社会规范真的具有这种重要作用，我们就必须准确把握这种能够将社会规范与诸如全民福利国家这样的制度连接起来的逻辑。

在此，我将以在第五章中详细阐述的权变同意理论为基础。该理论寻求解释，为什么尽管普遍性福利政策没有带来直接的物质利益，但是大多数公民还是会选择普遍性福利政策而不是选择性福利政策。我想再次强调，道德本性的论断可能假定会对中产阶级产生最重要的影响，因为在福利制度面前，他们有关功利的算计最终得出了正负相抵为零的结果，同时，中产阶级的选举支持对于哪个政党可以获得多数支持又起着决定性的作用。那么，我假定，当有关功利的算计无法得出明确的结论时，道德推理就可能是影响个体行为的一个非常重要的因素。如果要理 157
解这个问题，我们就必须同时考虑理性行为和道德行为。而在开始分析前，我想强调一点：下面的讨论是为了弄清楚在道义的层面上，支持或者反对各种类型福利政策行为背后的道德逻辑究竟是什么。如上所述，在所有国家中，现实存在的福利制度都是建立在很多原则的混合体之上的。例如，尽管瑞典社会福利政策在很大程度上具有普遍性特征，但它也与普遍原则存在很大的偏离。因此，下面的讨论不仅要探讨构建瑞典社会政策的道德逻辑，而且还要讨论该政策的一些显著特征。

实质正义

正如前面提到的，权变同意理论的第一个条件是与普遍公平有关的，或者换个说法，与实质正义有关。也即，一项特定社会福利政策的目标是公平的吗？ 这个问题的答案，我们在第二章中已经讨论过了：国家应该“同等关怀和尊重”全体公民，并应向他们提供“基本能力”，以使他们能够独立自主地做出选择。第一项原则是普遍性福利政策的要旨。[33] 的确，普遍性福利政策的全部要旨在于不要对公民区别对待，不要将穷人与其他公民区分开来。社会政策应该按照“同等关怀和尊重”的原则向公民提供“基本能力”，把他们置于差不多平等的地位上，从而能够像自治公民那样展开行动。

与选择性福利制度不同的是，在普遍性福利制度条件下，有关福利政策的讨论不能按照以下问题的方式来进行：“对于这些异常的群体/个人，我们可以做些什么？” ［或者像美国前副总统丹·奎尔（Dan Quayle）在辩论中所说的“那些人”[34]。］

在第四章中，我曾提请大家注意公共政策的限度，指出国家不能够为所欲为。进而强调，当执行“动态的干涉主义”类型的项目时，政策
158 的限度尤为明显。“基本能力”理论也是如此。一方面，国家应该向公民提供这些能力；另一方面，即使为了公民的幸福，国家也不可能拥有无所不包的责任。原则上，那些没有被限定为基本能力的责任，就是公民自己要操心的事情了。[35] 显然，基本能力概念的精确范围会随着时间和政治意识形态的变化而有所不同，并且该范围的确立不能以政治哲学为基础。但是，作为普遍问题，这样的能力是必需的，它们使得公民能够自由平等地参与政治商谈。[36] 我们应该时刻牢记于心的关键点在于，

对于国家责任的讨论应该解决什么问题，以及应该如何就分配这些基本能力形成一套原则。

我认为，在社会政策论述中创造的不同类型的道德伦理，取决于我们选择的为公民提供基本能力的制度。在选择性福利政策的条件下，国家将那些不能为自己提供基本能力的公民区隔开来，并为他们提供上述能力。然而，为了做到这些，必须首先确定那些人是否属于贫困群体，如果属于，那么他们又需要多少帮助。问题在于，既要不打破国家按“同等关怀和尊重”对待全体公民的原则，又要为贫困群体提供特殊帮助，这样做的难度相当大。把穷人区隔开的做法，差不多是将他们标记为社会弱势群体和具有其他社会特征和需求的“另类”，并最终导致将他们污名化。[37] 迈克尔·沃尔泽指出，这种类型的社会福利政策与福利接受者的自尊是格格不入的。按第二章中所阐释的，缺少自尊的人几乎不可能成为自主的公民。[38]

在选择性福利制度中，有关社会福利政策的公共讨论常常会演变为这样的问题——适应性强的多数应该为适应性差的或者在不同程度上被忽视的少数做些什么。这样，制度的普遍公平就遭到大多数人的质疑，他们可能开始质疑：(a) 应该如何划定穷人和富人之间的界限，(b) 穷人是否应该为他们的困境而自我责备（这样就不能正当地要求帮助 159
了）。我们或许可以把第一个问题当作普遍问题，把第二个问题称为个体的划界问题。与杰拉尔德·科恩（Gerald Cohen）和约翰·罗默（John Roemer）等哲学家的主张不同，这些问题在政策执行层面上根本没有解决的可能性（正如我在第四章中所说的）。[39] 在选择性模型下，这种讨论经常转变为集中关注“不值得帮助的穷人”[40]。换言之，这种关于如何划分和在何处划分的争论，会永无休止地持续下去。因此，很难说选择性福利政策是公平的，原因很简单——它们不是普遍性的。进而，它还破坏了公众对福利制度的同意基础，因为社会福利政策的论辩不再争执什么是普遍公平，而是转变成什么是（需要国家帮助的“特殊的”个体的）特定诉求。[41] 此外，由于大多数人无法回答这个循环往复的问题，即划定这两个群体的方式（因为很难做到足够的精确），这种论述的道德逻辑将趋于摧毁福利制度的合法性基础。那些为了整合特殊群体与其他社会成员而制定的大多数选择性的福利政策，似乎陷入了如下的困境：为了照顾特定群体而衍生出来的选择性方法，必须首先将与一般公民不同的特殊群体区隔出来。但是，如果该群体真是如此特殊的话，那么又如何能够通过社会政策途径使他们变得像“普通公民”一样呢？如果选择性福利政策只有边际效应，那么对于那些支持该政策的人们而言，通常的策略就是主张这些群体甚至比他们原本预想的更加不同（因而具有更多的特殊需求）。

在普遍性福利制度下，国家为所有公民提供这些基本能力，它的道德逻辑与选择性福利制度完全不同。这种制度是按照“同等关怀和尊重”的原则来设计对基本能力进行配置的。既然普遍性福利政策包容了所有公民，这一问题的论辩就体现出完全不同的特征：从普遍性的观点看来，社会政策关心的是全体公众，于是，问题就演变为什么才是构建社会政策举措的公平方式。在这种制度下，根本没有讨论这种类型的问题——如何和怎样划分群体界限，原因很简单，无须划定这样的界限。
160 因此，福利政策并没有演变成应该为“穷人”和“无法适应环境的人”做些什么的问题，而是成为怎样才能形成公民和国家之间普遍公平的问题。问题并没有演变为“我们应该如何解决他们的问题”，而是成为“应该如何解决我们的公共问题（卫生保健、教育、养老金等）”。正如休·赫可洛（Hugh Heclo）所说，帮助穷人的最好办法不是谈论他们，也就是说，不要建立只针对穷人的计划。[42] 将某些人描述为穷人，只是从本质上把他们描述为与其他公民不同，从而破坏了同等对待的原则。当国家决定给予这些穷人多少帮助时，它的家长统治式作风就会暴露无遗。因此，国家是无法在尊重个体的同时扮演这种家长制角色的。

程序正义

正如先前提到的，第二个条件涉及政策的执行。是否能以一种公平的方式执行福利政策呢？ 这是一个程序正义的问题。另外，福利制度成功运行的先决条件，是公民们深信，广为宣传的政策目标能够以预想方式得以切实履行。这是一个“国家能够做什么”的问题。

普遍性福利政策或是选择性福利政策是如何影响公众对国家能力的观念的？我们首先探讨普遍性福利政策：一项典型的普遍性福利政策—— 比如统一养老金或儿童津贴——执行起来，要比选择性福利政策简易、廉价得多。在很大程度上，这是因为在普遍性的福利项目中，行政机构无须进行两种资格的测定——这些测定在选择性福利项目中是必需的：以弄清（1）申请人是否有资格要求提供帮助，（2）如果有资格，又该提供多少帮助。在普遍性福利项目中，确定资格标准非常简单（例如年龄），以至于政策过程可以自动运行。因此，社会政策可以通过明确的公民权利方式予以确定，而且国家的社会责任也被严格限定了。这样的制度安排，比任何冠冕堂皇（模糊不清且无约束力）的社会福利政策目标的官方声明都更加尊重公民的完整性。

如同在第三章和第四章中所说，选择性福利项目在执行中会产生严重问题，它会导致执行人员大量的自由裁量行为。（受这种福利项目自身所限），对于这个问题通常没有解决办法。为了选择接受福利者而寻 161
找可用的标准，这种困难常常变得无法解决。这样，就产生了“民主黑洞”，即公民发现自己面临的是一个没有人能够真正理解的管理或制度规定，而且也没有人负责。由此，我们可以得出结论，从合法性的角度讲，普遍性福利（如广泛的针对性）项目要优于选择性福利项目（如狭隘的针对性）。换句话说，一个做得少而精的国家，总要好于一个做得多而粗的国家。

在选择性福利项目中，很难解决管理者的随意性权力问题，这会产生有两个重要的后果。人们常常以为这两个后果是相互对立的，实际上它们是一个硬币的正反两面。这两个后果就是官僚滥用权力以及顾客欺诈。在选择性福利制度中，申请者自然地趋向于声称自己的处境比实际上还要困难，把依靠自己解决问题的前景描述得非常渺茫甚至不可能。在该制度中，管理者站在自身的角度，很容易对申请者的主张产生怀疑。（此外，他们也会常常被上司导引到这个方向。）经验研究表明，在选择性福利制度的国家里，当局要把很大精力放在监督申请者和一线官员方面；在普遍性福利制度的国家里，即使采取在资格测定的项目中，这根本就不是问题。[43]

程序正义问题在选择性福利制度中更加突出，它更容易破坏制度的合法性。即使背叛、欺诈和滥用权力的情况实际上相对稀少，我们也必须容忍大众传媒的逻辑，即在有关社会福利政策的公共讨论中，只有引发公众关注的才是正义的。这将摧毁公众对福利国家的支持。另外，甚至选择性福利制度的捍卫者——罗伯特·古丁（Robert Goodin）也不得不承认，选择性福利模式在公民寻求援助时遭遇专制主义对待方面，会导致“不可避免的”“难以克服的”和“无法解决的”问题。[44] 政策执行研究强调指出，在政策执行阶段，对被救济者的命运进行民主控制是困难的。怀
162 疑客户和滥用权力已经深深嵌入选择性福利模式。事实上，按照“同等关怀和尊重”原则运行这一模式是不可能的。根本不可能将资格测定与“同等关怀和尊重”原则结合起来，因为资格测定会破坏公民的完整性——不论是资格测定本身，还是通常遵循的检查核实原则。

为解决这个“不可避免的”“难以克服的”和“无法解决的”问题，古丁随后提出了一个有趣的解决方案。他认为，官僚主义的独断以及不受控制地干预被救济者的生活这些由选择性福利政策所引发的问题，可以通过命令一线官员应用某种特定方法予以缓解。当不清楚被救济人的要求是否符合规定时，管理者将会变得慷慨大方，从而给可疑的申请者提供福利。[45] 然而，我认为这样的政策将会严重摧毁福利制度的合法性。对于那些备受质疑的被救济者是如何成功获得福利的，大众传媒和坊间传言众说纷纭，大多数公民都会由此得出结论：国家没有满足程序公正的必要条件。因而，选择性福利政策将导致“管理噩梦”[46]，甚至将摧毁这种有限福利模式的合法性。

按照博弈论的术语，这一问题可以解释为所谓的控制战术效应。如果官员和被救济者彼此信任，这样是最好的：官员不必核实被救济者，被救济者就可以平和地不受打扰。但是，由于被救济者（在古丁支持的制度中）可能设想，官员出于责任一定会向他们提供福利，他就可能强烈地想要拥有那些原本无权享有的福利。那么，在经历了一系列这样的“游戏”后，管理者有理由假设，被救济者作弊的可能性很大，从而认

为很有必要执行控制核查。结果就是无休止地循环往复；行动者认为最好避免实行控制核查或是屈从被救济者，但是两者之中，没有任何一种可以避免无休止循环的结果。用博弈论的术语来表述的话，就是行动者缺乏主导策略，并且由于该理论中没有均衡点，这个游戏也就没有解决办法。[47]

需要提及的还有，需求测定的行政成本很高。以当地政府联合机构所提供的不同职业雇员数量的数据为基础，我计算出，1975 年到 1984 年 *163*
间，市立日托制度实际照顾儿童的人数增加了一倍。在同一时间，那些（以不同方式）运行该制度的人数也增加了 270%。根据已有研究，考虑到行政控制的低自尊性，这似乎也会破坏需求测定项目的合法性。

负担的公平分配

权变同意理论的第三个条件，与是否由全体公民来承担特定政策的成本有关，也就是说，它关系到负担的公平分配。在这里，公民被塑造为保险游戏的玩家：即使不能确定是否能从中直接获益，但只要能使他们相信其他所有（几乎所有）公民都会促成执行该项目，则他们也会支持拟议中的福利项目。换言之，促成施行福利计划的意愿，不仅仅取决于程序正义和实质正义的要求，还假定了集体努力（因此，事实上是全体成员的努力）的可靠组织。当然，还要考虑问题的另一面，即如何避免福利政策衍生的对社会福利的非集体利用。也可以这样表述：只有当公众相信，其他人不会过分利用他们的团结时，他们才会愿意为公益做贡献。如果大多数人不团结，那么少数人也不会有团结的表现。成为唯一保卫国家的人是很英勇的，但毫无意义。要让所有人都为公益做出贡献就必须跨过这个障碍：在公民投身于做贡献之前，必须说服他们，其他人也会同样做出贡献。

在这一点上，普遍性福利模式与选择性福利模式也有所不同。后者的典型模型是，国家只对那些无法通过其他方式实现自给自足或满足自己“基本需求”的公民提供帮助。它意味着一个规则：这样的公民没有收入，也就无从纳税。因此，他们是在经济上没有贡献的那类群体。

总之，将福利制度设计达到如此程度，即使零受益者也会依据个人能力为支出福利费用做出贡献，那么福利政策的合法性就会增强。这
164 时，问题就会转变为公民应如何着手解决公共问题，而不是“我们”能够对“他们”做些什么。[48]

这样，我们观察到两种完全不同的道德逻辑。通过相当公平的程序来实现选择性福利项目的政策目标是非常困难的，这在总体上破坏了公众对社会政策的支持。例如，出于道义，大多数人可能公开支持社会福利政策，但有关欺骗、欺诈、滥用权力、浪费、效率低下和其他违法行为的不断报道会使人们产生这种观念：政策执行存在很大缺陷，整个过程就是在浪费时间和金钱。另外，很难想象一群对福利政策持有如此消极观点的人，会愿意接受让政策具有更加普遍性的政策形式（因为这将包括扩展的社会福利政策）。相反，对国家手段的怀疑——内森·格莱泽和其他人已经给出了清晰的表述——已经成为主导性的态度。[49] 无法照料好穷人的国家，当然不能承担起照料好全体公民幸福的更大使命。反过来，如果公民对国家制度充满信心的话，则他们会更愿意支持公共事业。[50]

与此相反，在普遍性福利制度中，根本没有关于这一问题的讨论，因为需求测定要么没有必要，要么非常简单，可以自动运行。[51] 普遍项目的简单性、简洁明了的政治责任，以及在明确权利的基础上组织分配责任的可能性，这些都能够保证普遍性福利项目达到（或被认为可以达到）程序公正的要求。在美国、瑞典和英国有关税收政策的比较研究中，斯温·斯坦默（Swen Steinmo）证实了这一点。斯坦默采访了这三个国家大量处于核心位置的相关行动者，断言当他们在面对相似的制度环境时，可能会做出同样的选择。但是，他们当然没有这样做：

> 165 当被问道：“如果能够保证增加政府支出是用来有效地处理社会问题，你会同意增加税收吗？”我采访的绝大多数人甚至美国人也会回答：“会！”但回答者尤其是美国人会很快补充，他们并不相信通过高额税收征得的收入将会被有效地使用，因此不会赞同增加

税收。[52]

此外，在采访美国工会和民主党参议院领袖时，斯坦默问道，为了给美国政治群体所普遍支持的社会福利计划增加收入，他们是否会考虑尝试引进一种瑞典式的增值税。按照斯坦默的说法，答案是一致的“否”。“在所有的采访个案中，回答者都这样解释，按照美国政治运作的方式，他们并不相信该国制度能够运用增加的税收为穷人受益的福利计划买单，而那部分增加的税收恰恰是由穷人负担的。”正如一位资深参议员所说的：“这不是瑞典。我们如何才能确保那些多收来的钱不会被用作更多地为富人减税，或用来购买更多的 B-1 轰炸机？”[53] 在对比瑞典案例中，斯坦默将这种差异解释为反映了“美国社会对国家合法性的信任”[54]。由此可知，格莱泽关于美国缺乏对国家合法性信任的观察，似乎是有经验基础的。

在日常的瑞典辩论中，有关个体如何利用过度慷慨的收入补偿制度，已经有很多例子了。[55] 健康的人声称自己有病，能够工作的人假装自己丧失劳动能力，等等。高福利水平的良好意愿有时在执行阶段就往往落空了：慷慨导致了滥用（如不团结行为）。即使这些案例不多（但是它们的效果正在显现），即使与总支出有关的欺诈和过度利用行为的经济后果不是那么严重，这样的行为还是会从根本上破坏团结的价值，而正是这种团结为福利国家的合法性提供了基础。此外，我们还必须接受大众传媒的逻辑，个人的欺诈案例已经引起了公众的关注，其负面效应正在日益凸显。这很容易导致这样一种观念流行：欺诈是一种常态，而不是异常现象。遗憾的是，如果这种观念——“其他人”都在欺诈——被大众传媒像真理一样确立起来的话，它必将导致更多的欺骗（或者说所谓的“隐匿”）。正如劳林（Laurin）在有关瑞典税务欺诈程 166
度和原因的调查中所指出的，大多数人宣称，只要其他人也这样做，他们都愿意行动团结一致（如交税）。劳林的研究也表明，公民对其他人道德品行的信任，对他们准备设法扣留税款的影响较大，而对他们因为实际扣留税款却没被抓到而预估自己前途的影响较小。换言之，在这种背景下，流行的社会准则观念似乎比自我利益更加重要。[56]

现代社会科学发展的一个后果是，人们会一遍遍地反复询问公民对各种事件的态度。对福利政策也是如此。那么，与权变同意理论有关的经验基础究竟怎么样呢？如果社会政策的制度安排能够按照这一理论来构建，那么它们就能够确立其复制这一政策的基础准则，这一命题有经验基础吗？有一些公民态度调查，包括瑞典人怎样从整体上看待公共部门。他们询问受访者是愿意扩大还是缩小公共部门，而没有详细说明战斗机或者日托中心是否在计划之中。[57] 这种方法的问题在于，它没有抓住不同类型的项目支持范围有多大，而这个问题恰恰与我们的利益密切相关。然而，阿克塞尔·海德尼尔斯（Axel Hadenius）和斯蒂芬·斯瓦尔福斯也曾做过必要问题的调查。在 1981 年、1986 年和 1991 年，他们对瑞典人就有代表性的样本询问了相同的问题。结果见表 6－4。这项研究中至少有两个结果值得注意。第一个结果是，公众稳定地支持主流的福利政策类型。这表明，在 20 世纪 80 年代席卷了整个西方世界的右翼浪潮，对公众关于社会福利政策的观念根本没有产生任何影响，但对公共辩论的特征产生了强烈的冲击。这种类型的研究都
167 是可以测量的，因而，有关瑞典福利模式的基础脆弱等流行的说法显然缺乏经验支持。普遍福利的目标仍然弥足珍贵，至少大众是这样认为的。

表 6－4　　对公共支出的态度

年份	1981	1986	1992
卫生保健	＋42	＋44	＋48
对老年人的支持	＋29	＋33	＋58
对家庭和儿童的支持	＋19	＋35	＋17
房屋补贴	－23	－23	－25
社会救济	－5	－5	－13
基础教育和中级教育	＋20	＋30	＋49
就业政策	＋63	＋46	＋55
国家和地方政府	－54	－53	－68

注：表中的内容是对以下问题的答案："税收有很多不同的用途。你认为应该增加还是减少用于以下目的的收入？"表中数据是用想要增加支出人数所占的百分比减去想要减少支出人数所占百分比的结果。

资料来源：Hadenius（1986），p. 85; Svallfors（1991 and 1992a）.

另一个结果是令人惊讶的，民众对不同类型的福利项目的支持，存

在明显而稳定的差异。对普遍性福利项目的支持明确、强烈而稳定，但对三种选择性福利项目却恰恰相反。其中，对两种项目的支持尤为薄弱——社会救济和房屋补贴。[58] 这两种都属于选择性福利项目。

按照纯粹的自我利益模型，还有一种解释，即只有那些使大多数人受益（至少潜在地受益）的项目才会得到大多数人的支持。根据这一观点，对不同社会福利项目的支持与否，与是否获得补贴服务和现金福利直接相关。这似乎解释了公众为什么支持儿童津贴、养老金、教育和卫生保健。

然而，调查观察到的对就业（如灵活的劳动力市场）政策的强烈支持与这种解释相冲突。毕竟，我们完全有理由认为，失业的风险在人群中的分布是非常不均衡的。当时，瑞典的失业率已经低于 3%，这意味 168
着大多数的瑞典公民可能既不需要失业补偿金，也不需要其他更加灵活的劳动力市场举措。因此，对就业政策的强烈支持与自我利益足以解释对不同福利政策的支持差异的理论预期。很显然，情况并不总是如此——享有广泛支持的项目是那些使大多数人得益的计划。尽管大多数公民并没有从就业政策中获益，但人们还是大力支持这一政策，这是事实。

据推测，这一政策获得广泛支持的原因之一，是在创建政策执行的管理结构时，它的创制者们就非常重视合法性问题。要获得广泛的支持，关键途径是赋予那些政策指向且对执行过程会产生强烈影响的群体（如工会和雇员）以代表性。这些群体（他们之间相互实现平衡）对监督政策执行过程具有强烈兴趣。[59]

有理由将瑞典和美国进行对比。正像玛格丽特·威尔（Margaret Weir）所指出的，尽管强烈的工作道德规范遍及整个美国社会是个事实，但美国仍然没有建立起任何形式的灵活劳动力市场政策，这是很令人震惊的。[60] 综合就业和训练法（CETA）是 20 世纪 60 年代开始建立的社会福利项目，里根政府在 1981 年上台伊始就把它废除了。因为在公众眼中，CETA 等同于浪费、官僚作风，以及只帮助社会特定的少数群体；简言之，CETA 体现了选择性福利项目所有的问题。一位美国学者是这样解释的：

> 铺天盖地的“负面报道”——对浪费、裙带关系、互惠互利和腐败的不利宣传——严重削弱了 CETA 的合法性。也许除了这一点，再没有任何其他事情能更致使人们对 CETA 失去信心，使得 CETA 的合法性受到破坏并最终导致该项目流于失败了。[61]

许多其他研究者指出，CETA 执行中的缺陷也是破坏其合法性的一
169 个原因，并使得里根政府能够调动足够的政治支持来废止该计划。[62]

对于为什么瑞典公众对像房屋补贴和社会救济这样的福利项目支持度较低，这似乎是个合理的解释。这两个都是选择性福利项目；除此之外，很难以满足程序正义要求的方式来执行这两个项目。在诸如此类的项目中，欺诈、浪费和官僚滥用权力行为尤为明显。[63] 与劳动力市场政策形成鲜明对比的是，这些项目没有把更多的精力放在能够增强其合法性的执行程序上。[64]

综上所述，瑞典福利计划为权变同意理论提供了经验支持。普遍性福利项目——它满足了权变同意理论的条件要求——赢得了人们的广泛支持。另一方面，两个看上去明显破坏该理论原则的项目（公众救助和住房补贴），它们获得的支持也最少。很难说，这些项目诉诸了实质正义的观念。此外，也很难（不是不可能）以程序正义的方式来实施这些项目。最终（至少从公共救助的角度）很容易得出结论，那些获益的人并没有按照个人能力分担福利计划的支出，也就是说，在总体上，社会福利是分给了那些没有工作也无力交纳所得税的群体。换言之，公民有理由怀疑政府机构和自己的同胞。另一方面，对需求测定就业政策的强烈支持也可以解释为：（a）普遍的观点是：正义要求所有人都有权获得工作；（b）共同的信念是：失业并非自作自受；（c）从历史上看，对执行机构相对高水平的信任；[65]（d）事实是：那些从事救济工作和劳动力市场培训工作的人也有所回报，也就是，依据个人能力有所贡献。

这表明，甚至是拥有如下特征的社会计划也会获得广泛的合法性：（1）它们只使得一小部分人受益；（2）它们采用了需求测定方法；（3）它们消耗的资源和达到的效果之间的关系是不确定的。之所以
170 如此，取决于福利计划的创制者和管理者如何成功地：（1）支持福利计划的总体正义目标；（2）发现（或者曾经发现）能够按照总体公正程序

来执行计划的组织；(3) 设计出能够处理不确定性和冲突的组织，这些不确定和冲突是在政策执行阶段由于政策理论的不确定（如福利计划中投入和产出的偶然联系）而产生的。如何在政策执行阶段弥补政策理论的不确定性，可以通过其他方式而不是议会程序来获得政策的合法性——这与第四章中得出的结论是完全一致的。

【注释】

[1] 或者，也可以用另一种不同的术语，即二者间存在某种辩证关系。

[2] Esping-Andersen （1990）；Stephens （1996）.

[3] See，e. g.，Esping-Andersen （1990）. 其区分了三种不同福利类型：(a) 自由福利模型，它与选择性福利模型是一致的；(b) 社会民主模型，它在很大程度上和普遍性福利模型是一致的；(c) 天主教合作模型，这是一种中间模型。它像普遍性福利模型一样，福利范围覆盖全部居民，但其福利项目往往是分割性的，不同的社会群体享有不同的社会福利和保险项目。

[4] Cf. Agell （1992），pp. 248f.

[5] 甚至在 20 世纪 90 年代之前，税制改革也没什么实质进展。See Steinmo （1993），pp. 1f.

[6] 以下的观点源自我和彼得 • 迈耶斯（Peter Mayers）的多次讨论。迈耶斯是最早向我指出了以下模型中再分配影响的人士之一，他的观点和建议非常有价值。

[7] Tullock （1983）.

[8] Gutman （1990），B. Barry （1990），Goodin （1988），Moon （1990），Tullock （1983）.

[9] 有些哲学家和历史学家可能会犯相同的错误，但经济学家也会犯下如此的错误确实是令人吃惊的。See Lars Söderström （1988），p. 83.

[10] Gutman （1990），p. 11.

[11] Davidson （1989） and Goodin & LeGrand，and associates （1987）.

[12] Korpi & Palme （1993），p. 148；Weale （1990）.

[13] Calculated from table 3A in Lars Söderström （1988），pp. 83 and 144. 数据包括 1982 年所有家庭 20～65 岁的成年人。如果家庭成员超过 65 岁的也包括在内，再分配的影响显著地增强了。根据与作者口头交流所获得的信息，消费税和

雇佣费都没有被纳入不同群体缴税的计算中。如果把这些计算在内的话，再分配的可能影响还会更大。拉斯·瑟德斯特罗姆的研究报告已经成为一个佐证，瑞典类型的福利国家是在人的不同生命阶段而非不同收入群体之间进行再分配的。

［14］B. Barry （1990），p. 505.

［15］See Korpi & Palme （1993）. 也见 Söderström（1988），尽管他对此持相当的保留态度，但还是写道："甚至当公共账户会导致不同后果时，更高的公共转移支付水平也会导致更公平的分配。"

［16］Korpi & Palme （1993），p. 148.

［17］From O'Higgins （1987），p. 14.

［18］Esping-Andersen （1990）.

［19］这一理论最早是由普热沃尔斯基（Przeworski，1985）提出的。See Rothstein （1992c） and Svensson （1994）.

［20］就此观点更深层次的讨论和分析，参见 Rothstein （1990）。

［21］Przeworski （1985），Przeworski & Sprague （1986）.

［22］Svensson （1994）研究表明它在瑞典的案例中是如何发挥作用的。

［23］Cf. Uddhammar （1993）.

［24］Söderström （ed.）（1988）. 他认为，社会保险制度会致使中产阶级吃亏。然而，从他们比低收入者更多地利用教育体制、公助文化和公立托儿所来看，他们对社会保险的支持和反对可能最终相互抵消了。

［25］Svallfors （1989 and 1991）.

［26］Svensson （1994）.

［27］Bergström （1991）.

［28］当然，除了福利政策设计之外，1991 年社会民主党的惨败还有很多其他原因。Cf. Rothstein （1993a）.

［29］Cf. Rothstein （1993a）.

［30］Pierson （1996），p. 102.

［31］关于社会风险理论，参见 Beck （1992）。

［32］莫恩和沃勒斯坦（Moene & Wallerstein，1996）试图以自利的投票者模型来解释选择性福利制度和普遍性福利制度之间的差异，我对此持反对态度。

［33］Titmuss （1967/1987）.

［34］Quoted in Katz （1989），p. 236.

［35］这并没有排除普遍性福利国家可以承担超越基本能力之外责任的可能性，但也并不必然要遵照“同等关怀和尊重”原则。

［36］Sen （1982），pp. 364ff.

［37］Salonen （1993），pp. 176－180.

［38］Walzer （1983）， pp. 277f.； cf. Moon （1990）， p. 35 and D. Miller （1978），p. 19.

［39］See ch. 2.

［40］Katz （1989）.

［41］Söderström （1994）介绍了选择性福利制度。他这样写道：“公共保障要仅限于为那些在社会保险和信用市场框架内无力为自身提供体面生活的人们提供高昂的保障。”不过，可惜大家并没有深入讨论这个污名化的问题。

［42］Quoted in Skocpol （1991），p. 430.

［43］Weatherly （1991）. 在一项即将公开的研究报告中，韦瑟利认为，在选择性福利政策的国家中，对申请人的控制和监管是非常重大的问题，这项任务消耗了社会福利工作者的大量时间和精力。相反，在普遍性福利政策的国家中，如丹麦和瑞典，这对于社会福利工作者而言根本就不是问题。

［44］Goodin （1988），pp. 219f.

［45］Ibid.，pp. 220f.

［46］汉斯·L. 泽特伯格（Hans L. Zetterberg）曾强调这一点。 Cf. Pierson （1996），p. 105.

［47］See further Hermansson （1990），pp. 118f.

［48］甚至格莱泽（Glazer，1988）也赞成这种普遍主义的类型：“穷人获得免费的医疗服务而那些低收入者却不能获得医疗保险以及当他们失业时也会失去医疗保险的制度是愚蠢的。它只会使得享受社会福利比获得工作成为更具吸引力的事情。” on p. 34.

［49］See ch. 4.

［50］Levi （1997）；cf. Levi （1993）.

［51］正如我之前所指出的，这必须区分为确立申请人有能力支付（这是关键所在）而做的需求测定和由专业人士进行需求测定之间的差别。

［52］Steinmo （1993），p. 199.

［53］Ibid.，pp. 199f. My italics.

［54］Ibid.，p. 207.

［55］Isaksson （1992）.

［56］Laurin （1986）.

［57］See，e. g.，Nilsson （1991），pp. 38f.

［58］另一项研究表明，在20世纪70年代社会观点调查中，对社会福利政策持否定态度的人数增加了，但到20世纪80年代，这种趋势并未得以持续，反而走到了另一个方向。See Nilsson （1991）.

［59］Cf. Rothstein （1996），有关瑞典和英国在此项政策合法性方面的比较，参见 King & Rothstein （1993）。

［60］Weir （1992），ch. 1.

［61］Mucciaroni （1990），p. 176.

［62］Weir （1992），pp. 125ff.；Janoski （1990），pp. 268ff.；and Donahue （1989），p. 181.

［63］Cf. Svallfors （1989），pp. 53f.

［64］关于瑞典社会福利法实施过程中遇到问题的调查，参见 Åström （1988），Sunesson（1985）。

［65］Cf. King & Rothstein（1993） and Rothstein（1996）.

第七章
让历史回归逻辑

瑞典全民福利制度
——增进还是阻碍了公民的自治？

致力于推动建立瑞典福利国家模型，一直是大量研究孜孜以求的目 171
标。[1] 就本书的研究宗旨而言，核心问题在于瑞典的福利国家是否应该被视为：一方面试图通过赋予公民某些他们自身难以获得的基本能力来增强其自主性，另一方面国家通过越来越专断的专家治国方式，直接介入公民社会，以减弱生而自由的公民无力管理自己事务的从属地位及承担相应的责任。[2] 换句话说，阿马蒂亚·森的“基础能力”理论是瑞典福利国家模型的最好诠释，还是尤尔根·哈贝马斯的有关国家向私人领域持续扩张的观念（与公民社会的削弱相关联的）才是更好的解释？

近年来，瑞典的女性主义历史学家约纳·赫德曼（Yvonne Hirdman）对这一争论的贡献，越来越受到学界的广泛关注。1985 年到 1990 年，瑞典政府提出并展开一项大型社会科学研究项目——瑞典权力与民主研究。作为这个项目报告的一个组成部分，约纳·赫德曼写了一 172
本书，试图从政府与私人领域的关系角度，来描述和解释在社会民主党社会政策（该政策是在 20 世纪 30 年代到 60 年代之间建立的）背后的意识形态抱负。[3] 赫德曼的著作也为从权力理论的角度分析瑞典社会福利政策历史的最终官方报告的相关部分奠定了基础。[4]

赫德曼的目的，是想揭示有关公民与国家之间关系的某种观念，这种观念主导了社会民主党福利政策建立过程中某些最突出的特征。她格外关注阿尔瓦·米尔达尔（Alva Myrdal）和冈纳·米尔达尔（Gunnar Myrdal），这不仅是因为在20世纪30年代社会政策的辩论中，他们的著作《人口问题的危机》发挥了卓越的影响力，而且还由于直到20世纪50年代，阿尔瓦·米尔达尔始终都参与了旨在研究这一问题的各种公共委员会。

在赫德曼的分析中曾出现一张图片，很大程度上证实了国家在持续侵入庭家和私人生活领域的观点。这张图片还被作为该书标题的象征，意指改革者对“整顿生活”的向往，而这里所讨论的生活就是普通民众的生活。通过一系列精心选择的旁征博引，赫德曼成功地勾勒出社会政策的领域。正是在这个领域中，米尔达尔从公民与国家之间必须是温和专制的同时也是乌托邦式的（如社会工程的概念表达方式）关系中深受鼓舞，并扮演了一个极为重要的角色。通过指导大众消费选择以及公众生活方式，社会政策有助于建立一个崭新的、更富公民理性的、明智的、得到良好规划和社会共同认可的生活。例如，改革者认为，孩子们最好都进入寄宿学校接受培养；家庭日常工作只应交给身体羸弱、胸无大志的人来做；应该按照科学的方法抚养子女；国家责任大都应该委派给公共任命的专家来承担。[5] 随着对“侵犯”观念的意识形态谴责，赫德曼的注意力转移到这些政策的潜在影响方面，即“让生活井然有序”的良好意愿对个人自主性的影响。[6]

赫德曼的研究很有价值，她指出阿尔瓦·米尔达尔的政治观点带有
173 强烈的父权主义色彩（她的丈夫冈纳也是如此）。无论是作为观念分析还是作为体现那个时代学术氛围的著作，她的书都是颇有趣味的可读之作。[7] 但是，按照我们的研究目的，就理解瑞典社会福利政策的基础而言，她的分析还存在着两个严重的问题。第一，赫德曼并没有清晰地分辨出两件事情：一是社会政策辩论中发表了哪些观点和调查委员会的报告陈述了什么内容；二是究竟真正实施的是哪些社会政策。毕竟，政策并不仅仅是由正义的观点组成的[8]，赫德曼并没有阐明她所分析的观

点与实际执行的政策之间的联系。相反，她认为二者之间的联系是理所当然的。正像在她书的引言部分所说的："改革是不言而喻的，社会民主党的自我定位也是如此。"她还写道："将社会中的小微生活包括家庭、母亲、孩子们纳入秩序是社会民主管制的一个难题。"[9]

赫德曼观点中的第二个问题是，她声称"瑞典改革者拥有统一的人性观点"，以及对社会政策适宜形态具有一致的态度。换言之，在当时的社会民主领导层中间，并不存在反对这种"侵入性"的唯物主义社会福利政策以及支持通过其他途径来应对这些问题的主流趋势。但是，我将在下面内容中阐明，这些观点与事实是完全相悖的。[10]

赫德曼精心选择的论据，大多出自两个来源：调查委员会发表的文本资料以及个人的档案记录。相比之下，她的书没有引征任何政府的议案。同样，赫德曼也没有利用由瑞典国会委员会发布的报告，而国会却是能够将政策转变为现实可用的法律条款的。[11] 这种经验证据选择的后 174
果是致命的，因为人们可能从她的描述中得出这样的印象，米尔达尔式唯物主义已成社会福利政策的主流，而实际上社会政策是由瑞典国会主导的。然而，情况并不是这样。在那些掌权的党派遇到诸如此类的问题时，米尔达尔路线就会遭到政治上的失败，特别是社会事务部长古斯塔夫·穆勒（Gustav Möller）当政的时期。[12] 在社会民主党执政时期，公民与国家之间关系并不存在单一的一致观点。当时，有两种截然不同的政策途径彼此竞争主流地位。赫德曼详细阐述的只是其中之一（大部分并未得到施行），古斯塔夫·穆勒大力支持的则是另一种。那么，问题就成为：赫德曼和"权力研究"中的主张是否与实际执行的政策以及推动这一政策的观点相吻合。

瑞典社会民主党的穆勒路线

那么，与古斯塔夫·穆勒相联系的第二种社会福利政策途径是什么？[13] 通过国家将民众生活纳入秩序之中，与此大相径庭的观点最早出现在 1932 年。当时，冈纳·米尔达尔与著名建筑师乌诺·阿伦（Uno Åhren）一起，在穆勒担任社会事务部长的第二个任期内拜访了他。他们会谈的主题是住房政策。根据米尔达尔的回忆，穆勒对于这两位访客
175 满怀质疑，根本不赞同他们的观点。穆勒将他们视为脱离政治和社会现实的年轻的理想主义者。[14]

分歧的另一个例子是 1936 年的社会民主党代表大会。那个时代的中心议题是所谓“人口问题”。阿尔瓦和冈纳·米尔达尔的著作（我们前面提过了）之所以享有盛誉，很大程度上在于这样一个事实：当时的保守派辩论家和政客对瑞典的人口骤减忧心忡忡，并把这个问题视为社会的安全门。米尔达尔通过将人口问题纳入日益增强的社会政策规划抱负的框架之内，从而把这个问题从社会保守派人士手中剥离出来。在 1936 年政党代表大会关于社会政策和人口问题的辩论中，穆勒表示，除了能够找机会劝说保守党和农民联盟采取不同的社会政策措施之外，他对人口问题没有丝毫兴趣。[15] 穆勒大概意识到，社会民主党在任何情况下——推出社会政策以及随后捍卫该政策——都必须和一个或更多的资产阶级政党达成妥协。

穆勒寻求这样一种社会福利政策，它能够帮助公民拥有一些基本能力，同时又避免救济贫民被污名化和不损及救济的社会完整性。他回避了俾斯麦式社会政策的消极性和独裁性。20 世纪 30 年代后期，他对任命的一个主要的社会政策委员会的指示原则做了如下解释和说明：

> 贫民救济的一个特征是，救助是在对申请补助者的经济情况开放式调查之后给予的，其中，政府对个人对救助需要程度的评估是决定性的，包括救助的性质和救助的程度。当然，法律关于贫民救济的首要要求，是责成政府为未成年人和残疾人提供基本的生活保障，但在实践中，市政当局在执行强制贫民救济方面拥有很大的自
> 176 主权力……然而，最近几十年以来，开始出现了一种新型的社会救助方式，它在很多方面与贫民救济完全不同。很多地方已经实行了这种制度安排，通过国家的政策手段，确保公民能够在法律、法规规定的明确便捷的条件下有权要求获得社会救助。[16]

在这些指令的其他方面，我们也可以发现穆勒在社会政策上追求的

目标，即避免“过度官僚化的危险”[17]。他经常提出的政治议题之一，就是怎样在不增加官员对公民的权力优势情况下来扩大社会福利。[18] 毫不夸张地说，穆勒的观点与罗纳德·德沃金的观点非常类似甚至相同。正像第二章中所说的，罗纳德·德沃金认为，“同等关怀和尊重”应该成为公共政策和公民之间关系的主导原则。1942 年，穆勒的一位同事玻·尼斯特罗姆（Per Nyström）（1945 年至 1950 年任副国务秘书，后来成为历史学教授）曾对赫德曼的观点提出尖锐的批评：

> 穆勒的政策绝对不是以社会工程理论而是以 K. K. 斯坦克（K. K. Steinke）的思想以及由他领导的 1933 年丹麦社会改革为指导的。由社会工程师推荐的社会福利规划从来都没纳入过瑞典的福利政策，在瑞典福利政策中，综合保障措施等项目是占主导地位的。[19]

此后，穆勒总是尽可能地尝试在明确权利的基础上组织社会政策。
同时，由于经济情况调查总是无法避免的，穆勒为此推出了一项有趣的
创新举措，即将经济情况调查的管理责任交给政策指向的特定群体（或
者更严格地说，交给那些按民主原则组建的机构）。我们可以举两个运
用这种方法的例子：第一，把救助小公司的管理责任赋予企业协会组
织；第二，由工会联盟来承担分配官方认可的失业救助基金的角色，决 177
定谁将有权获得失业救助基金的困难任务。穆勒认为，两个案例选择的
安排是正当合理的，可以避免国家及其官僚相对于公民的权力扩张。[20]
换言之，穆勒所做的就是使公民有可能通过自己的方式，或者通过部分
自治的机构，来解决政策执行中的复杂问题。此外，这项策略还旨在通
过让公民委派自己的代表监督项目运作的方式，解决这些福利项目中常
常产生的意图欺诈和过度利用等问题。关于后一点，我们不禁想起第五
章所探讨过的埃莉诺·奥斯特罗姆对“公地悲剧”的忧虑，如过度占用
公共资源。社会保障中产生的问题与奥斯特罗姆有关公共资源消耗的论
断如出一辙；也就是说，个体总是有超额使用社会公共资源的欲望，尽
管共同利益要求他们避免这样的过度浪费（这样的话，其余的资源将会
被很快耗尽，每一个人都是失败的）。奥斯特罗姆指出，成功解决上述
问题的最好方法具有这样一些关键特征：

> 在成功的案例中，大多数的制度安排都是将私人部门和公共部门有机地结合起来。如果这项研究只是干扰了许多政策分析家的信念，认为解决中部太平洋铁路公司（CPR）问题的唯一途径在于，由外在权威强行将之私有化或者对其进行集权管理，那么它确实完成了其中一个主要目标。[21]

可以说，穆勒所创制的这种制度安排与奥斯特罗姆所描述的成功案例的要求是一致的，即将私人组织和政府管制结合起来，通过创建地方性机构，使得公民能够如其所愿地解决“公地悲剧”的问题。通过创建这样的地方机构，政府无须牵涉其中就可以解决问题（也就是
178 说，通过官僚执行政策）。公民社会（如果允许这种表达成立的话）将具备自组织的可能性，以解决地方性的常见问题。[22]

如果寻求一项改革方案，能够清晰地阐明阿尔瓦·米尔达尔所思与古斯塔夫·穆勒所行之间的区别的话，那么用于援助贫困儿童家庭的福利计划将是一个不错的选择。简单来说，米尔达尔所中意的是被称为“实物路线”的途径，它要求选择性地援助那些饱受困窘折磨的贫困儿童家庭，并且强烈要求这种援助必须是以实物形式进行。贫困的母亲会收到来自市立零售网点的衣服、鞋子、维生素和食物等等。当局将监督这些实物的质量规格标准。对这种非现金路线的争论主要集中在援助目标和实物质量方面。对接受援助家庭进行经济状况调查可以保证受到援助的是那些“真正有需要的人”，从而实现最有效地使用税金的目的。此外，由于正确地引导了被援助者的消费选择，非现金路线援助也保证了贫困家庭得到了真正所需的达到其质量标准的物品。[23]

这种选择性的非现金路线最终也比不过现金资助儿童津贴的观念。穆勒认为，现金援助方式能够避免经济状况调查中可能出现的黑幕。许多由于经济状况调查而产生的管理问题以及对更大规模的官僚组织的需求——判断究竟哪些人有资格获得援助，哪些人不需求援助，自然需要更多的行政官僚——都将随之得以避免。经济上贫困的家庭既不需要施舍也不需要如父权式的指导，他们需要的只是家庭预算方面的现金资助而已。按照穆勒的观点，必须相信人们能够可以很好地使用这些资金。[24]

1967年，利夫·卢因出版了《关于经济计划的争辩》（***The Debate on Economic Planning***）一书，描述了20世纪30年代改革以来社会民主党意识形态的发展。他反对“意识形态已经终结”的观点，认为社会民主党采取了一种“国家权威应该改变社会以使大众真正享受自由成为可能”的思想。这就意味着，“在政府强权的帮助下，［政党］实施了结构性调整”，目标是“改变社会状况以使所有人都能够享受平等的自由和 179
个性发展”[25]。据此可知，27年前卢因的有关社会民主党福利思想的叙述，比约纳·赫德曼所提建议和“权力研究”报告更为准确，而且，在经过了二战之后多年的发展，仍然适用于当前的社会。

当然，卢因的研究只关注一般的经济政策，并没有考虑到家庭政策。赫德曼认为，两者之间是不同的。此外，社会民主主义者尤其是古斯塔夫·穆勒对政府与私人家庭的关系毫不关心。在赫德曼看来，穆勒的兴趣仅仅集中在劳动力市场政策。[26] 然而，这显然是与穆勒早期社会福利政策遭遇到的财政困境相悖的，那次财政困境催生了与妇女、儿童的发展前景利益攸关的改革——比如生育津贴、提前支付赡养费（即政府充当“中间人”的角色，保证向单亲家庭提供赡养费，并且照顾那些没有监护权的父母的保障经费）、免费的产妇护理、寡妇抚恤金、免费分娩服务和禁止解雇因怀孕或者结婚休假的女性职工。[27] 1933年到1939年由社会事务部内阁推行了一系列社会福利政策改革，这些改革赋予了儿童和母亲更多清晰、明确的权利，增强了他们所应享有的公民自主性。这些改革并不是想通过任意地分配社会资源，以使那些受援助者的生活“更有条理”。[28]

穆勒关于社会福利政策的思想包含三个要素：第一，对社会公正的向往。这不仅在他的言论中有所体现，从他多次与财政大臣之间的斗争经历中，也可以看出他对这一问题的重视。[29] 对于穆勒来说，第二个必须要重视的关键问题是对战略行动的前景分析，即何种长期联盟能够确保改革的阶段性目标和最终目标的实现。改革举措设计得越广泛（即越普遍），就越有利于充分调动更多的选举支持。第三，穆勒强调程序正 180
确和执行公正的重要性。社会福利应尽可能地通过明确权利的形式赋予被援助者；个体不应该卑躬屈膝地请求获得这些利益。这一观点是要以作为公民权利的福利政策来取代任意性贫困救助。[30]

穆勒采取各种手段，试图使他的改革中既没有官僚滥用权力，也不存在接受福利津贴者的欺瞒行为。统一的、全民性的现金福利当然是其中重要的一个方面，另外他也寻求有效可靠的组织来实施各项改革措施。另一个明显的例子是，他反对将收入分级引入疾病福利制度。穆勒反对的不是福利与收入挂钩的原则[31]，而是由需要公民自己申报收入制度所产生的欺诈。申报过高收入的诱惑不仅会削弱改革的正当性，还将要求相当庞大的核查和控制机构。

瑞典的福利国家和公民社会

本章的目的是要阐明，瑞典的福利国家建设并非是建立在约纳·赫德曼和“权力研究”所声称的整齐划一的父权主义（或唯物主义）意识形态之上的。米尔达尔路线实际上损害了（按照赫德曼的观点）公民的完整性，并且遇到了强有力的抵制，没能主导当时瑞典社会福利政策的构建。在实施的政策背后，是一个完全相反的设想，它期望能消除社会贫困救济政策的狼藉声名，强调用确定的、尽可能普遍的权力来取而代之，即德沃金“同等关怀和尊重”的理念。而且，当根据个人经济状况补助无法避免时，成立地方性的、部分自治的机构来执行该政策。

181 我这么说，并不是要否定一个事实，即赫德曼所认同的意识形态取向已经成为某些其他社会福利政策的特征，特别是那些以后规划并得以实施的政策，即公共儿童看护，以及根据个人经济状况而给予补助和视治疗情况而定的社会援助项目。20 世纪 60 年代后期，在社会福利政策领域产生了一种强烈的计划和管理的乐观主义，但它的确可能采取了某种父权主义形式。然而，一个重要的事实需要考量：当时对计划和管理的乐观主义绝不是瑞典仅有的现象。恰恰相反，如第三章所表明的，在当时西方世界的大多数国家，这一趋势都非常明显，不仅在瑞典，而且在美国、联邦德国和英国，其政治思想都表现出这一特征。[32] 因而，这个特征不可能是从瑞典或者社会民主党的改革思想中推导出来的。赫德曼强烈的历史主义视角以及相对不足的比较视野，导致她在因果分析方面走入歧途。

因此，我想指出的是，通过剖析主导瑞典社会福利政策的意识形态的特征，那种断言瑞典的社会福利政策已经摧毁了公民社会的观点是得不到证实的。此外，公民社会的两个主要理论家，琼・L. 科恩（Jean L. Cohen）和安德鲁・阿拉托（Andrew Arato），也都承认全民福利计划并不是对公民社会的颠覆。例如，他们在有关公民社会政治理论的鸿篇巨制中写道（在尾注中）：

> 我们并不认为，社会保障、医疗保险、对失业人员的职业培训项目、失业保险和诸如日托所或产假等家庭援助制造了依赖而非自治，即便诸如对有子女家庭的补助计划（如家庭成员中有人失业在家的规定）等福利项目的特殊管理确实导致了依赖，并且有羞辱性的意味。但这些都是实践中的问题。这些问题背后的理论争议在于，社会服务和社会援助在某种程度上被象征性地塑造成“社会失利者”的福利还是对所有共同体成员的援助。[33]

与那些将公民社会的理论引入瑞典福利政策争议的人们不同，科恩和阿拉托洞察到全民性社会政策与根据个人经济状况给予补助的社会福利政策之间的根本区别，并且肯定了对这些差异进行经验分析的重要性。[34] 他们认为，区分社会福利政策是究竟全民的还是根据个人经济状况补助的，对于判定这些福利政策对公民自治性的影响是非常重要的。 182
历史地看，瑞典社会福利政策的制定者和评论者对于这种区别是非常熟悉的，他们强调破坏公民完整性的贫困救济和以权利为基础的社会保险结构之间的差异。相应地，卡尔・霍耶尔（Karl Höjer）回顾了 1952 年以来瑞典社会政策的历程，他写道：

> 很早以来，情况就始终如此：如果一个人不能自立而寻求社会的帮助，他就在很大程度上失去了自己的权利和自由……他是被照顾的以及被政府认为适合援助的人……正是在这种背景下，哪怕是匮乏的社会保险制度也是受欢迎的，人们对此感到满意和感激……福利制度支付金钱，人们得到和平。[35]

自治还是侵害——数据说明了什么？

如何看待经验案例中的事实？也就是说，何种福利项目导致了依赖，何种福利项目增强了公民的自治？研究似乎彻底地给出了明确答案：根据个人经济状况进行补助的社会福利项目会导致长期的依赖性，并将要求受惠者向官僚提出诉求，以使自己的生活方式更加有条理。[36] 全民福利项目则会产生完全相反的影响，也就是说，它们会增强公民的自治。调查这个问题的方法之一，就是把选择性社会福利政策的国家和普遍性社会福利政策的国家进行对比，看他们在消除贫困和对视个人经济状况而定补助的依赖等方面的进展。[37] 实际上，在罗杰·劳森（Roger Lawson）、凯瑟琳·麦克费特（Katherine McFate）和威廉姆·威尔逊（William Julius Wilson）的主持下，华盛顿特区的政治和经济研究联合中心最近才完成这样的比较。这项研究将拥有选择性社会福利政策的美国与拥有普遍性社会福利政策的北欧进行了对比。（见表 7-1，该研究在很
183 大程度上以卢森堡收入数据研究中心的数据为基础，对美国、加拿大、英国、联邦德国、荷兰、法国和瑞典的情况进行了比较。）

表 7-1　　　　20 世纪 80 年代中期贫困家庭的比重

国家/年份	所有家庭	有子女的家庭	有子女的单收入家庭
美国（1986）	18.1	23.8	53.3
加拿大（1987）	13.9	15.7	48.4
英国（1986）	12.5	16.8	18.0
联邦德国（1984）	6.8	7.9	8.9
荷兰（1987）	7.6	7.3	7.5
法国（1984）	9.9	10.4	15.8
瑞典（1987）	8.6	5.1	5.5

资料来源：Mcfate，Smeeding and Rainwater（1995），p. 53，数据来自卢森堡收入数据研究中心。

注：这里贫困家庭是指家庭收入少于调整后的家庭收入中位数的 50%。在美国，这大致相当于官方的贫困线。剔除“户主”年龄超过 55 岁的家庭。在瑞典语中，没有“户主”一词，这要归功于穆勒——而不是阿尔瓦·米尔达尔——直接将现金福利发送给家庭中的母亲，“户主”概念没能出现在瑞典社会政策中，原因可能就在于此。

研究结果发现：尽管与调查中的大多数欧洲国家相比，美国在 20 世

纪80年代中期的经济增长速度更高、更稳定，失业率更低，但美国贫困家庭（指那些收入少于国民收入中位数50%的家庭）的比例，还是比任何一个欧洲国家要高出一倍。总之，这表明，整体经济增长就能治理贫困这一理论不再是有效的了。

此外，我们还要注意到，表中显示在单收入家庭的贫困比例上，美国和瑞典两个国家一个领先，一个垫底。从中也许可以得出结论：在（结构相当不同的）社会政策对单收入家庭状况的影响方面，这两个国家的表现也截然相反。在美国，有子女的单收入家庭陷入贫困的风险比 184
瑞典高12倍。两国的社会政策在帮助这种家庭摆脱贫困的能力上也大不相同。显然，不同制度下社会福利政策的“扶贫”效果差异很大（荷兰的制度是最有效的）。然而，选择性社会福利制度和普遍性社会福利制度之间还存在很大的差异。按照其理论观念，向富人征税然后转移支付给穷人的制度是选择性最强的制度，同时，这种制度也是帮助穷人最少，甚至对穷人毫无帮助的制度。的确，如果稍有变化，它就可能走到相反的方向（根据美国1986年的数据），即选择性福利制度的后果是使穷者更穷。那么，现在我们可以回答经常向普遍性福利政策提出的那个问题了：为了解决一点点困难，是不是真的值得付出这么大的代价，向每个人收取高额税收？甚至没有必要去争论这个问题的规范性前提，经验研究的答案是非常清楚的：现有的其他方法即选择性福利制度并没有帮助到穷人，相反，它甚至倾向于使穷人的状况更加恶化。

经济增长似乎不再有助于解决贫困这一普遍的社会问题。不仅如此，与更具普遍性的福利制度国家的家庭相比，在选择性福利制度下，由于选择性福利政策而陷入贫困的家庭能够摆脱贫困的概率更小。显 185
然，选择性社会政策的负面影响和难以摆脱贫困的现象之间存在某种联系，尽管这一联系不能直接从表7-2中推导出来。（毕竟，社会政策的“负面影响”是很难量化的。）

表7-2　依靠税收和转移支付使贫困家庭(根据征税及发放福利之前的收入)摆脱贫困的比例

美国 1979	0.03
美国 1986	−0.5

加拿大 1981	18.3
加拿大 1987	20.1
英国 1980	33.6
英国 1986	46.1
联邦德国 1981	20.3
联邦德国 1984	36.4
荷兰 1983	61.6
荷兰 1987	61.8
法国 1979	46.2
法国 1984	51.5
瑞典 1981	58.7
瑞典 1987	43.8

资料来源：Mcfate，Smeeding，& Rainwater（1995），p. 53. 排除那些成员年龄都超过 55 岁的家庭。

不同国家之间贫困人口规模的显著差别的另一种解释是，全民福利国家的福利水平非常高，公民收入的很大一部分来自公共资源。但是，该种解释在表 7-3 中看不到数据支持。与选择性福利制度的国家相比，在普遍性福利制度的国家中，有子女的家庭并不更加依赖于公共救助。不同国家之间单收入家庭状况存在差异，原因可能在于，在不同国家中，有子女的单身妇女能找到有收入工作的困难程度不同。在这里，我们可以再次回顾上一章的探讨。在一个推行选择性社会福利政策的国家中，一位有子女的单身妇女的典型情况是：首先，由于没有托儿服务补贴，她没有赚钱的工作，因此，她无法照章纳税，也就是她无法（1）根据能力对社会有所贡献。而且，由于她的收入来自根据个人经济状况补助的福利项目，所以（2）始终贯穿着一种对程序正义方面的缺陷（比如
186 欺骗）的强烈质疑。于是，对她的污名化由此而生，这不仅是因为她接受了视个人经济状况而定的社会补助，还由于没有有收入的工作，她发现自己脱离了正常的社会。相应地，（3）社会政策中首要的和普遍的正义就值得怀疑。

表 7-3　在有子女的家庭中，收入的一半及其以上来自公共资源的比例

	美国（1986）	加拿大（1987）	英国（1986）	西德（1984）	荷兰（1987）	法国（1984）	瑞典（1987）
所有家庭	10. 0	8. 2	23. 2	5. 6	14. 4	7. 2	9. 7
所有单收入家庭	37. 6	38. 8	74. 9	39. 7	70. 4	25. 4	32. 6
所有双收入家庭	4. 4	4. 9	15. 6	4. 1	8. 3	5. 8	6. 7

资料来源：Mcfate，Smeeding，& Rainwater（1995），p. 52.

相比之下，在一个普遍性社会福利的制度下，家庭状况类似的女性其生活状况会大为不同：首先，由于有托儿服务补贴，她有一份报酬不错的工作，也就是说，（1）她可以根据能力对社会有所贡献。此外，无须求助根据个人经济状况补助的福利项目，她的生活就可以过得非常不错，因为她有工作的薪酬和应得的普遍性社会福利。也就是说，她所获得的公共支持（2）符合程序正义的要求。在全民福利制度中，这类家庭得到的对待方式明显不同。换言之，（3）由于实现了首要的和普遍的正义，社会政策也就获得了正当性。对于讨论中的这两种制度对接受援助的公民自治性的不同影响，无须再做更多的评论了。

在瑞典关于福利国家的辩论中，一些评论者试图将公共部门描绘成"公民社会"结构性的反对者，好像二者之间的此消彼长是互相关联的：公共部门越强大，公民社会就越弱小。[38] 在这种讨论中，实质分析常常会被意识形态的野心所取代。[39] 批判福利国家的出发点是对原苏联集团式政治制度的分析。把社会自由主义和极权社群主义联结成为一个共同主题上的不同变体，即使说得客气些，也是牵强附会的。而且，这一观点的支持者还无法提供相应的知识基础。比如，这类观点以史学态度看来是非常奇怪的。我认为，约翰·伊利（John Ely）对科恩和阿拉托的批判是很中肯的："科恩和阿拉托忽略了一个事实，政治自由的崛起与集体理性的发展，以及公民个性（公民个体）不断打破、反对传统和监护的发展，是并行不悖的，它们最初是在自由城邦中开始发展起来的。"[40] 正是因为城邦（这里指的是欧洲的城市国家）的出现，西欧的公民社会才得以发展。

在本章中，我力图阐明的是，不应将国家活动视为对公民社会力量

187 的削弱，前者的增多也不会自动地削弱后者。的确，某些国家活动会降低公民社会的活力，但另一些国家活动也可以增加公民社会的活力。所有这一切，都取决于采取了什么样的措施，它们是有助于提高公民的自主性，还是相反，它们将导致公民的从属性？ 用科恩和阿拉托的话来说就是："福利国家的某些特征打碎了集体，破坏了团结，使大家彼此隔离，使个人依赖于国家机器。"[41] 这里，"某些"才是关键所在。

【注释】

[1] See，for example，Olsson （1993），Tilton （1990），and Rothstein （1985）.

[2] 安特曼（Antman，1993）总结了最近有关瑞典福利国家模型的争论。

[3] Hirdman （1989）. 该项目是由国会委员会组织并提供资助，按照传统学术自由框架运作的。

[4] SOU （1990：44），pp. 234f. 约纳·赫德曼是这个委员会的四个成员之一。

[5] Hirdman （1989），pp. 111－117，122－124，cf. Tilton （1990），ch. 7.

[6] Hirdman （1989），pp. 17 and 227ff.

[7] 或者，正如作者在她的书的导言中写的那样：她选择了一个"与时代精神一致"的主题。

[8] 而且，我还想补充的是，政治科学并不仅仅是观念和语言的分析。

[9] Hirdman （1990），pp. 10 and 9.

[10] 毫不夸张地说，除了最后的报告之外，赫德曼的书只是"权力研究"的部分内容。"权力研究"也只是参见了委员会的最后报告文本并在瑞典公共辩论中广泛流传。此外，它恰好有助于证实那些将瑞典福利政策视为国家对公民社会持续侵扰的人们的偏见。See，e. g.，Zaremba （1992），pp. 101－106.

[11] 该书目列举了 34 种不同的公共查询方式。

[12] Cf. Hermansson （1993），pp. 275ff.

[13] 这里，我很少关注福利国家和公民自治的问题，对于此问题更全面的分析，参见 Nyström（1983），and Rothstein （1985）。之所以对此问题较少关注，主要源于这样一个事实，即穆勒从来没有写过塔格·厄兰德（Tage Erlander）和厄恩斯特·威格福斯）（Ernst Wigforss）那样的回忆录，也没有将他的政治观点收录到某一著作当中。因此，为了揭示他的政治思想，就必须诉诸不

同的途径，其中最重要的是政府条例草案文本、调查委员会发出的指示、议会辩论的发言以及少量的杂志文章。我则得益于对玻·尼斯特罗姆（Per Nyström）教授的访谈，他1945年到1950年担任穆勒的副国务秘书。访谈这种方式一方面在获得信息来源上有优势，但另一方面访谈过程中难免夹杂着访谈者自我辩解的成分。因此，访谈作为传统写作的来源也可能令人质疑。当然，这一点在我和尼斯特罗姆教授的交谈中并不是问题。对穆勒作为一名政治家更深入、更全面的评论，见Tilton（1990）第五章。关于穆勒作为政党和选举策略家的情况，见Svensson（1994）。

[14] Cited in Carlsson（1990），p. 56. 相反，当他们求见财政部长厄恩斯特·威格福斯时，他们得到了一个更有同情心的听证会。

[15] Hatje（1974），p. 202; cf. Carlsson（1990），p. 168，在与其他的瑞典社会民主国会成员的讨论中，穆勒认为政党不利用社会政策目标的代表的人口问题是不明智的。卡尔森（Carlsson）进一步写道："穆勒表现出对人口出生率的目标的不满。" p. 170.

[16] 委员会在这些指令发出后于1937年任命。SOU（1942：56），p. 19.

[17] Ibid.，p. 21.

[18] See，e. g.，Möller（1926），p. 18; Möller（1920），p. 104. Cf. also Möller's speeches in Riksdag：FK（1919：15），p. 32; FK（1923：21），pp. 85f.；FK（1926：38），pp. 5f.，AK（1937：23），pp. 40f.；AK（1946：42）（特别会议），p. 10。和AK（1953：223），p. 153。又见穆勒提交的政府法案，（1926：109），p. 80。至于失业政策，见Rothatein（1996），chapters 4，6，and 9。

[19] Nyström（1991），pp. 188f.

[20] 关于穆勒的企业协会组织和失业补偿资金，参见Rothstein（1992a）。

[21] Ostrom（1992），pp. 182f.

[22] 科恩（Cohen）和阿拉托（Arato）等人唤起对这个可能性的注意：（1993），ch. 10. See also Rothstein（1993b）。

[23] Hatje（1974），p. 204. 阿尔瓦·米尔达尔认为，警察需要检查以确保资金实际上用于孩子的利益，而不是用于"母亲的一顶新帽子或是父亲的烈酒"。

[24] Hatje（1974），pp. 202ff.

[25] Lewin（1967），pp. 77f.

[26] Hirdman（1990），p. 11.

［27］See Thullberg （1987）.

［28］很显然，从穆勒匮乏的传记材料中发现，他在社会政策领域中的种种努力，在很大程度上是由他母亲的不幸命运所激发的。See Jönsson & Lindblom（1988），as well as Möller （1971）.

［29］Thullberg （1987），and Jönsson & Lindblom （1988）. 继与财政部长埃温·斯柯德（Evind Sköld）在社会政策的一系列的争论之后，穆勒的辞职决定可以作为他对这个问题的思想信念的证据。

［30］Möller （1952）. 到 1945 年，获得贫困救济使得被援助者逐渐沦为社会的次要角色。在两位丹麦社会政策领域的政治活动家 C. V. 布拉姆森尼斯和 K. K. 斯坦克的权力观念基础上，穆勒获得了构建社会福利政策的观念。See Nyström（1983）.

［31］Cf. Rothstein （1993c）.

［32］对于美国，参见 Glazer （1988）；对于联邦德国，参见 Offe （1986），chs. 4 and 10。

［33］Cohen & Arato （1993），p. 664.

［34］Arvidsson & Berntson （1990）.

［35］Höjer （1952），p. 358.

［36］这一类的实证结果中在其他地方可以找到，Sunesson （1985）.

［37］这个论点是基于穷人也缺乏自主权的观点。这当然可以被质疑，但在资本主义市场经济中，至少有一些是由于贫穷和自治的关系。

［38］Karlsson （1993），ch. 3.

［39］Cf. Trögårdh （1993）.

［40］Ely （1992），p. 184.

［41］Cohen & Arato （1993），p. 24. 他们的下一句是：“然而，失控的资本主义扩张同样是破坏性的后果。”

第八章
自治公民和全民福利政策的未来

如导言中所提到的，全民福利国家所面临的挑战之一，是公民日益 188
增长的个人主义情绪。与日俱增的自主性诉求如何与福利国家实施的标准化服务协调一致呢？ 为阐释这一问题，我先来讲一个瑞典福利国家建设时期的真实故事。这个故事是讲述福利国家干预过程问题的，这个过程非常复杂、无法预料、具有戏剧性，而且难以在政治上加以管控。这个过程涉及强大的利益，专业团体、政治家、各级行政官僚以及公民本身都牵涉其中。此外，这个过程在伦理层面也是极其复杂的。总之，它展现出方法论文献中称之为“关键个案”的所有特征，也就是说，它把我们所有的假设和理论都置于最严格的检验之下。我们的案例是探讨国家是如何管制和指导我们人生起点的，换句话说，探讨瑞典福利国家的妇女分娩情况。换言之，它所探讨的是福利国家对公民生活的管制问题，这些管制从我们尚在摇篮里的时候就开始了。此外，还要说明一点，瑞典的情况与美国相反，分娩过程中由专业的助产士帮助生产，只有在某些复杂的情况发生时，才会请来产科医生。二者在所有其他方面都是相同的，即分娩只是一种女人的事情，过去和现在都是如此。如果福利国家存在性别方面的差别对待的话，那么在这个案例中应该能够揭示出来。

我们的经验案例要追溯到 25 年前，即 20 世纪 70 年代的前期。当
时，瑞典的公共接生服务遵循两条原则：（a）怀孕妇女的“政府限 189

制”，(b) 在此过程中，公职人员拥有绝对的权力。受到“政府限制”的待产母亲在既定预产期的前 4 周内，不得离开医院的附近区域。如果她们违反这一规定，最后就不得不寻找另一家医院生产，而且医院将会收取她们全额的生产费用。

事实上，医疗人员（比如助产士）的绝对权力，是在这些怀孕妇女成为母亲或者判断这些怀孕妇女是否有资格享受免费医疗服务的时候就体现出来的。也就是说，这些母亲根本没有机会干预分娩过程。大约是 1970 年，一位后来非常有名的助产士写下了描述当时分娩过程中一些普遍情况的一段文字：

> 产科病房非常破旧而且年久失修，通常是两个妇女在同一个房间里分娩。最晚从 1969 年开始，所有的妇女都是用三氯甲烷来麻醉的，无论她们想还是不想……我开始使用一些小的技巧，比如让这些妈妈们抬起头，看着她们的婴儿出生，而不是在生产过程中用三氯甲烷麻醉她们……在破旧的产科病房内，婴儿房的门上挂着一个标牌，上面写着“禁止进入”。门窗的帘子都是放下来的，妈妈们不可能随时看到她们的孩子，她们只能在护士照看她们孩子的时候站在窗外，把鼻子紧紧地贴着玻璃窗看看她们的孩子。“啪”的一声，窗帘就在她们眼前放下来了。[1]

换句话说，怀孕妇女没有机会去干预分娩过程，不知道孩子怎么生出来的以及在哪儿生的，也不知道是谁在分娩过程中帮助她们接生的。当时普遍存在着一种叫作“专业化的唯技术主义”观念。总之，尽管生儿育女的公民可能得到国家的“同等关怀”，但是她们受到的可能是毫无“敬意”的对待——（按照这个故事中所说），她们没有被当作一个有思想、会行动、有感觉的主体。[2]

20 世纪 70 年代初，上面提到的那位助产士——赛纳·詹森（Signe
190 Jansson）到法国去学习新的接生方法。她发现，在法国，接生工作可以采取完全不同的方法来完成，而在瑞典，那种接生方法被视为唯一的方法。这根本不是一个技术的问题，无论技术本身多么吸引人。这里，我的目的并不在于阐明法国所使用的接生技术根本不同于瑞典技术的关键特征。问题的要害在于：按照女人的主张进行接生。

在我看来，这个观点非常简洁明了。在待产接生的过程中，生儿育女的公民不应被当作专业机构下的被动客体——所有的细节都已经被事先定好了，妈妈们根本无法影响到这一过程，而是要被视为有意识的行动主体。这意味着，要假定她能够参与生产过程并发挥一定实际作用，从而（至少是部分地）决定这一过程。此外，应该承认这是怀孕妈妈的权力，在生产过程中满足她们的要求。对于所有人（怀孕的母亲、医疗人员以及孩子）来说，尊重妇女们的要求以及积极寻求她们的参与，整个生产过程就会更多一些人性化，更少一些痛苦，更少一些技术化对待。

确切地讲，这个问题所关注的是：要教给怀孕的母亲一些技巧，以使分娩更加顺利。[3] 然而，这不仅仅是一个技巧的问题。它还表达着怀孕母亲和医疗人员之间一种全新的关系，以使前者拥有孩子生产过程的足够知识，从而能够参与到生产过程中，甚至掌控这个过程。

但是，当赛纳·詹森尝试着把她在法国获得的经验运用到马尔默综合医院时，她遭到了医院其他工作人员的坚决抵制。特别是其他一些女性助产士（而不是我们所预想的男性内科医生）强烈反对这种改变。詹森描绘了事情的整个过程：

> 许多父母都想要加入这个试点计划。同事们被迫去接那些想让我在分娩的过程中协助她们的怀孕妈妈们的电话。她们把这视为对她们工作方法的怀疑。这加深了我与同事们之间的矛盾，从而使得我被排除在她们的圈子之外……这个试点计划开展了11个月，最终由于同事们的坚决抵制而被迫放弃。于是，我重新回到之前部门主任的 191
> 工作岗位，决定继续推行此课题，直到它被接受为止。当然，我与其他助产士之间的冲突并没有解决。为此，许多前来参加这项课题并练习分娩过程中“呼吸”的父母们常常受到骚扰。他们都不敢说和我一起在上课。[4]

到20世纪70年代中期，在距离马尔默大约40公里的一个小医院——斯塔德医院，赛纳·詹森获得一个机会来应用这种新方法（按照这种新的方法，是由待产妈妈而不是国家来确定分娩的条件）。随着这种方法的日益完善以及知名度越来越高，此医院区域之外的妇女们也开始咨询这一项目，询问是否可以打破“政府限制”准则，到斯塔德医院的产科病房来分娩。通过正式途径是根本不可能的，但通过耍一些小手段（比如虚假登记）以及各种各样的理由，越来越多的此医院区域以外的妈妈们开始到斯塔德医院的产科病房来分娩。从纯粹法律—技术主义的观点来看，既然证明要求采用这种方法分娩的妇女们付费是有问题的，那么，“政府限制”原则也就很快土崩瓦解了，所有地方政府议会开始着手建立充分自由选择的制度（在瑞典，地方政府议会负责提供公共医疗服务）。

在经历过起初助产士们的强烈抵制之后，这种“按照女人的主张接生”的观念逐渐地被大众所接受，并成为公立医院妇产科的主流观念。这种新的分娩福利制度充分体现了对女性的关怀，同时也取得了良好的医疗成果。到 20 世纪 80 年代下半期，在斯塔德医院分娩的妇女中，大约有 50% 来自斯塔德医院所属区域之外，这引起了同行业的极大关注。赛纳 • 詹森，这位推动整个过程运作起来的助产士，最终决定作为郡议会的雇员，负责为其他医院妇产科的医疗人员提供技术培训。而那些没有引入这种新技术的医院妇产科发现，孕妇们对它们服务的需求在锐减，以至于它们几乎面临倒闭了。

现在，即将分娩的瑞典妇女们充分利用她们手中的权力，在不同的
192 妇产科医院之间进行选择。在斯德哥尔摩郡议会所在地区，有 25% 的人放弃了“被安排”的产科医院而选择了其他医院。[5] 的确，很难说这是在复制斯塔德医院发展起来的模式。简单来说，助产服务的提供者不得不调整自身，以适应妇女们的需求以及父母们对自主性的向往——受到应有的尊敬，而不是成为被支配的对象把自己置于医疗人员的权力支配之下。不能满足这些要求的产科医院将不得不停止运营。[6] 无论你是站着生产或者在水中生产，是紧抓天花板上的吊绳还是轻松地听着音乐（摇滚或古典），所有这一切生产服务，都可以花钱得到。在那些迎合公众需要的公开读物上，人们都可以从中看到不同产科医院提供服务的内容提要（水池、像家一样的布局、天花板上的吊绳、音响设备、双人床，或者任何你想要的）。怀孕的妈妈们不再像助产士手中的被动的接受者。恰恰相反，通常情况下（像助产士所说的），她们想“主导”整

个生产过程。[7]

关于国家在助产责任上的转变，还可以说很多。但是，以上足以说明：首先，在过去20年中，公民要求的能力和知识大幅度地增加了，相应地，他们对自由选择以及自我主宰的需求也在日益增长，这是一个非常重要的事实；[8] 其次，那些执行这些福利政策的组织机构不再把提供服务的要求当作是理所当然的事情；最后，在全民福利政策的框架内，公共服务的这种变化和公民的自由选择都可以实现。接下来，我将深入分析以上的每一个方面。

个人主义和社会团结

发生在社会价值观方面的变化，并非轻而易举的事情。事实上，它是社会科学最复杂的领域之一。然而，很多证据表明，瑞典人民对自主权的向往似乎还在急剧地增加。“权力研究”的最终报告强调这种变化。它认为，在一定程度上，已经出现了一种新的公民——具有丰富知识和较强能力的公民。报告宣称，公民们对于差异化服务的需求，为普 193
遍性、标准化的解决方案造成了很多困难。公民具有更高的教育水平，这可能使得他们更不愿意听从专家的判断。[9] 例如，“权力研究”关于公民态度的调查表明，瑞典人更加注重能够形成区别于他人的自我观点。[10] 同时，调查还表明，很多公民认为自己对所享受公共服务（首先是学校和医疗服务）缺少影响力。

时过境迁，很多事情的确发生了变化。1968年到1987年间，公民中自认为可以写信呼吁反对官方决定的比重从45.1%提高到了68.5%。此外，托利弗·彼得森（Thorlief Pettersson）所做的一份评估报告认为，在欧洲的更大范围内，20世纪90年代更具个人主义精神的公民，比10年前占的比重更高了。彼得森描述了个人主义的概念：

> 个人主义意味着，个人成为生活不同方面的终极目标和衡量标准。自我实现和个人幸福成为优先考虑的对象，这是以牺牲先前所

> 倡导的责任和义务为代价的，在家庭和社会生活中，都是如此。个人对是非善恶的判断已经超越于传统的规范和价值之上了；在表达方式上，个人已经很难接受各种强加的思想和限制了。[11]

根据这项调查，1981年到1990年间，与个人主义相联系的一系列价值观念显著地提升了。用来衡量这种价值的指数已经从－23上升到＋23。同时，公民对“权力和秩序”的信任则从＋15下降到了－15。[12] 这
194 份研究报告清晰地表明，价值观的衡量标准发生了很大变化。研究中，那些“社会道德”的价值观念指数——对偷税、利益欺诈、偷盗、吸食大麻以及贿赂等行为的宽容度——从＋9下降到了－8。其他一些体现后物质主义和民主信念的价值指数，也都发生了细微的改变。[13]

有人可能认为，这种价值模式的改变仅仅限于受过高等教育的中产阶级。的确，中产阶级最突出的特点就是个人主义倾向。然而，一个有意思的现象是，1981年到1990年间，受访的蓝领工人阶级的个人主义价值观也发生了变化。相比之下，高级和低级的白领雇员们在谈到个人主义的价值观时，很大程度上还保持着早期的价值观。[14] 相应地，1981年到1990年间，拥有个人主义价值观的工人比重从39%上升到53%，拥有工作前景的个人主义观点的人也从17%上升到43%。[15]

在公共服务方面[16]，我们所称的“高质量解决方案”，瑞典福利模式已经确立了。这一基本观念使得公共服务的质量非常之高，以至于人们除此之外没有更好的选择了。这是一项兼具规范性和策略性的原则。古斯塔夫·穆勒这样来表述这一规范性原则：“最好的就是对人民要足够好。”公共服务不是为那些较差手段保留的次要选择，而是以普遍意义原则为主导的首选原则。把规范原则和策略原则整合起来，就是：境况较好的社会群体将更愿意支持全民福利政策，如果公共服务也能使他们感到满意的话。

195 “标准解决方案”的概念，意味着我们所讨论的公共服务对于任何人、在任何地方都是一样的，并且是按照政治性和专业性的指导原则组织实施的。[17] 当然，在这样一种制度下，由于公共服务对任何地方的任何人都是同样的，那么承认任何选择的自由也就没有意义了。因而，选择的自由总是不经意地和非正义联系在一起的。

如果在一个社会里，公民都要接受中央指令的模式，文化差异非常小，几乎不存在个性化的要求，也没有可选择的其他生活方式，那么，在这样的社会里，“高质量解决方案”就能运作得相当好。然而，当前的情况是，文化差异日益加深，越来越多的公民将他们的生活视为个人的独立规划，他们的生活方式都是个人的自主选择，公民的知识水平越来越高，捍卫他们个人利益的能力也在提升。在这样的社会里，“高质量解决方案”最大的危险在于，它本身将成为一个问题，而不是一种解决方案。

让我们回到原来的议题上：那三个问题都是由公民日益增加的自主性和自由选择需求而导致的。首先需要分析的是，一个要通过福利和服务的形式赋予公民基本能力的国家，在公民对影响这些基本能力的要求与日俱增的情况下，究竟怎样才能在捍卫“同等关怀和尊重”原则的同时，成功地实现这项雄心勃勃的远大抱负？ 怎么可能在个人主义与日俱增的情况下实现这些目标？ 这是否意味着，我们要么牺牲应该由国家向公民提供某些通过政治程序决定的基本能力的观念，要么牺牲应该按照“同等关怀和尊重”原则来赋予公民这些基本能力的观念？

第二个问题是规范性的。正如我们在第四章看到的，在很大程度上，公共服务集中置于官僚和政客们手中是不可能成功的，至少在某些重要的方面如此。当公民面对执行组织时——例如，在教室，或者在当地保健中心的治疗室，或者在托儿所——实际发生了什么，这些根本不可能影响到决策中心。因此，“国家能够做些什么”的关键就会转变为法律和组织条件。这里，执行人员的态度、目标和观点，在判定这些项目是否达到了我们所考虑的质量标准时，就发挥着决定性作用。在瑞典 196
模式的制度下，公民在传统上并不享有在不同的分娩服务中进行选择的权力，其结果就是造成了民主程序的“黑洞”。[18] 在公共服务对公民生活极其重要的当今社会，这是非常严重的，但既然这些服务应由公共提供已经成为全民福利国家的根本指导思想，这种情况的确也会经常发生。例如，如果身体残障人士不能够选择（或者拒绝）他们的私人陪护，而是只能被迫接受中央政府提供的私人陪护，结果自然就是将他们置于未受限制的权力之下。权力背离了责任，这样就削弱了公共政策的合法性。关于这一点，没有谁能比赛纳·詹森描述得更好了：

> 我曾经对孩子的父母们说："记住，你们付了很多钱，分娩和医疗服务才能够运作。当你们最终需要这些资源的时候，你们有权提出自己的要求。"……由于我们实际上已经为这些资源付钱了，所以我们应该得到更好的服务。我们要牢记这一点。人们没有为他们所获得的服务直接付费，这只是我们现有健康医疗制度的问题之一。人们没有看到他们付的钱以及我们给予的服务。对于医疗部门的工作人员来说，我们很容易忘记这些。我们担心与人们分享自己的知识，而这种知识可能会成为一种享有权力的方式。[19]

接生服务的案例使得有些瑞典女性主义者提出一种更加清晰的观点，即在这些服务中，只有男人才对自由选择的影响感兴趣，女性（心理定位不同）更感兴趣的是善解人意的沟通，而不是在不同的生产服务之间进行选择——这种观点并没有经验上的证据。尽管古往今来只有女人才生孩子，但我们的案例表明，选择诉求并不是性别差异的关键因素。[20] 对此，我们或许可以从苏珊·穆勒·奥金（Susan Moller Okin）有关性别和正义关系的理论当中获得启示。奥金强调指出，当一个人无法拒绝参与某一制度，或者这样做需要付出巨大的代价时，结果必然是削弱了某人表达内部批评的能力，也就是让别人倾听自己观点的能力。无力退出，削弱了观点的影响。由于服务的生产者占据了垄断地位，那
197 些无力放弃某些助产服务而选择另一些助产服务的公民，在制度商谈中最终将处于更差的境地。在此情况下，表达这样的批评是一种要冒重大风险的行动。[21] 选择另一助产士的权力与双方间的平等对话并非不相容。这更像这样一种情况，如果某种类型的助产服务没有被选择，那么他们对商谈中公民的对话更加敏感。奥金很可能是正确的，她指出，在一个制度中彼此对立的缔约双方能够平等地对话的前提，是他们必须具有同等的权力和地位。要实现这个目标，就要确保他们能够在自愿的基础上彼此相互选择。[22]

与新的个人主义有关的第三个问题是选举，也就是全民福利政策的政治支持。如果大量的拥有小康生活和个人主义精神的公民开始认为，他们对公共服务的诉求——关于项目规划、自我决定、个人自主等——

与服务生产者提供这些服务的能力和意愿之间的差距越来越大，将会发生什么状况？可能出现的政治局面是，这些公民群体将会选择在公共领域之外获得这些服务，并自行支付有关的费用。如果我们进一步假设，这在很大程度上不仅是高收入群体的问题，对低收入群体也同样如此，那么，一个可能的发展方向是，按照这样的选择，这些公民将很快质疑，他们为什么两次付费——先是为他们期望的专门服务付费，再为他们自己并没有使用的公共服务付费，而对于那些“其他人”，即没有能力为自己购买专门服务的人来说，他们的想法恰恰相反。他们从经济和选举上对支持公共部门的意愿极有可能会大幅度降低。[23] 正如索尔特曼（Saltman）所说的，如果通过提供给病人更多的“矫正权力”（例如，撤回不满意服务者的护理人员，任其选择其他护理人员的可能性）[24]，而这一问题还是没有得到解决的话，那么公共医疗保健制度的未来前景是不容乐观的。

正如第六章中提到的，全民福利国家需要一个包括中产阶级在内的、足够广泛的政治联盟来支持其主张和观点。在许多中等收入者——可能也包括其他阶层——不支持公共服务的情况下，维系一个为公共服务融资的选举多数很可能是极其困难的，甚至是不可能的。[25] 198

在我们介绍的这些例子当中，应该明显能够找到所有这些问题的解决办法。首先，通过保障公民在不同服务中选择的权力，我们能够解决按照“同等关怀和尊重”对待他们与给他们提供基本能力（因为我们尊重他们对服务生产者的选择）之间的两难困境。[26] 其次，通过这种自由选择，我们能够解决在这些项目中将会出现的严重的“民主黑洞”问题。公民们有权放弃不能满足他们需求的服务生产者。既然在这一地区无法通过通常的选举程序来解决问题——我们既不能投票支持那些在日间护理中心照顾我们孩子的人，而我们投票支持的人又不能成为这些福利项目的主导者——公民就必须拥有“用脚投票”的机会。最后，我们能够解决选举支持的问题——没有任何一个集团有任何理由放弃支持为公共服务进行集体融资。据我所知，在我们的案例中，瑞典私人投资的产科病房数量为零。

有人可能认为，新的个人主义势必削弱团结一致的观念以及降低为这些福利规划融资的额度。然而，我们所面对的个人主义者并不等同于利己主义者。相反，在价值维度上，集体主义和个人主义、利他主义和利己主义之间是相互独立、大不相同的。为此，彼得森和盖耶写道，新的个人主义者并不像新自由主义者假定的那样拥有一些价值观：

> 而且，与具有较少的个人主义倾向的人们相比，他们对日益提
> 199 高的工资差距也没有表现出强烈的兴趣，也没有任何证据表明，他们倾向于抱有“穷人只是咎由自取”的态度，他们也不倾向于对其同胞的生命缺少信任和友爱的情感……他们既不是由新自由主义者们假想出来的勇往直前的企业家，也不是社会民主主义者所认为的自私的利己主义者。[27]

（这些更年轻的、受过高等教育的公民对普遍性福利政策的批评，并不一定比他们更具集体主义观念的兄弟姐妹更多。[28]）

最近，未来研究学会对年轻人的价值观做了一项调查。结果显示，那些出生在20世纪70年代的人的确具有很强的个人责任感，但并不是那种“各人自扫门前雪，休管他人瓦上霜”的世界观问题。[29]

有人可能会说，这些调查研究显示的并不是一个利己主义者的面孔，而是一个社会连带主义的个人主义者的真实写照，如果“社会连带主义的个人主义”这种表达方式成立的话。社会连带主义的个人主义所表达的是这样一些态度：X公民要求公共服务要以与其地位和需求一致的方式予以提供，但同时也要满足与他们完全不同的环境的Y公民的要求，假如这种支持是相互的，那么，它就满足了作为权变同意理论组成部分的成本公平分配的要求。此外，人们可以将对公共服务的自由选择诉求和视个人情况而区别对待视为一种与权变同意理论有关联的程序公平的另一种表达方式。也就是说，在现实的具体组织中，公共服务的产出能够满足公民自由选择诉求和视个人情况而予以调整（从而得以修复“民主黑洞”）的实现程度，决定着公民们为这些服务支付费用的意愿。

在国际范围内，罗纳德·英格莱哈特（Ronald Inglehart）可能是研究
200 价值观转变方面最杰出的学者。在最新出版的著作中，他对新个人主义对福利国家意味着什么做了许多预测。一方面，他认为，那些赋予人们

更大空间创造力和个人原创性的社会，将会拥有更美好的未来前景。然而，问题在于，这些因素是不可能设计出来的，它们从根本上讲是难以预料的，从而超越了政治管理所涉及的领域。另一方面，他认为，“福利国家的瓦解也不太可能”，并且指出里根和撒切尔在这方面的种种努力都撞到了“政治抵制”的南墙。英格莱哈特得出结论，福利国家的未来将取决于社会在个人自主和中央权威之间实现有效的平衡。过去，西方的公民更愿意为了经济和物质的安全而牺牲他们的个人自主性，而现在，他们越来越不愿意这样做了。他们越来越将得到经济和物质上的安全视为理所当然，更加注重在工作和政治生活中自我表达的价值。在英格莱哈特看来，是否应该按政治上的术语将此定义为左翼或右翼，取决于人们是否将日益增加的国家权力视为左翼本身就是一个进步的概念。对此，我同意英格莱哈特的观点。他认为，如果事态发展在某种程度上与社会所提供日益增加的“自我实现空间是一致的，这种新的趋势似乎是进步的。最重要的是结果，而不是达到这种结果所用的方法或手段”[30]。

市场和政府：竞争、责任和效率

我们从以上的例子中获得的启示之一，就是如果公共服务的生产者不再把顾客视为理所当然的，就会发生一些有趣的现象。这就是对市场方案的经典辩护，即竞争会导致更有效的产出，更迎合消费者的需求以及更加尊重消费者。服务的生产者必须更严格地监督他们的行为，并且证明他们这样做事是有道理的。我认为，与公共解决方案相比，市场方案中最惹人争议也最容易被误解之处，就是国家能够做什么以及应该做些什么。这场争论的普遍特征是所谓的涅槃假定（即理想假定。——译者注），即使最高层次的争论也是如此。争论一方的代表将市场或政府的理想图景与它们实际存在的情景进行对比，结果正好是相反的；结果并不令人吃惊，它从一开始就已经注定了。[31] 例如，公共部门的捍卫者

201 会把理想的正义观念与市场实际存在的诸如疏离性和形成卡特尔垄断企业等现实问题进行比较。然而，市场和公共部门都无法与理想中的图景完全一致。相反，我们一定要看这两种不同的制度实际上是如何在不同领域运作的（见图 8-1）。

	市场	政府
涅槃假定	效率 自由选择 创造性	公正 民主 同等对待
实际问题	疏离 卡特尔的形成 垄断	官僚 秩序

图 8-1　市场和政府

市场解决或政治指令其实都会引发同一个简单的问题：如何为执行组织选择一套适当的管理制度。事实上，私人部门与公共部门一样，它们在组织管理方面的学问是无止境的。我曾研究这门学问将近 15 年，最后把它总结为一句话：

> 一个组织做对了的时候，并不一定会收到一种信号；当它做错了的时候，也不一定会收到另一种信号。从长远来看，它做的错误的事情一定比正确的事情还要多。

之所以如此，并不是——至少并不一定——因为负责团队缺乏知识、资源或兴趣去做对的事情。问题主要在于信号系统——简单来说，员工并不知道什么是正确的事情，因为当他们做一些正确的事情的时候，并没有得到肯定的信号，而当他们做错事情的时候，也没有得到错误的信号。而且，做错事情的概率总是会比做对事情的概率要高得多。

就像第四章阐明的那样，通过议会民主的指挥链条来设计功能完备的信号系统，以实现对公共行动的监控督查，是极其困难的。政策理论
202 的不确定性是指，在大多数情况下，根据不同情形适时调整的需要太大了，以至于不太可能实现。退而求其次，根据目标和法律框架来运用管理方法就是非常必要的；这就使得从事具体执行的人员在实施政策时拥有了更多的自由裁量权，从而造成议会民主的“黑洞”。正像“权力研

究”所指出的：“立法框架最终建立在政府与公民之间协调一致的观点之上。在这种框架中，假定权力机关知道什么才是对公民更好的事情。”[32] 这既是对的，也是错的，因为立法框架是与能使公民掌控相关官员责任的其他途径联系在一起的。

正如我们之前所指出的那样，从理论上讲，取代竭力尝试设计新的、更复杂的中央管理和评估制度的另一种可能性是存在的。[33] 那就是，我们可以将公民选择作为一种信号系统，实现自下而上的管理，或者换句话说，运用“准市场”的方法。[34] 这种方法的优点在于简洁明了。对于承担生产公共服务的责任者来说，很难忽视人们对其提供的公共服务的需求正在日益减少（当公民不再使用其服务的时候）。对于有责任感的政治家们和生产公共服务的组织及其员工，这会发出一个清晰的信号，有些事情的实际状况并不一定等于它的“应然”状态，“正确的事情”也不等于实际上做的就是对的。从规范和效率的观点来看，有足够的理由允许不同的服务生产者进行竞争。

然而，以此为出发点，所有适当的建议方案都应予罗列，因为对于诸如此类的行动，市场解决方案或类似市场解决的方案并不总是适当的。IDO 原则（“它取决于”。——译者注）再次得以很好地应用，而且，幸运的是，在此情况下，我们也能够说出 IDO 原则究竟意味着什么。下面，我们引用约翰·多纳休（John Donahue）的一段话：

> 大部分关于私有化的论战是没有意义的。它的支持者喜欢诉诸效率，在竞争性市场条件下运营良好的公司就是其典范，他们进而得出结论，认为私人公司也将在公共事业中脱颖而出，无须牵扯任何政府干预的逻辑。从观察到私人公司趋向于比公营公司做得更好，到断言这些公司应该承担更多的公营公司的责任，就像看到水疗中 203
> 心的顾客比医院的病人更健康，就从中得出结论，认为健身教练应该承担医生的责任一样。实际上，公共部门的使命与私人部门是不同的，而且其大多使命比私人部门更加艰困。[35]

我们所要分析的第一个问题是，实际上从来没有不受公共管制的纯粹自由市场。每一个运转中的市场，如果它没有堕落为腐败横行或者没有出现集体行动的其他病理特征，就必然内嵌于一系列公共制度之中

（例如，处理所有权和合同规定的正常运作的法律制度）。一个正常运转的市场，必然是由政治上流行的制度创制出来的。当然，这些管制可能是多种多样的，例如，经济学家就常常区分顺应市场和非顺应市场的管制。

此外，就像唐纳德·凯特尔（Donald Kettl）在美国相关领域状况研究表明的那样，理论和经验证据之间总是存在着显著的差异。一方面，市场通常要比政府生产任何东西更好也更有效。与政府相比，市场更有效，它允许自由选择，进一步加强了创新，祛除了企业的无效性等。另一方面，在不考虑可用资源的情况下，政府总会越来越强大。在美国，如果产品需求能够在市场上得到满足的话，甚至禁止政府与私人进行竞争。然而从实际上来看，市场并不总是有效。在凯特尔的报告中有这样一段话：

> 尽管人们对有企业家精神的政府和私有化满怀热情，但政府项目中有关浪费、欺诈和滥用权力等恶劣影响的现象——这些现象削弱了政府洞察和纠正这些问题的管理能力——往往是与私人企业的贪婪、腐败以及犯罪活动彼此交织在一起的。[36]

凯特尔认为，这些现象存在的原因在于，在政府希望通过订立公共
204 服务合同与私人企业进行竞争的许多领域，教科书中所描述的市场条件实际上并不存在。尤其是，“相对无差异商品的大量买方和卖方之间的公平交易”是并不存在的。[37] 这部分地反映了一个事实，即政府希望购买到的产品，并不具有教科书所描述的市场状况的特点。首先，政府仅仅是一个买家。其次，这些产品通常不是标准化的，而是高度专门化的。此外，要清晰地阐明政府究竟想要什么是非常困难的，甚至是不可能的。或者，换一种说法，这些产品或服务是非常特殊的，它的交付往往发生在多变且不可预测的情况下，制定足够精准的合同（从而使之按照权威方式运行）是不可能的。[38] 在凯特尔看来，这个理论不仅局限在社会领域：

> 社会服务的性质——目标含混不清和技术工艺并不确定——决定了政府订立一个清晰、可实施的合同是非常困难的。承包商自然会抵制过于具体的或者他们认为很难达到的目标。政府不能事先确

切地规划出它想要的结果，或者即使知道最后的结果，也不可能解释清楚如何才能达到这样的结果。[39]

市场方案仅仅能满足那些能够被清晰、准确表达出来的需求。对于产品的提供者来说，参与被称为“投机行为”的活动总是有风险的，也就是说，试图通过走捷径来增加收益总是有风险的。[40] 正如我之前指出的那样，效率不是政府应该追求的唯一目标。政府还应努力实现的其他目标包括：(1) 法律规则，即应用程序是正确的；(2) 所有公民都应享有“同等关怀和尊重”的对待；(3) 责任，即公民应保有对当选官员进行追溯评判的可能性。这意味着在运用将公共事务委派给营利取向的私人企业的市场解决方案时，必须慎之又慎。例如，有关提供医疗服务 205
的研究指出，如果竞争不能得到预期效果，那么严格的公共管制和质量监控就是非常有必要的。[41] 经济诱因提供了强大的管理手段，但与此同时，它们应用起来也比较困难。

从现实角度来看，我们并非必须在“公共”和“私人”之间进行选择。所有富有成效的行动都包括三个不同的方面，其中任何一个方面都会对活动产生不同的影响。它们包括：(a) 规则：谁在制定活动的规则以及监督其遵守情况？(b) 资金：如何支付活动的费用？(c) 生产：谁来承担活动的直接责任，从而放弃实施控制的手段？[42] 如果我们以这些不同的维度来交叉制表，那么有关公共/私人规划的最终选项就不是2个，而是8个。因此，就像图8-2所显示的那样，通过大量不同的组合方式，将“公共”与“私人”混合起来是完全可能的。[43]

产品	私人	私人	私人	私人	公共	公共	公共	公共
管制	私人	私人	公共	公共	私人	私人	公共	公共
融资	私人	公共	私人	公共	私人	公共	私人	公共

图8-2 不同的公共部门、私人部门和混合替代品

现在，让我回到之前介绍的案例——接生服务。首先，我们发现接生服务是由政府提供财政资助的。在这项活动的许多方面，都存在公共管制。此外，开展这项活动存在很多不同的方法。例如，这个地区的专业人士（内科医生和助产士）必须要有从业资格证明；进而，他们按照政府社会事务委员掌控的控制系统承担公共责任。即使接生服务中有大量的“私人”原创性因素，而且不同公共护理之间也存在大量的竞争，但这种接生服务仍是由政府提供的。瑞典的制度就是将私人服务和公共资金、政府监管结合起来的例子，包括国家牙科保险和教育券制度。

206 在这方面，把瑞典与丹麦进行对比是非常有意思的。丹麦在很多方面都与瑞典存在相似之处，但也有一些显著的区别。我曾在别的地方谈到过，与瑞典相比，丹麦的福利政策更少些专制，更多一些自由选择。从两次世界大战期间开始，丹麦就建立了免费教育制度（诸如可以自由择校、由公共财政出资），左翼联盟认为应该坚持这样的原则：父母应该享有为子女选择学校的权利，这种选择权利在很大程度上应由公共的财政渠道来提供经费支持。[44] 而且，在相当长的时期内，丹麦公民享有选择“家庭医生”的权利。在最近的一项丹麦公民对公共服务态度的大型访谈中，访谈者提出了许多与“权力研究”中相同的公民调查问题。结果表明，大多数丹麦公民认为，自己对教育和医疗领域的影响力要比瑞典公民大得多。丹麦人的满足感也比瑞典人要强得多。执行这项调研活动的詹斯·霍夫（Jens Hoff）得出了这样的结论：

> 结果似乎在暗示，丹麦的教育和日托领域是非常特殊的：其特征是积极的用户、参与导向和包容性的制度。[45]

我们可以从中得出一个有趣的结论：根据调查结果，这一说法并非事实——丹麦公民选择和拒绝的权利，以及提出批评和积极参与的意愿，只不过是替代性的策略而已。选择和拒绝的权利并没有削弱推论的过程；相反，不同的影响途径作为补充性的手段是非常显著的。用更经典的政治科学术语来表达——一方面通过“退出”手段来表达抗议的机会，另一方面，保留在组织内，尝试通过辩论以及“声音”来改变一些事情，二者并不是相互排斥的。相反，“退出”的权利会加强某人表达意见的“声音”。[46] 我认为，原因在于从事服务的组织始终面临着客户可能“用脚投票”的风险，这种风险会使得组织对顾客需求非常敏感。

那么，将执行公共任务的责任配置给私人或者其他非公共组织的适
207 当条件是什么？那些尝试（不带意识形态的偏见）总结私有化影响的

经验后果的研究者们认为，以下一些条件是关键性的：[47]

1. 政府和服务生产者之间订立的合同条文应该清晰准确。

2. 政府有足够的资源对生产者进行评估（如政府可以取消无法履行的合同）以及对其提供的服务质量进行评估。

3. 在不同的生产者之间形成有效竞争。

第一个条件基于这样一个原则，如果一个人不能表明他想要的是什么，则他得到的可能并不是他所想要的。正如我们之前提到的，这在不同的领域，造成了不同程度的困难。第二个条件显然是个理论问题，但它对国家所提出的要求，与当今社会对国家提出的需求有所不同。它更强调一个代表广大公民利益诉求、反对公共服务生产者的政府，而不是一个站在公共服务生产者那边的政府。[48]

第三个条件尤其有趣。它从成本的角度证明，将公共服务进行私有化是没有意义的。其中有趣的是能否引入有效的竞争（顺便提一句，这往往是说起来容易做起来难）。这种竞争可能发生在公共与私人领域之间，也可能发生在排他性的公共领域或者排他性的私人领域之间。[49] 如果能满足这些条件，那么将生产公共服务的任务分配给私有企业，在原 208
则上就不会存在什么障碍，因为政治系统仍然控制着基本生产服务（即我们所谈到的“同等关怀和尊重”）的运作。[50]

然而，从理论和规范的观点——这是研究的基础——来看，由私人生产者负责公共项目并不必要。按照上述标准来决定每一宗个案，只是一个适当与否的问题。经验研究已经揭示出一些案例，在这些案例中，私有化在适用于那些复杂活动方面显然是失败的。这些案例还往往伴随着不确定的政策理论，按照这一理论，起草一份清晰准确的合同是不可能的。[51] 此外，即便这份合同的条件得到满足，问题的关键也不是私有化，而是选择服务时引入竞争机制，以增加公民对服务的修正权利。

总之，在选择由谁来提供公共服务时的唯一因素就是实用主义。公民应该具备某些基本能力，这与谁应该提供这些服务无关。再次，我们有理由重申，公共账户为诸如儿童津贴等公共服务买单，根本不包含这些服务由公共部门生产的意思。而在决定这些公共资金的投向时，公民则享有充分的选择自由。

在这些案例中，由于具备某些基本能力，公民集体认为，除金钱之外，某些东西（比如健康医疗、教育等）必须被平均分配，在特定条件下，更适于将这些服务的提供转让给彼此竞争的私人、准私人或公共的生产者。对于提高效率、自由选择以及满足公民自主性的需求而言，竞争都是一个强有力的机制。毫无疑问，它能够改变供给者满足公民诉求的态度和意愿。内科医生斯文·布里顿（Sven Britton）的话可以作为例证："尽管令人失望，但我必须承认，市场调节使得胡丁厄（瑞典地名。——译者注）人获得了更好的服务感。竞争为服务动机提供了强大的力量。"[52] 与此同时，还有很多领域显然并不适合进行竞争，或者说，应该只允许在不同的公共服务生产者之间存在有限的竞争。

209 在此，有必要再次强调执行的至关重要性。显然，就我们关注的普遍性福利政策与自由选择之间的关系而言，二者之间可能存在多重组合关系。自由选择的增长并不必然导致放弃普遍性福利政策，反之，普遍性福利政策也不必然排斥自由选择。对于普遍性福利政策——是否能够依照"同等关怀和尊重"以及公平分配基本能力的原则——而言，自由选择会导致何种后果，取决于如何组织实施自由选择方案。换言之，一切都取决于执行过程是如何组织的。在一篇总结不同国家在教育领域实施市场化战略经验的文章中，威廉·洛·博伊德（William Lowe Boyd）写道：

> 择校计划既拥有远大的抱负，同时也存在着现实的风险。过去，公民和政策制定者都关心改善社会体系，如今，公立学校也将细致评估这些问题。如果择校计划最终被采纳，就有必要对择校计划进行审慎的设计和监督，以确保它们可以产生理想的结果……择校计划可能得到推广，但单靠这些计划本身并不足以保证普遍的改善。[53]

自由选择、竞争和全民福利政策

到目前为止，我们可以从总体上说，普遍性福利政策可能遇到一些危及其未来前景的风险。其中，最大的风险莫过于这样一种现实，即早期的中央集权和标准化的解决方案已经不再为大多数个体化的公民所接受。对引入竞争和自由选择的传统疑虑现在已经集中于隔离化的危险方面——在如此构建的社会里，强者以牺牲弱者为代价利用所有自由选择的优势，从而破坏了普遍主义原则。

让我们首先来看一下社会隔离问题。[54] 这是一项以高度的自由选择为特征的制度存在的不可否认的危险。但也不应夸大这种危险，不能根据涅槃假定来衡量现实世界的危险。例如，我们不能说由于隔离化的住房模式，学校就已经被强制隔离了。[55] 如果要进行比较的话，就必须在 210
现实与现实之间进行比较。此外，也不能简单地认为，拥有很少的经济资源的公民在做这类选择时，就没有其他公民胜任，他们（拥有很少的经济资源的公民）同样也是被赋予经济选择机会的。因为在这种情况下，有人会在社会一致性的名义下，反对瑞典社会民主党发起的为儿童津贴和养老金提供现金补贴的政策。

然而，实际的情况现在还不是很清楚。例如，来自美国的一些研究表明，引入券证政策并没有增加隔离，反而减少了隔离。[56] 但是，其他的研究指向了相反的结论。最近，瑞典行政发展局评估了由瑞典市政中心在幼儿、教育、养老以及健康医疗方面运用的各种自由选择模型。调查结果并没有显示出任何的有关社会隔离的趋势，但是研究者都持保留意见，认为自由选择作为一项新的政策，短期内预测其影响是不可能的，只能从长期角度来看它的影响。[57]

那么，在支撑这些理由的规范性原则基础上，可能将普遍性福利政策与自由选择诉求——诸如使用券证等“冻结货币”方式——结合起来的必要条件是什么呢？ 换句话说，应该如何看待上面提到的政府和生产者之间的合同呢？ 初步来说，这个合同要包括四项基本条件。

第一，所有的服务生产者，无论是私人的，还是公私合作的，或者是公共的生产者，都应遵循关于质量和标准的相同基本规则。关于政府应该为所有公民提供的“基本能力”——这是一个公民可以通过民主程序自行决定的问题。

供给服务的所有变化都必须建诸“基本能力”的民主决策之上。原因在于，并不是所有的变化或者任何一项活动（即使它是由非公共生产者实施的）都能成为公共关注的议题。但如果一种服务是由公共资金来支付的，那么它就必须依据上述勾画的原则来提供这项服务，原因很简单，这些需要公共资金买单的活动都是人们普遍关心的政治问题。[58] 对
211 于“基本能力”包括哪些内容，不能由服务的生产者自行确定。除此之外，还有一个特殊理由，当涉及诸如此类的服务时，消费者/公民常常处于一个毫无保障的位置，而这些领域的活动正是为了保护消费者/公民。[59] 此外，从效率的角度来看，应该强调只有这些条件，才能确保市场上供给的服务能够在不同的生产者之间形成公平竞争。因而，竞争只能引入那些可能实现清晰、明确的合同框架的领域，以及国家能够核实合同条款确实得到履行的领域（如果未能按照合同规定执行，政府会采取纠正措施）。也可以这样来表述：在谈到提供服务的质量时，竞争必须在同等的条件下展开。

第二，非公共的服务生产者必须确保不收取超过公共生产者提供相同服务所收取的费用。从财政上来说，所有的公民都被“同等关怀和尊重”。如果应用这一原则，就不能忽视平等对待的要求。否则，结果必然是使人蒙羞的“资格测定”会从“后门”偷偷地溜进来，普遍主义原则将彻底瓦解。满足第二项条件看来是相当简单的。在经济意义上来说，竞争必须是平等的。

第三，所有的服务生产者在分担花费和遇到的困难方面都必须是公平的。如果不是这样，那么“资格测定”就会再次从“后门”溜进来。如果那些服务费用全部或者部分是由公共资金支付的生产者可以选择服务对象的话，那么“同等关怀和尊重”的原则就不复存在了。有些支持自由选择的浪漫主义者容易健忘，在市场上，是买卖双方共同决定要不要签订一项合同，也就是说，人们可以选择接受，也可以选择拒绝。如果困难局面仅仅是针对公共生产者的，那么他们就不能在平等的条件下进行竞争，并且逐步沦为提供公共服务的从属性替代者。[60] 再次强调，只有在平等条件下竞争才可能发生。这只是公平与效率的要求并行不悖的状况之一。

第四，所有公民都必须在“同等关怀和尊重”的原则基础上享受这些服务。相应地，生产者不能因种族、宗教、性别以及社会地位等而歧视消

费者。无论公共服务的生产者是谁，都必须在平等的条件下予以提供。当然，公共需求有时会超出个体生产者所能供给的水平，但即使在这样的 212 情况下，服务也不能是根据上面所列的那些歧视方式进行配置。[61]

尽管满足第三项条件会有些困难甚至不太可能，但是要满足四项条件中的一项是完全可能的。在诸如对老年人和残障人士关怀等领域，可能由于过分强调“取其精华”而导致过于谨小慎微。[62]

上述四项条件意味着，国家在某些方面今时不同往日了，诸如对服务生产者（公共的和/或私人的）的评估、检查以及控制等职能都比以前更加重要了。对将公共任务分配给私人企业实践后果的研究强调，角色的分离是至关重要的——负责订立合同和关注合同条款得以执行的官员们，完全独立于负责生产的机构。这些官员对公共利益的忠诚是无可争议的。[63] 这里，我们看到两种不同的权责以及两种不同的标准体系。阐明公共任务、监督其按照通行规则予以实施是一回事，在竞争性市场（受到严格的管制）中执行公共任务又是另一回事。[64] 这样，在生产服务和履行职责之间就实现了明确的分离，尤其对于国家而言。

在有关私有化的论战中，人们经常忘记这一点，签订的合同——即规定要执行什么样的公共任务，并核实这些任务实际得到了执行——无论当地的执行组织是公共的还是私人的，在性质上都不发生任何变化。对于管理机构来说，管理“免费的学校”和当地私人护理中心，差别只是程度上的，而不是管理公立学校和地方公共服务中心那种性质上的。

执行研究者非常坦率地指出，这一领域出现了严重的管理问题。可以肯定的是，公共产出组织本身没有修改合同条款的利润动机；但这些 213 组织的工作人员不同于承担责任的政治家，也不同于公民，他们有追求利润的动机。对于受到无礼或恶劣对待的人而言，遭到如此对待究竟是出于利润原因或者是由于办事人员觉得他们的要求不值得认真对待，其间没有什么大的差别。因此，无论公共服务是由公共提供还是私人提供，都必须严格遵守合同规范，对其进行严格评估和控制。进而，我们不应将公共的和私人的日间护理中心、学校、当地的护理中心等（它们全部或者部分是靠公共资金来付费的）看作是由政府提供的，而是应当视它们为由部分自治的机关来提供的，这些机关只是根据其职责来执行公共任务，并且要责无旁贷地回应政府和公民对如何履行其职责的关注。正如我在第四章所指出的，政府、生产者和公民三者共同承担着公共服务的供给责任。

生产组织的任务——根据它们应负的责任来执行公共任务——是必须要按照上述规定的一般条款来履行合同，即遵守有关服务质量的规则和禁止有关允许进入方面的歧视。也包括按照通行的道德和专业标准来承担项目管理的责任。组织的生存有赖于这些条件的履行，这意味着它们必须具有学习和预见的能力以及灵活性。[65] 自治机关本身必须承担这些责任。

正如前面提到的，这涉及更古典的国家责任——制定规则、检查、评价，这些国家完全有能力执行的任务。通过这种变化，我们得以在狭义上区分国家和承担提供公共服务责任的组织，并建立一个双重信号系统。首先，集权系统把清晰的信号传送给服务的生产者，即他们所提供的服务是否达到了政治决策的标准。其次，当公民选择某些生产者或者拒绝某些生产者的服务，分权系统是建立在公民发出的信号（公民选择某些生产者，拒绝另一些生产者）基础之上。因此，无论执行机构是公共的还是私人的，它们都将面临着双重的压力。它们必须遵守集权系统
214 决定的标准，也必须对公民的意愿足够敏感以吸引他们惠顾自己。再者，它们表现的像一个兼具灵活性、求知型且具有预见性的组织。

根据这种方法，负责执行的当地机构（学校、日间护理中心、医院和大学）显然不是政府的一部分，应该说它们是公民社会的自治机构，因为它们是出于自己的义务来履行责任。并不是公民、集体或者个人决定了这些机构的设置，应该说这些机构是为公民的幸福而继续存在。

结　论

迄今为止，结论似乎已经很清楚了：公民日益增长的自由选择和自主性需求绝不意味着普遍性福利政策的终结。由于某种原因，自由选择

已经与新自由主义联系起来了，新自由主义的意识形态根本不包括政府应为公民提供福利服务的原则，并且质疑民主的多数有权要求征税以为这些福利服务提供财政支持。然而，这只是问题的一部分。对于所有民主制度而言，必须在集体主义/团结一致和个人主义/民主的自治理想之间找到平衡。确切地说，这个平衡是价值观的关键所在；我想指出的是，如果公民的价值观朝着个人主义方向发生了深远的变化，那么在个人主义与集体主义的民主观念之间的平衡（对于民主的持续合法性来说）也必然朝着同一方向发生改变。

于是，我们可以将自由选择视为对集体主义和社群主义者的否定，而不是对民主制度的否定。正如理查德·索尔特曼（Richard Saltman）所指出的，在全民福利政策领域，公民选择机会或许可以被视为：

> 一种民主的训练而非一种商业化权利。这样，病人的选择权利就会演变成一种机制，个体能够据此对公立医疗制度施加更多的影响力，从而获得对他们生活状况的更多控制权，这是民主理论的一个基本原则。[66]

相应地，人们可以将自由选择视为政府必须为公民提供的“基本资源”。这样，选择自由就成为公民行使民主权利以及确保受到“同等关 215
怀和尊重”对待的一种方式。它提供了一条避免陷入民主黑洞的途径。

有一点似乎是很清楚的，新个人主义对负责生产公共服务的机构提出了过多的要求。说得更清楚些，它要求这些组织必须进行深刻调整，以更加迎合公民个人的诉求，尽可能地实现公共合同所陈述的目标。换句话说，它们必须成为自治性组织。

对此，意识形态和党派辩论中惯用的方法是将那些主张更少的集体主义以及减少为公民福祉承担公共责任的人，等同于那些希望引进自由选择和竞争的人。然而，从逻辑上来讲，二者之间没有什么必然的联系。大量有关公民福祉的公共承诺与承诺的服务是否由公共机构来提供，是完全不同的问题。例如，有人认为应该大幅增加儿童的津贴补助——这样做是想表达一种观念，即政府应该对有孩子的家庭承担更多的责任，但这本身并不是要求建立一个新的公共独立机构。反之亦然：新自由主义者期望看到一个更小的政府，但在国家所承担的所有公共职责——警察、国防、监狱、法庭、追债等方面，他们仍然遵循着传统的观念，认为这些公共任务应由公共雇员来执行。最后，有很好的论据支撑这样一个命题，在同等的税收水平下，如果在公共服务中引进有控制的竞争，将会大幅增加公共服务的产量。[67] 因此，对于倡导广泛的公共福利承诺者——他们坚持“基本能力”的广义概念——来说，对引入这种竞争产生浓厚兴趣似乎就是非常合理的。

【注释】

［1］Jansson （1988），p. 20 and p. 39.

［2］这段描述是在 Hogg，Jansson，& Stiege（1988）所著第 1 章的基础上写的。根据这些作者的叙述，这些孕妇甚至都没有处置她们自己身体的权力，因为（a）她们被迫躺在产床上进行生产，而且（b）不允许抚摸她们产下的婴儿以及（c）她们的下腹部。然而，早在 20 世纪 60 年代，斯德哥尔摩的产科病房中就已引进了更加人性化的分娩规则。

［3］确切地讲，这是一个运用各种呼吸技巧来应付疼痛的问题。See Hogg，Jansson，& Stiege （1988）.

［4］Jansson （1988），p. 41.

［5］Saltman & von Otter （1992）.

［6］Saltman （1992），p. 63.

［7］按照我的理解，由于这一过程带有太多的克劳塞维茨式的“不确定性”和“摩擦性”特征，因此，要对这一过程进行预期的话，结果可能会使妇女感到某种程度的失望。根据自己的切身经历（或者实际观察），我认为某种适应能力是必需的。

［8］卫生保健其他方面的发展概况，参见 Saltman （1992），ch. 2。

［9］SOU （1990：44），ch. 11.

［10］Petersson，Westholm & Blomberg （1989），p. 262. See also Petersson （1992），pp. 328－331.

［11］Pettersson （1992），p. 51.

［12］Ibid.，p. 45. 有关个人主义价值的高指数反映了这样的结果，被调查的对象期望更加强调个人发展，更少一些权力的控制领域，扩大个人工作上的原创性空间。不要认为雇员们应该自觉地遵照上级主管的指令，而是应该尝试去

影响和说服他人，认为他们应该享有更多的个人生活的自由选择权。“对权力和秩序机关”的信任指数可以衡量对武装力量、警察和法院等机构的信任程度。发生的这些变化绝不仅仅局限在瑞典。

[13] Ibid.

[14] Pettersson & Geyer （1992），p. 13. 调查将一般个人主义态度定义为，至少拥有以下四个特征中的三个：（1）更加崇尚个人自由而非经济平等；（2）坚持执着和尝试说服他人；（3）更加强调个人的发展；（4）对权威持蔑视态度。

[15] Ibid. 工作前景的个人主义观点意思是，个人应该至少持有以下四点陈述中的三点：（1）更有效率的秘书赚得更多是公平的；（2）仅当雇员们的想法与管理者一致时，他们才应该遵照管理者的指令行事；（3）能够在工作中发挥个人的创新精神是非常重要的；（4）能够对工作抱有责任感是非常重要的。

[16] 或者说，如果一个人坚持按照这条路走下去，将会持续扩展他的生活空间。

[17] Petersson （1991）.

[18] 有关“购买者和供应者”相分离的讨论，参见 Le Grand & Bartlett （1993）。

[19] Jansson （1998），p. 40，cf. Le Grand & Bartlett （1993），p. 7.

[20] 瑞典女性主义者们已经探讨过这个问题了，见 ***Pockettidingen R***，Gunilla Thorgren，in ***Aftonbladet***，03-01-90。

[21] Ladberg （1986）曾对瑞典护理中心做过研究。他认为批评这一做法的父母们是在冒险，可能会把他们的孩子置于不利地位。

[22] Okin （1989）. 奥金的例子是关于女性在家庭中位置的，但在她看来，这个例子是非常合适的。

[23] 从美国公立学校制度中，可以发现大量支持这种假设的经验证据。See，e. g.，Chubb & Moe （1990）.

[24] Saltman （1992），p. 51.

[25] 20 世纪 50 年代末，社会民主党在战略高度上设计出补助养老金制度，从而以这样一种方式建立起蓝领工人和白领雇员之间的历史联系。See Svensson （1994）.

[26] 并不是说所有的需求都会被满足，但要建立一个足够强大的经济需求而非政治决定的标准及其变种的确是个问题。对所提供的服务不足的批评，并不是要打破前面案例中提到的政策系统。

[27] Pettersson & Geyer （1992），pp. 28f. 高尔·安德森（Goul Andersen，1993）也证明这是两个不同的维度。对于投票和选举的研究表明，投票人根据个人利益进行投票的假设缺乏经验证据。相反，研究人员存在不同的价值维度。“社会联动主义的个人主义者”的含义类似于投票研究中“回归型”投票者。See Lewin （1991），pp. 57－80.

[28] Pettersson & Geyer （1992），p. 28f.

[29] Andersson，Fürth，& Holmberg （1993），p. 180.

[30] Inglehardt （1990），pp. 10f，cf. Le Grand & Bartlett （1993） p. 9.

[31] See，e. g.，Savas （1981） and Wolf （1993）.

[32] SOU （1990：44），p. 238.

[33] 诸如此类的尝试很多，但大多都伴随着枯燥无味的法条。See Gorpe （1978） and Lundquist （1992），chs. 3 and 4.

[34] Le Grand & Bartlett （1993）.

[35] Donahue （1992），p. 208，Cf. Le Grand & Bartlett （1993）. 从博弈论的观点来看，问题是国家作为商品购买者不可能拥有“完备的信息”，参见 G. Miller （1992）。

[36] Kettl （1993a），p. 5. See also J. Jacobs （1992）. 雅各布斯呼吁关注当市场的规范系统和政治系统发生混乱时可能发生的道德灾难。

[37] Kettl （1993a），p. 15.

[38] 多纳休（Donahue，1992）回顾了一些美国的失败案例。其中一个关注的是私人监狱问题，那里是不可能清晰确定如何区别对待被拘留者的。另一个案例是有关劳动力市场培训的，这个案例也证明不可能激励私人培训公司，使得它们仅仅接受那些（a）在培训中发现具有最好前景的申请者，或者是（b）培训后会找到工作的申请者。

[39] Kettl （1993a），p. 173.

[40] Le Grand & Bartlett （1993），p. 25.

[41] Cf. Jonsson （1993）.

[42] Lundqvist （1991）；cf. Montin （1992）.

[43] Lundqvist （1991），p. 213，cf. Le Grand & Bartlett （1993），ch. 1.

[44] Lindbom （1995）.

[45] Hoff （1993），p. 93.

[46] Ibid.，p. 94.

[47] Kettl（1993a），p. 8；Donahue（1992），pp. 210ff，Le Grand & Bartlett（1993），ch. 1. 此外，这份研究报告还提醒我们要注意两个问题，这两个问题的产生都与公共服务的私有化有关。第一个问题是，按照已知的政治运作程序，我们可以预期在不太适合的领域引入私有化可能会冒很大的风险。然而，公共生产也可以保留在那些引入竞争非常有利的领域。原因在于，实际上，那些由于引入竞争而受损最大的公共部门的利益群体，最可能对引入竞争进行有效抵制。反之亦然：那些私人企业也会努力在这些领域与公共部门签订合同，(a) 其认为签订的合同是含混不清的，(b) 这些合同不可能被精确地评估，(c) 在这些领域可能确立垄断地位。See Donahue（1992），ch. 9.

[48] Cf. Phillips（1993），pp. 41f.

[49] Donahue（1992），p. 211.

[50] Cf. Wetterberg（1991），pp. 192ff.

[51] Donahue（1992），chapters 6 and 8.

[52] In *Företag & Samhälle*（1993），no. 2，p. 48.

[53] Boyd（1993），p. 26.

[54] 对于这个问题的评论，参见 Olsson-Hort（1992）。

[55] Olsson-Hort（1992），ch. 6.

[56] Chubb & Moe（1990），pp. 111ff and pp. 248ff. 然而，一些教育研究者们警告，引入凭证制度将导致增强隔离。See，e. g.，lennart Grosin，"Ytterligare skolsegregation blir följden，" ***Svenska Dagbladet***（10-31-91）. See also Boyd（1993），pp. 21-26.

[57] SOU（1993：47）.

[58] G. Miller（1992）.

[59] Jonsson（1993），p. 64.

[60] 博伊德（Boyd，1993）重新审视了不同学校系统的市场解决方案之后，得出了这一结论。

[61] 在我看来，这排除了公共收入对教会学校的投入，即学生的宗教关系对他们是否能够进入学校没有关系。

[62] Olssen-Hort（1992），pp. 121ff.

[63] Donahue（1992）；Kettl（1993a），ch. 1 and ch. 9.

[64] Cf. J. Jacobs（1992）. 然而，我认为雅各布斯（Jacobs）所宣称的仅有市场和政治两种不同的道德体系的观点是错误的。一般来说，这些领域对所有

人都是开放的。然而，如果我们采取更广阔的视野，把那些进入受到严格限制的领域也包括在内的话，就会发现还存在另外两种不同的道德领域：家庭的/宗族的/地方共同体的道德和社团的/组织的道德。See Rothstein （1992a），ch. 1.

［65］军事史学家科恩和古奇（Cohen & Gooch，1990，p. 26）认为，这三个因素是组织避免灾难的关键所在。

［66］Saltman （1992），p. 54.

［67］多纳休的评价是——似乎看起来非常的细致和有充分的根据——节省20% 也可以不影响质量。But see also Rothstein （1993b）.

第九章
走向建构性的公共政策理论

在导言部分我提出了这样一个问题：一种建构性的国家及政策理论 216
是否可能？这里，我要提出的观点是，跨越“是”和“应该”之间的边界是可能的。这并不是说无论怎样都能证明我们的规范性假设，而是说以一些被广泛认可的基本原则为基础，我们能够达成某些指导我们政治制度具体设计的规则。使得这个计划得以实行的，就是运用制度理论，因为政治制度是一种经验性和规范性的秩序。在这里，我们不是完全重复之前分析的结果，而是强调一些主要原则。

首先，根据博弈论中一些新的重要研究成果，似乎能够解释为什么自我利益、效用最大化和理性取向的个体在更大范围内合作是不可能的。例如，像马克·欧文·利克贝克（Mark Irving Lichbach）所阐明的，迄今为止现在所有关于如何解决集体行动问题的解释，都是以集体行动问题已经解决为前提的。[1] 根据这一文献，理解大范围的政治合作得以发生的唯一途径在于指出国家在选择合作或不合作的游戏之前就已经存在了。[2] 这种元制度的特征或许可以解释大规模合作何以能够出现，因为它能够在三个方面影响着行为者的预期。第一，行为者能够建立信任 217
感——相信其他人也会选择合作。第二，对元制度负责的人（在这里，他就是国家领导人）能够提出一种道德论断：通过合作能够实现的目标，这是一个道德上正当的理由。第三，他可能会成功地说明，那些将会实现道德上正当理由的制度就是“正义的制度”。

这意味着，制度不仅改变了个体对理性和深思熟虑的利益的认知，也影响着他们对权利和公平也就是对“公平竞争”的看法。显然，这些社会准则非常重要，但是现在通过制度分析方法，我们也可以从总体上确定，这些准则来自何处，以及为什么在不同社会中存在不同的形式。那么，我们就按照这种方式，将当前社会科学领域内偏好的观点翻转过来，看看它们究竟来源于何处，应该如何解释。我们不关注外在社会的不同要素（阶级、历史、文化），而是在总体上把政治制度作为解释社会准则差异的主要因素。这样，我们既可以通过经济分析方法摆脱狭隘的自我利益观点对政治科学的束缚，又可以从社会学结构决定论中解脱出来。政策往往被理解为政治制度和规划有意设计的结果，它并不被外在社会环境所解释，而是具有自身的解释力。政治制度的设计，决定了社会上流行的道德和正义观念。

在政治哲学家中，对于清晰阐明建构性理论的重要性，巴里·格罗斯（Barry Gross）是一个特例。在一篇分析确保教育机会平等的国家责任的文章中，他认为，这样一种建立在规范基础上的观点毫无意义：

> 我们经常被告知，我们在道德上有义务为所有人提供平等的机会。因此，看起来似乎应该检查一下，我们拥有什么样的权力来造就这种理想的国家。因为如果要求我们提供超出自身权力以外的东西，这是毫无意义的。当我们检视这一问题时，会发现机会平等理念自身存在的两种约束限制了我们的权力。一种是我们不可能做在逻辑上不可能的事情，另一种则是对我们推动直接社会经济变化能力的限制——量入为出。[3]

218 本书的分析显示，格罗斯（以及其他许多学者）所表达的关于政治学之可能的悲观主义情绪是没有根据的，或者说是夸大其辞了。本章的有关内容——经验性国家理论和哲学性国家理论在何处交汇——绝对不是空谈。详细阐明国家应该做些什么和能够做些什么，这已经成为可能。

以“同等关怀和尊重”原则为基础，我们反对“资格测定”而赞同普遍主义。进而，这一原则已经为我们关于公共服务的主张提供了基础，即应该赋予公民在不同生产者之间进行选择的自由。如果我们愿意以这种方式对待民众，就无须再容忍民主进程中的黑洞，公民也不会再受到被污名化或欺诈性的对待。

关于国家应该做些什么的另一个原则，也就是基本能力的观点。如果公民要在面对政治、经济和社会结构时，能够展现出独立自主的公民形象，则他们就必须拥有获得某些基本能力的权利，以使得他们能够做出深思熟虑的选择。哪些能力应该被认为是基本能力，这些能力的范围又应该多大——要确定这个问题，必须依据这样的原则：公民将能够独立自主地展开行动，并且能独立地做出深思熟虑的选择。至于这些能力究竟包括什么，有多大能力才是足够的，政治哲学不可能回答这些问题，它们只能通过政治程序来决定。这里的观点不是像某些人所担心的，要使政治过程充斥过多的政治哲学论辩，相反，它的目标是非常有限的：应该为“国家应该做些什么”的政治商谈确立一个什么样的基点。

以上分析同样适用于我们赞同的公民自治原则。全民福利国家不会为那些生活条件优于其他人的公民提出要求。不过，我们曾经被迫稍稍修改了中立原则，并且承认国家应该竭力阻止公民选择那些我们有充分理由认为不是自主选择的生活项目。明显的情况包括心理疾病和社会障碍（例如，由于长期持续地滥用药物）。当然，如何准确界定这个界限（尤其是涉及未成年人的）还是一个非常困难的问题，以规范原则为基础，根本不容易给出任何答案。但是，我们讨论的目的在于，把提供论据的责任交回到提出它的人手上：那些采取家长制立场的人——他们主 219
张运用国家的强制权力来决定某项生活项目（或实际上要阻挠某些这样的项目）。

把这两项从政治哲学维度推导出来的原则与对“国家能够做什么”这样更具经验性的分析结合起来，已经证明是现实可行的。在实行普遍性社会福利政策的情况下，尤其适用。基本养老金、其他社会保险福利和儿童津贴，这些都是国家完全能够提供的福利；此外，这些福利与“基本能力”“同等关怀和尊重”等规范原则配合得非常好。我们为这些福利所必须付出的代价，就是必须面对公共政策相对宽泛的目标，也就是一种反至善论的政策（对于这项政策，除此之外还有其他合理的解释）。我们已经强调过管理上存在的两难困境——立法主体越是希望公共项目规划具有更加精确的目标，他们在如何实施这些项目方面的权力就会越小。我们也特别强调过，以精确方式对动态的社会状况进行干预是非常困难的。我们必须承认，有些我们想让国家去做的事情，可它却偏偏做不到。

服务的公共产出是一个更加难以解决的问题。在这方面，管理的问题很容易变得非常复杂，并且有时国家还得被迫解决一些明知没有有效对策的问题。然而，就像很多执行研究一样，不要对此抱着病态或过于苛刻的态度，这是必需的。很多公共计划没有实现为它们设定的目标，但并不意味着计划本身是徒劳无益的，或者我们希望它不成功。政策理论的不确定性——集权的政治组织并不总是清楚应该做些什么以及应该怎么做——是可以弥补的。它本身并没有对国家能力提出不可解决的难题。通过对组织质量以及执行阶段所用方法的合法性塑造给予特别关注，国家甚至能够在以上述问题为特点的领域自如应对。还有，在以“同等关怀和尊重”对待所有公民的要求基础上，可以提升公务人员的道德伦理。

此外，我们已经呼吁关注保障公民在不同服务生产者之间进行选择权利的重要性。然而，生产公共服务的组织如果要按照我们所提的两项基本原则运行的话，就必须符合某些确定的条件。简而言之，这些条件
220 是，他们承认某些中央规定的标准，并且不得在认证过程中歧视公民。因此，公民通过行使在不同服务生产者间选择的权利，从而获得“自下而上进行管理”的机会。在一个个人主义精神的公民越来越多的社会里，在普遍性福利政策框架内解决合法性问题还是可能的。

然而，这也产生了一些对执行公共任务的组织的新观点。这些组织无论是私人的还是公共的，都必须像准自治组织那样运作，竭力满足适用领域的契约条款。结果，它们的学习能力、应对不确定情况的能力，以及适应新环境的能力，对于其自身的长期存在都将具有决定性的意义。换言之，它们必须在两个层面确保其活动的正当性，通过履行“契约”获得公民整体的认同，通过保障其服务具有足够的吸引力，来赢得服务个体使用者的欢迎。

对于在第一章中所提到的对普遍性福利政策的各种挑战，我们现在可以说的更多。在当今福利国家的财经问题方面，我们没有提出任何解决办案，但是，我们已经注意到应该对纯经济效率分析施加的一些约束。另外，当提出对确保现有制度在财政和选举方面获得足够支持的前景时，一致同意理论应该具有重大的价值。此外，如果公民相信福利政策的目标是正义的，执行过程是公平的，并且有理由相信大多数其他公民将会忠实地交税而不欺骗制度，他们就会支持福利国家。

我们进一步发现，认定福利国家将会取代公民社会的种种评论，无论在内在逻辑还是经验证据方面都充满瑕疵。正如我们已经确定的，没有资料显示普遍性福利政策使得公民社会丧失了自主性。恰恰相反，有足够的证据支持这一观点的反面——建基于“基本能力”原则和“同等关怀和尊重”原则基础上的福利国家，增加了公民实现其自主选择人生规划的机会。事实上，如果承担公共任务的组织按照本书详尽阐明的方式（并且明显正在朝着这个方向推进）承担他们应尽的责任，那么结果是这些组织将更多地根植于公民社会而非国家。

更具个人主义色彩的价值模式显著发展，以及与这种模式相联系的自由选择和在公共服务给予公民个性化对待的要求，都没有必然构成对 221
普遍性福利政策的致命打击。正如我们已经阐明的，在普遍性福利政策的框架内，也可以实现更具区别化和更有效的服务产出。我们已经揭示出，个人主义并不等同于利己主义。这种新的公民更展现出一种我们暂时称为“社会连带主义的个人主义”的面貌。

我们发现，基于非经济上的其他理由，那些支持向更具选择性的福利政策转变的主张可能会引发质疑。根本不存在将“资格测定”与“同等关怀和尊重”原则结合起来的可能性——图表中没有这部分内容。

那么，对于这样的国家——它一方面对其公民的幸福负有广泛的团结的责任，另一方面又把公民人生规划的选择视为与大多数人无关的个人事务，我们应该如何描述它的特征呢？ 如果我们将这些维度交叉列表，就便会产生四种类型的国家（见图 9－1）。我发现，非家长制福利国家适合我们的情况。[4] 至于福利国家的未来前景，我们的讨论已经分三步展开。第一，对于解释为什么不同福利国家之间目标会有所不同，重要的因素是社会准则，而不仅仅是理性的力量。第二，公民所遵奉的道德原则，不是或不仅仅是结构性假定，而是公共政策合法性的产物。第三，这种合法性取决于制定和执行公共政策的制度是如何构建的。对
222 此，我不会再重复我的观点，而是将强调它的另一个侧面。因为，我们描述为决定性的政治制度会发生变化，也会受到外界的影响。当然，它们具有顽强的结构，但是从历史上看，有意识地创制和改造它们是可能的——至少在某种特定条件下是可能的。

		范围	
		小	大
定位	社群主义/完美主义	促进型国家	家长制福利国家
	中立主义/自由主义	守夜人国家	非家长制福利国家

图 9-1　国家的范围和定位

作为一项关于全民福利模型未来展望的研究，这种分析并不诉诸当前趋势来推测未来。因为大多数社会进程都不是线性发展而是动态变化的。为了吸引足够的支持，我们更愿意尝试界定福利国家制度和其前景之间的关系。换言之，福利政策的未来，取决于政策如何内在地运行，而非外在的环境因素。如果福利政策的轮廓真的是由根植于公民的社会准则所决定的，而这些社会准则又是由我们所分析的政治制度的类型所决定的，那么无论何种类型的福利政策，它的未来都掌握在其政治领导人和公民的手中，因为正是他们决定着是否要改变我们的政治制度。如果把导致西方资本主义国家福利制度出现巨大差异的历史理解为路径依赖的话，那么，为什么历史会从不同路径上展开就是问题的关键所在了。如果每个国家都有其特定的历史，那么当其历史朝着特定方向发展时，也就是我所称的制度形成时期，政治领导人的行动就成为关键因素。换句话说，福利国家政治制度的初始设计是至关重要的。

如果说得夸张一点儿，好消息是，在设计政治制度的同时，我们也在很大程度上决定了公民对福利政策的规范态度。如果公民将当前的福利规划视为根据正义原则设计的，如果他们认为这种计划的执行过程公平合理，并且认为所有的公民（至少，可以说是大多数公民）都会为福利支出承担相应的份额，那么对普遍性福利政策的政治支持就会持续下

去。反之，则不然。

【注释】

[1] Lichbach （1995），cf. Biccieri （1993），Bianco & Bates （1990），Hechter （1992），Bendor & Mookherje （1987）.

[2] 按照另一种非常不同的途径，这种说法被冠以“回归国家”的观点。Cf. Skocpol & Finegold （1982）.

[3] Gross （1987），p. 121.

[4] Hampton （1997），p. 175.

参考文献

Åberg, Rune. 1990. "Värderingsförändringar och samhällsutveckling," in Rune Åberg (ed.). *Industrisamhälle i omvandling. Människor, arbete och social liv i en svensk industristad från femtiotal till åttiotal.* Stockholm. Carlssons Förlag

Åström, Karsten. 1988. *Socialtjänstlagen i politik och förvaltning.* Lund. Lund University Press

Ackerman, Bruce C. 1980. *Social Justice and the Liberal State.* New Haven. Yale University Press

Adler, Michael & Asquith, Stewart. 1981. "Discretion and Power," in same authors (eds.). *Discretion and Welfare.* London. Heineman

Agell, Jonas. 1992. "Det svenska skattesystemet," in Bo Södersten (ed.). *Den offentliga sektorn.* Stockholm. SNS Förlag

Agell, Jonas, Lindh, Thomas, & Ohlsson, Henry. 1994. "Tillväxt och offentlig sektor". *Ekonomisk Debatt* 22

Ahlbäck, Shirin. 1995. "Politikermakt eller tjänstemannavälde?" *Statsvetenskaplig tidskrift* 98

Aldrich, Howard E. 1979. *Organizations and Environments.* Englewood Cliffs, N.J. Prentice-Hall

Algotsson, Karl-Göran. 1993. *Lagrådet, rättsstaten och demokratin under 1900-talet.* Stockholm. Norstedts Juridik

Anderson, Charles W. 1990. *Principled Pragmatism.* Chicago. Chicago University Press

Andersson, Åke E., Fürth, Thomas, & Holmberg, Ingvar. 1993. *70-talister om värderingar förr, nu och i framtiden.* Stockholm. Natur och Kultur

Antman, Peter (ed.). 1993. *Systemskifte. Fyra folkhemsdebatter.* Stockholm. Carlssons

Arvidsson, Göran. 1991. "Korsbefruktning företag/förvaltningar," in Göran Arvidsson & Rolf Lind (eds.). 1991. *Ledning av företag och förvaltningar.* Stockholm. SNS Förlag

Aristotle. *Politics* 1.

Arneson, Richard J. 1990a. "Primary Goods Reconsidered," *NOÛS* 24

1990b. "Liberalism, Distributive Justice, and Equal Opportunity for Welfare," *Philosophy and Public Affairs* 19

Aron, Raymond. 1983. *Clausewitz. Philosopher of War.* London. Routledge and Kegan Paul

Arvidsson, Håkan and Berntson, Lennart, 1990. *Det civila samhället.* Stockholm. Timbro

Axberg, Mikael. 1993. "Rättvisa och personligt ansvar," working paper at the Department of Government, Uppsala University

Axelrod, Robert. 1984. *The Evolution of Cooperation.* New York. Basic Books

Baldwin, Peter. 1990. *The Politics of Social Solidarity: Class Bases of the European Welfare State 1875–1975.* Cambridge. Cambridge University Press

Bardach, Eugene. 1977. *The Implementation Game.* Cambridge, Mass. MIT Press

Barry, Brian. 1965. *Political Argument.* London. Routledge and Kegan Paul

1989. *Theories of Justice.* London. Harvester-Wheatsheaf

1990. "The Welfare State versus The Relief of Poverty," *Ethics* 91

1995. *Justice as Impartiality.* Oxford: Oxford University Press

Barry, Norman P. 1981. *An Introduction to Modern Political Theory.* London. Macmillan

Bates, R. H. 1988. "Contra contractarianism. Some Reflections on the New Institutionalism," *Politics and Society* 18

Beck, Ulrich. 1992. *Risk Society. Towards an New Modernity.* London. Sage

Beetham, David. 1985. *Max Weber and the Theory of Modern Politics.* Cambridge. Polity Press

Beiner, Ronald. 1992. *What's the Matter with Liberalism.* Berkeley. University of California Press

1996. "What Liberalism Means," *Social Philosophy and Policy* 13

Bell, John. 1985. "The Basis of Rights in a Welfare State," in Jan M. Broekman, *et al.* (eds.). *Social Justice and Individual Responsibility in the Welfare State.* Archiv Für Rechts- und Sozialphilosophie, Beiheft 24, Stuttgart. Franz Steiner Verlag

Bendor, Jonathan & Mookherje, Dilip. 1987. "Institutional Structure and the Logic of Ongoing Collective Action," *American Political Science Review* 81

Bennich-Björkman, Li. 1991. *Statsstödda samhällskritiker. Författarautonomi och statsstyrning i Sverige.* Stockholm. Tiden

Benson, J. Kenneth. 1982. "A Framework for Policy Analysis," in D. L. Roger

and D. A. Whetter (eds.). *Interorganizational Coordination. Theory, Research, Implementation*. Ames. Iowa State University Press
Bergqvist, Christina. 1990. "Myten om den universella välfärdspolitiken," *Statsvetenskaplig tidskrift* 91
Bergström, Hans. 1991. "Sweden's Politics and Party System at the Crossroads," *West European Politics* 14
Berman, Paul. 1980. "Thinking about Programmed and Adaptive Implementation. Matching Strategies to Situations," in Helen M. Ingram & Dean E. Mann (eds.). *Why Policies Succeed or Fail*. Beverly Hills. Sage
Berthu, Georges & Lepage, Henri. 1988. *Äganderätt ger välstånd*. Stockholm. Ratio
Beuchamp, Tom L. 1980. "Distributive Justice and the Difference Principle," in H. Gene Blocker & Elisabeth H. Smith (eds.). *John Rawls' Theory of Social Justice – An Introduction*. Athens, Ohio. Ohio University Press
Bianco, William T. & Bates, Robert H. 1990. "Cooperation by Design. Leadership, Structure and Collective Dilemmas," *American Political Science Review* 84
Bicchieri, Christina. 1993. *Rationality and Coordination*. Cambridge. Cambridge University Press
Birgersson, Bengt-Owe & Westerståhl, Jörgen. 1985. *Den svenska folkstyrelsen*. Stockholm. Liber
Björklund, Stefan. 1977. *Den uppenbara lösningen. Om möjligheten till en objektiv ståndpunkt i politiska värdefrågor*. Stockholm. Aldus/Bonniers
Björnberg, Ulla. 1992. "Tvåförsörjarfamiljen i teori och verklighet," in Joan Acker, *et al. Kvinnor och mäns liv och arbete*. Stockholm. SNS Förlag
Bobbio, Norberto. 1990. *Liberalism and Democracy*. London. Verso
Borg, Anders E. 1992. *Generell välfärdspolitik. Bara magiska ord?* Stockholm. City University Press
Boyd, William Lowe. 1993. "Parental Choice of Schools. An International Movement," in Gary Miron (ed.). *Toward Free Choice and Market-Oriented Schools: Problems and Promises*. Stockholm. Skolverket
Brand, Donald. 1988. *Corporatism and the Rule of Law*. Ithaca. Cornell University Press
Brunsson, Nils. 1989. *The Organization of Hypocrisy*. Chichester. John Wiley
1990. "Reformer som rutin," in Nils Brunsson and Johan P. Olsen (eds.). *Konsten att reformera*. Stockholm. Carlssons Förlag
Brunsson, Nils & Olsen, Johan P. (eds.) 1990. *Makten att reformera*. Stockholm. Carlssons Förlag
Buchanan, James M. & Tullock, Gordon. 1962. *The Calculus of Consent*. Ann Arbor. The University of Michigan Press
Campbell, Tom. 1990. *Justice*. Atlantic Highlands, N.J. Humanities Press International

Carlsson, Alan. 1990. *The Swedish Experiment in Family Politics: The Myrdals and the Interwar Population Crisis*. New Brunswick. Transaction Books

Carlsson, Bo & Isaksson, Åke. 1989. *Hälsa, kommunikativt handlande och konfliktlösning*. Lund. Bokbox

Carlsson, Per, Garpenby, Peter, & Bonair, Ann. 1991. "Kan sjukvården styras." Report from the Centrum för utvärdering av medicinsk teknologi, University of Linköping, no. 15

Castles, Francis G. (ed.). 1989. *The Comparative History of Public Policy*. Cambridge. Polity Press

Castles, Francis & Mitchell, Deborah. 1992. "Identifying Welfare State Regimes: The Link Between Politics, Instruments and Outcomes," in *Governance* 5

Cerych, Ladislav & Sabatier, Paul A. 1986. *Great Expectations and Mixed Performances: The Implementation of Higher Education in Europe*. Stoke-on-Trent. Trentham Books

Chase, Gordon. 1979. "Implementing a Human Services Program. How Hard Will it Be?" *Public Policy* 27

Chubb, John E., & Moe, Terry M. 1990. *Politics, Markets, and America's Schools*. Washington D.C. The Brookings Institution

von Clausewitz, Carl. 1836/1984. *On War*. Princeton. Princeton University Press

Cohen, Eliot A. & Gooch, John. 1990. *Military Misfortunes: The Anatomy of Failure in War*. New York. The Free Press

Cohen, Gerald. 1989. "On the Currency of Equalitarian Justice," *Ethics* 99

Cohen, Jean L. & Arato, Andrew. 1993. *Civil Society and Political Theory*. Cambridge, Mass. MIT Press

Coleman, James S. 1990. *Foundations of Social Theory*. Cambridge, Mass. Harvard University Press

Cook, Karen S. 1987. "Toward a More Interdisciplinary Research Agenda: The Potential Contributions of Sociology," *Social Justice Research* 1

Cook, Karen Schweers & Levi, Margaret (eds.). 1990. *The Limits of Rationality*. Chicago. The University of Chicago Press

Culpitt, Ian. 1992. *Welfare and Citizenship: Beyond the Crises of the Welfare State?* London. Sage

Dandeker, Christopher. 1990. *Surveillance, Power and Modernity*. Cambridge. Polity Press

Davidson, Alex. 1989. *Two Models of Welfare*. Uppsala. Statsvetenskapliga föreningen

Demchak, Chis C. 1991. *Military Organizations, Complex Machines, Modernization in the U.S. Armed Services*. Ithaca. Cornell University Press

Dewes, Peter. 1987. *The Logics of Disintegration*. London. Verso

Dionne E. J. Jr. 1991. *Why Americans Hate Politics*. New York. Simon and Schuster

Dogan, Mattei. 1988. "Crisis of the Welfare State," in same author (ed.). *Comparing Pluralist Democracies. Strains on Legitimacy*. Boulder. Westview Press

Donahue, John D. 1992. *The Privatization Decision. Public Ends, Private Means*. New York. Basic Books

Douglas, Mary. 1988. *How Institutions Think*. London. RKP

Dryzek, John. 1990. *Discursive Democracy*. Cambridge. Cambridge University Press

Dunleavy, Patrick. 1991. *Democracy, Bureaucracy and Public Choice: Economic Explanations in Political Science*. New York. Harvester Wheatsheaf

Dworkin, Gerald. 1988. *The Theory and Practice of Autonomy*. Cambridge. Cambridge University Press

Dworkin, Ronald. 1977. *Taking Rights Seriously*. London. Duckworth

1981a. "What is Equality? Part 1. Equality of Welfare," *Philosophy and Public Affiars* 10

1981b. "What is Equality? Part 2. Equality of Resources," *Philosophy and Public Affairs* 10

1985. *A Matter of Principle*. Cambridge, Mass. Harvard University Press

1989. "Liberal Community," *California Law Review* 77

Edwards, John. 1988. "Justice and the Bounds of Welfare," *Journal of Social Policy* 17

Eklund, Klas. 1993. *Hur farligt är budgetunderskottet?* Stockholm. SNS Förlag

Elliot, Maria. 1992. "Medborgerlig tillit och misstro," in Sören Holmberg & Lennart Weibull (eds.). *Perspektiv på krisen*. Göteborg. Göteborgs Universitet

Elmore, Richard F. 1978. "Organizational Models of Social Program Implementation," *Public Policy* 26

1983. "Social Policymaking as Strategic Intervention," in Edward Seidman (ed.). *Handbook of Social Intervention*. Beverly Hills. Sage

Elster, Jon. 1986. "The Market and the Forum: Three Varieties of Political Theory," in Jon Elster & Aanund Hylland (eds.). *Foundations of Social Choice Theory*. Cambridge. Cambridge University Press

1987. "On the Possibility of Rational Politics," *Archives Européennes de Sociologie* 38

1989. *The Cement of Society*. Cambridge. Cambridge University Press

1991. "Rationality and Social Norms," *Archives Européennes de Sociologie* 31

1992. *Local Justice: How Institutions Allocate Scarce Goods and Necessary Burdens*. New York. Russell Sage Foundation

1993. *Political Psychology*. Cambridge. Cambridge University Press

Ely, John. 1992. "The Politics of Civil Society," *Telos* 93

Eriksen, Erik Oddvar. 1993. *Grenser for staten?* Oslo. Universitetsforlaget

Esping, Hans. 1994. *Ramlagarna i förvaltningspolitiken*. Stockholm. SNS Förlag

Esping-Andersen, Gøsta. 1990. *The Three Worlds of Welfare Capitalism*. Cambridge. Polity Press

1996. "After the Golden Age? Welfare State Dilemmas in a Global Economy," in Gøsta Esping-Andersen (ed.). *Welfare States in Transition. National Adaptions in Global Economies*. London. Sage

Etzioni, Amitai. 1988. *The Moral Dimension: Towards a New Economics*. New York. The Free Press

Falkemark, Gunnar. 1992. "Rudolf Kjellén – vetenskapsman eller humbug," in Gunnar Falkemark (ed.). *Statsvetarporträtt. Svenska statsvetare under 350 år*. Stockholm. SNS Förlag

Ferejohn, John. 1991. "Rationality and Interpretation: Parliamentary Elections in Early Stuart England," in Kirsten Renwick Monroe (ed.). *The Economic Approach to Politics: A Critical Reassessment of the Theory of Rational Choice*. New York. HarperCollins

Fischer, Frank. 1980. *Politics, Values and Public Policies: The Problem of Methodology*. Boulder, Col. Westview Press

1983. "Ethical Discourse in Public Administration," in *Administration and Society* 15

1995. *Evaluating Public Policy*. Chicago. Nelson Hall

Fischerman, Ethan. 1991. "Political Philosophy and the Policy Studies Organization," in *PS. Political Science and Politics* 24

Fishkin, James S. 1975. "Justice and Rationality: Some Objections to the Central Argument in Rawls' Theory," *American Political Science Review* 69

1983. "Can There Be a Neutral Theory of Justice?" *Ethics* 93

1992. *The Dialogue of Justice: Toward a Self-Reflective Society*. New Haven. Yale University Press

Fisk, Milton. 1989. *The State and Justice: An Essay in Political Theory*. New York. Cambridge University Press

Fox, Charles J. 1987. "Biases in Public Policy Implementation Evaluation," *Policy Studies Review* 7

Frank, Robert H., Gilovich, Thomas, & Regan, Dennis T. 1993. "Does Studying of Economics Inhibit Cooperation?" *Journal of Economic Perspectives* 7

Friedman, Kathie V. 1981. *Legitimation of Social Rights and the Western Welfare State*. Chapel Hill. The University of North Carolina Press

Fritzell, Johan. 1991. *Icke av marknaden allena. Inkomstfördelningen i Sverige*. Stockholm. Stockholms Universitet, Institutet för Social Forskning

Frolich, Norman & Oppenheimer, Joe A. 1990. "Choosing Justice in Experimental Democracies with Production," *American Political Science Review* 84

1992. *Choosing Justice: An Experimental Approach to Ethical Theory*. Berkeley. California University Press
Garrett, Geoffrey. 1997. *Partisan Politics in the Global Economy*. Cambridge. Cambridge University Press
Garrett, Geoffrey & Weingast, Barry. 1991. "Ideas, Interests and Institutions." Paper, Department of Political Science, Stanford University
Gauthier, David. 1986. *Morals by Agreement*. Oxford. Clarendon Press
George, Robert P. 1993. *Making Men Moral. Civil Liberties and Public Morality*. Oxford. Oxford University Press
Giddens, Anthony. 1979. *Central Problems in Social Theory: Action, Structure and Contradiction in Social Analysis*. London. Macmillan
Gilligan, Carol. 1982. *In a Different Voice: Psychological Theory and Women's Developments*. Cambridge, Mass. Harvard University Press
Glazer, Nathan. 1988. *The Limits of Social Policy*. Cambridge, Mass. Harvard University Press
Goggin, Malcolm L. 1986. "The 'Too Few Cases/Too Many Variables' Problem in Implementation Research," *Western Political Quarterly* 39
Goggin, Malcolm L., Bowman, Ann, Lester, James P., & O'Toole, Laurence J. Jr. 1990. *Implementation Theory and Practice. Toward a Third Generation*. Glenview, Ill.: Scott Foresman/Little Brown
Goldman, Alan H. 1980. "Responses to Rawls from the Political Right," in H. Gene Blocker & Elizabeth H. Smith (eds.). *John Rawls' Theory of Social Justice – An Introduction*. Athens Ohio. Ohio University Press
Goodin, Robert E. 1982. *Political Theory and Public Policy*. Chicago. The University of Chicago Press
1988. *Reasons for Welfare: The Political Theory of the Welfare State*. Princeton. Princeton University Press
Goodin, Robert E., Le Grand, Julian, and associates. 1987. *Not Only the Poor: The Middle Class and the Welfare State*. London. Allen and Unwin
Gorpe, Peter. 1978. *Politikerna, byråkraterna och de nya styrningformerna*. Stockholm. Liberförlag
Gortner, Harold F., Mahler, Julianne, & Nicholson, Jeanne Bell. 1987. *Organization Theory: A Public Perspective*. Chicago. The Dorsey Press
Goul Andersen, Jørgen. 1993. "Samfundsind og egennytte," *Politica* 25
Grafstein, Robert. 1992. *Institutional Realism: Social and Political Constraints on Rational Actors*. New Haven. Yale University Press
Gray, John. 1993. *Beyond the New Right: Markets, Governments and the Common Environment*. London. Routledge
Green, Donald P. & Shapiro, Ian. 1994. *Pathologies of Rational Choice Theory: A Critique of Applications in Political Science*. New Haven. Yale University Press
Grosin, Lennart. 1992. *Skolklimat, prestation och uppförande i åtta*

högstadieskolor. Department of Pedagogy, Stockholm University, report no. 53
Gross, Barry. 1987. "Real Equal Opportunity," *Social Philosophy and Policy* 4
Gutman, Amy. 1990. "Introduction" in same author (ed.). *Democracy and the Welfare State*. Princeton. Princeton University Press
Gutman, Amy & Thompson, Dennis. 1990. "Moral Conflict and Political Consensus," in R. Bruce Douglass, Gerald M. Mara, & Henry S. Richardsson (eds.). *Liberalism and the Good*. New York. Routledge
Habermas, Jürgen. 1987. *The Philosophical Discourse of Modernity*. Cambridge, Mass. MIT Press
1990. *Moral Consciousness and Communicative Action*. Cambridge, Mass. MIT Press
Hadenius, Axel. 1986. *A Crisis of the Welfare State?* Uppsala. Almqvist and Wiksell
Halleröd, Björn. 1991. *Den svenska fattigdomen*. Lund. Arkivs förnämliga avhandlingsserie
Ham, Christopher & Hill, Michael. 1984. *The Policy Process in the Modern Capitalist State*. Brighton. Wheatsheaf
Hampton, Jean. 1997. *Political Philosophy*. Boulder: Westview Press
Handel, Michael B. 1986. *Clausewitz and Modern Strategy*. London. Frank Cass
1989. *War, Strategy and Intelligence*. London. Frank Cass
Hanf, Kenneth & Scharpf, Fritz W. (eds.). 1978. *Interorganizational Policy Making: Limits to Coordination and Central Control*. London. Sage
Hansson, Ingemar. 1993. "Århundradets skattereform och århundradets utgiftsreform," in Klas Eklund (ed.). *En "skattereform" för socialförsäkringarna*. Stockholm. Publica
Hansson, Sven-Ove. 1989. "Introduktion," in *Idéer om rättvisa*. Stockholm. Tidens Förlag
Hardin, Russell. 1982. *Collective Action*. Baltimore. Johns Hopkins Press
1996. *One for All: the Logic of Group Conflict*. Princeton. Princeton University Press
Harrington, Michael. 1962. *The Other America*. New York. Macmillan
Hart, H. L. A. 1979. "Between Utility and Rights," in Alan Ryan (ed.). *The Idea of Freedom: Essays in Honour of Isaiah Berlin*. Oxford. Oxford University Press
Hasenfeld, Yeheskel & Brock, Thomas. 1991. "Implementation of Social Policy Revisited," *Administration and Society* 22
Hatje, Ann-Katrin. 1974. *Befolkningsfrågan och välfärden*. Stockholm. Allmänna förlaget
Hechter, Michael. 1987. *Principles of Group Solidarity*. Berkeley. University of California Press

1992. "The Insufficiency of Game Theory for the Resolution of Real-World Collective Action Problems," *Rationality and Society* 4
Heclo, Hugh and Madsen, Henning. 1987 *Policy and Politics in Sweden: Principled Pragmatism*. Philadelphia. Temple University Press
Held, David. 1987. *Models of Democracy*. Cambridge. Polity Press
Held, Virginia. 1984. *Rights and Goods: Justifying Social Action*. Chicago. The University of Chicago Press
Hermansson, Jörgen. 1990. *Spelteorins nytta. Om rationalitet i politik och vetenskap*. Uppsala. Statsvetenskapliga Föreningen
1993. *Politik som intressekamp. Parlamentariskt beslutsfattande och organiserade intressen i Sverige*. Stockholm. Norstedts Juridik
1995. "Hur kan demokratin rättfärdigas," in Anders Sannerstedt and Magnus Jerneck (eds.). *Den moderna demokratins problem*. Lund. Studentlitteratur
Herméren, Göran. 1972. *Värderingar och objektivitet*. Lund. Studentliteratur
Hill, Michael J. 1972. *The Sociology of Public Administration*. London. Weidenfeld and Nicolson
Hirdman, Yvonne. 1987 "Makt och kön," in Olof Petersson (ed.). *Maktbegreppet*. Stockholm. Carlssons Förlag
1989. *Att lägga livet tillrätta*. Stockholm. Carlssons Förlag
Hjern, Benny. 1983. "Förvaltnings- och implementeringsforskning. En essä," *Statsvetenskaplig tidskrift* 86
Hjern, Benny & Porter, David O. 1981 "Implementation Structures: A New Unit of Administrative Analysis," *Organization Studies* 2
Hoff, Jens. 1993. "Medborgerskab, brugerrolle og makt," in Johannes Andersen, *et al. Medborgerskab. Demokrati og politisk deltagelse*. Herning. Systime
Hogg, Beatrice, Jansson, Signe, & Stiege, Kärsti. 1988. *Att föda på kvinnans villkor* Stockholm. Prisma
Höjer, Karl J. 1952. *Svensk socialpolitisk historia*. Stockholm, P A. Norstedts and Söner
Hollander, Anna. 1985. *Omhändertagande av barn*. Stockholm. Aktuell Juridik
Hook, Sidney. 1980. *Philosophy and Public Policy*. London. Pfeffer and Simons
Howard, Michael. 1983. *Clausewitz*. New York. Oxford University Press
1985. "Men Against Fire: The Doctrine of the Offensive in 1914," in Peter Paret (ed.). *Makers of Modern Strategy from Machiavelli to the Nuclear Age*. Princeton. Princeton University Press
Howe, Roger E. & Roemer, John. 1981. "Rawlsian Justice as the Core of a Game," *American Economic Review* 71
Hydén, Håkan. 1984. *Ram eller lag? Om ramlagstiftning och samhällsorganisation*. Stockholm. Civildepartementet

1988. "Reflexiv rätt och reglering," in Asmund Born (ed.). *Refleksiv ret.* København. Nyt fra samfundsvidenskaberne

Immergut, Ellen M. 1993. *Health Politics.* New York. Cambridge University Press

Inghe, Gunnar & Inghe, Maj-Britt. 1967 *Den ofärdiga välfärden.* Stockholm. Tidens Förlag

Inglehart, Ronald. 1990. *Culture Shift in Advanced Industrial Society.* Princeton. Princeton University Press

Ingraham, Patricia W 1987 "Toward More Systematic Consideration of Policy Design," *Policy Studies Journal* 15

Ingram, Helen. 1990 "Implementation: A Review and a Suggested Framework," in Naomi B. Lynn and Aaron Wildavsky (eds.). *Public Administration: The State of the Discipline.* Chatham, N.J. Chatham House

Isaksson, Anders. 1992. *När pengarna är slut. Välfärden efter välfärdsstaten.* Stockholm. Brombergs

Jacobs, Jane. 1992. *Systems of Survival: A Dialogue on the Moral Foundations of Commerce and Politics.* New York. Random House

Jacobs, Mark D. 1986. "The End of Liberalism in the Administration of Social Case-work," *Administration and Society* 18

Jacobsson, Bengt. 1989. *Konsten att reagera.* Stockholm. Carlssons Förlag

Janoski, Thomas. 1990. *The Political Economy of Unemployment: Active Labor Market Policy in West Germany and the United States.* Berkeley. The University of California Press

Jansson, Signe. 1988. "Mitt liv, mitt yrke och uppbyggnaden av Ystad BB," in Beatrice Hogg, Signe Jansson, & Kärsti Stiege (eds.). *Att föda på kvinnans villkor* Stockholm. Prisma

Jencks, Christopher. 1992. *Rethinking Social Policy.* Cambridge. Harvard University Press

Johnston Conover, Pamela, Crewe, Ivor, & Searing, Donald. 1990. *Conceptions of Citizenship Among British and American Publics: An Exploratory Analysis.* Colchester: Dept. of Government, University of Essex

1992. "Does Democratic Discussion Make Better Citizens?" Paper presented at the 1992 Annual Meeting of the American Political Science Association, Chicago, September 1–4, 1992

Jonsson, Ernst. 1993. *Konkurrens inom sjukvården. Vad säger forskningen om effekterna?* Stockholm. SPRI

Jönsson, Nine Christine & Lindblom, Paul. 1988. *Politik och kärlek. Gustav Möller och Else Kleen.* Stockholm. Tiden

Karlsson, Nils. 1993. *The State of State.* Uppsala. Acta Universitatis Upsaliensis

Katz, Michael B. 1989. *The Undeserving Poor: From the War on Poverty to the War on Welfare.* New York. Pantheon Books

Kaufmann, Franz-Xavier, Majone, Giandomenico, & Ostrom, Vincent, with the assistance of Wolfgang Wirth. 1986. *Guidance, Control, and Evaluation in the Public Sector*. Berlin–New York: Walter de Gruyter
Kaufman, Herbert. 1960. *The Forest Ranger*. Baltimore. John Hopkins Press
Keegan, John. 1976. *The Face of Battle*. London. Penguin Books
Kelman, Steven. 1984. "Using Implementation Research to Solve Implementation Problems," *Journal of Policy Analysis and Management* 4
Kelsen, Hans: 1945. *General Theory of Law and State*. Cambridge, Mass. Harvard University Press
1992. *General Theory of Norms*. Oxford. Clarendon Press
Kettl, Donald F. 1993a. *Sharing Power: Public Governance and Private Markets*. Washington D.C. The Brookings Institution
1993b. "Public Administration: The State of the Field", in Ada W. Finifter (ed.). *Political Science: The State of the Discipline II*. Washington D.C. American Political Science Association
King, Desmond & Rothstein. Bo. 1993. "Institutional Choices and Labor Market Policy: A British–Swedish Comparison," *Comparative Political Studies* 26
King, Desmond S. & Waldron, Jeremy. 1998. "Citizenship, Social Citizenship and the Defence of Welfare Provision," *British Journal of Political Science* 18
Kjellström, Svenåke & Lundberg, Olle. 1984. "Hälsa och vårdkonsumtion," in Robert Eriksson and Rune Åberg (eds.). *Välfärd i förändring. Levnadsvillkor i Sverige 1968–1981*. Stockholm. Prisma
Knudsen, Tim. 1991. "Planering" in Bo Rothstein (ed.). *Politik som organisation. Förvaltningspolitikens grundproblem*. Stockholm. SNS Förlag
Knudsen, Tim & Rothstein, Bo. Forthcoming. "State-Building in Scandinavia," *Comparative Politics*
Korpi, Walter. 1980. "Social Policy and Distributional Conflict in the Capitalist Democracies," *West European Politics* 3
1981. *Den demokratiska klasskampen*. Stockholm. Tidens Förlag
1997. "Eurosclerosis and the Sclerosis of Objectivity," *The Economic Journal* 107
Korpi, Walter and Palme, Joakim. 1993. "Socialpolitik i kris och reformer. Sverige i internationell belysning," appendix 17 to SOU 1993:16, *Nya villkor för ekonomi och politik*. Stockholm. Allmänna förlaget
Kreps, David M. 1990. "Corporate Culture and Economic Theory," in James Alt & Kenneth Shepsle (eds.). *Perspectives on Positive Political Economy*. Cambridge. Cambridge University Press
Kuhnle, Stein & Solheim, Liv. 1991. *Velfersstaten – vekst og omstillning*. Oslo. Tano

Kymlicka, Will. 1989. *Liberalism, Community and Culture*. Oxford. Clarendon Press
1990. *Contemporary Political Philosophy*. Oxford. Clarendon Press
Ladberg, Gunnilla. 1986. *Daghem och föräldrar*. Stockholm. Prisma
Langton, Rae. 1991 "Whose Right? Ronald Dworkin, Women and Pornographers," *Philosophy and Public Affairs* 20
Larmore, Charles. 1987 *Patterns of Moral Complexity*. Cambridge. Cambridge University Press
Larsson, Tor 1984. *Industrins furirer* Stockholm. Almqvist and Wiksell
Lau, Richard R. 1992. "Book Reviews" (review of Leif Lewin's *Self-Interest and Public Interest in Western Politics*), *American Political Science Review* 86
Laurin, Urban. 1986. *På heder och samvete. Skattefuskets utbredning och orsaker* Stockholm. Norstedts
Le Grand, Julian & Bartlett, Will (eds.). 1993. *Quasi-markets and Social Policy* London. Macmillan
Lehning, Percy B. 1990. "Liberalism and Capabilities: Theories of Justice and the Neutral State," *Social Justice Research* 4
Levi, Margaret. 1987 *Of Rule and Revenue*. Berkeley University of California Press
1990. "A Logic of Institutional Change," in Karen Schweers Cook & Margaret Levi (eds.). *The Limits of Rationality* Chicago. The University of Chicago Press
1991. "Are There Limits to Rationality?" *Archives Europeénnes de Sociologie* 31
1993. "The Construction of Consent," Administration, Compliance and Governability Program, Working Paper No. 10, Research School of Social Sciences, Australian National University
1997 *Consent, Dissent, and Patriotism*. New York: Cambridge University Press (in press)
Levin, M. A. & Ferman, B. 1985. *The Political Hand. Policy Implementation and Youth Employment Programs*. New York. Pergamon Press
Lewin, Leif. 1967 *Planhushållningsdebatten*. Stockholm. Almqvist and Wiksell
1970. *Folket och eliterna. En studie i modern demokratisk teori*. Stockholm. Almqvist and Wiksell
1984 (1992). *Ideologi och strategi. Svensk politik under 100 år* Stockholm. Norstedts.
1988. *Det gemensamma bästa. Om egenintresset och allmänintresset i västerländsk politik*. Stockholm. Carlssons Förlag
1990. *Upptäkten av framtiden*. Stockholm. Carlssons
1991. *Self-Interest and Public Interest in Western Politics*. Oxford. Oxford University Press
Lewis, David. 1984. "Conclusion: Improving Implementation," in David

Lewis and Helen Wallace (eds.). *Policies into Practice: National and International Case Studies in Implementation*. London. Heinemann
Lichbach, Mark I. 1994. "Rethinking Rationality and Rebellion," *Rationality and Society* 6
1995. *The Rebel's Dilemma*. University of Michigan Press
Lidström, Anders. 1991 *Discretion: An Art of the Possible*. Umeå. Umeå University, Department of Political Science
Lindbeck, Assar 1993. *The Welfare State*. Aldershot, Hants. Edward Elgar
Lindblom, Charles. 1977 *Politics and Markets: The World's Political-Economic Systems*. New York. Basic Books
Lindbom, Anders. 1995. *Medborgarskapet i välfärdsstaten föräldrainflytande i skandinavisk grundskola*. Stockholm. Almqvist and Wiksell International
Lindensjö, Bo. 1987 "Den politiska maktens gränser," in Olof Petersson (ed.). *Maktbegreppet*. Stockholm. Carlssons
Linder, Stephen H. & Peters, B. Guy 1990. "Research Perspectives on the Design of Public Policy: Implementation, Formulation, and Design," in Dennis J. Palumbo & Donald J. Calista (eds.). *Implementation and the Policy Process: Opening up the Black Box*. New York. Greenwood Press
Lindley, Richard. 1986. *Autonomy*. London. Macmillan
Lipsky, Michael. 1980. *Street-level Bureaucracy: Dilemmas of the Individual in Public Services*. New York. The Free Press
Lister, Ruth. 1995. "Dilemmas in engendering citizenship," *Economy and Society* 24
Ljunggren, Stig-Björn. 1992. *Folkhemskapitalismen. Högers programutveckling under efterkrigstiden*. Stockholm. Tiden
Lowi, Theodore J. 1972. "Four Systems of Policy, Politics and Choice," *Public Administration Review* 32
1984. "Ronald Reagan – Revolutionary?" in Lester M. Salamon and Michael S. Lund (eds.). *The Reagan Presidency and the Governing of America*. Washington, D.C. The Urban Institute
Luhman, Niklas. 1969. *Legitimation durch Verfahren*. Neuwied. Luchterhands
1979. *Trust and Power*. Chichester. John Wiley
Lundberg, Lars. 1982. *Från lag till arbetsmiljö*. Malmö. Liber
Lundquist, Lennart. 1986. *Implementation Steering: An Actor-Structure Approach*. Lund. Studentlitteratur
1988. *Byråkratisk etik*. Lund. Studentlitteratur
1991. *Förvaltning och demokrati*. Stockholm. Norstedts
1992. *Förvaltning, stat och samhälle*. Lund. Studentlitteratur
1993. *Det vetenskapliga studiet av politik*. Lund. Studentlitteratur
Lundqvist, Lennart J 1991. "Privatisering. Varför och varför inte?" in Bo Rothstein (ed.). *Politik som organisation. Förvaltningspolitikens grundproblem*. Stockholm. SNS Förlag

Lundström, Mats. 1993. *Politikens moraliska rum. En studie i F. A. Hayeks politiska filosofi*. Uppsala. Almqvist and Wiksell International

Lundström, Tommy 1993. *Tvångsomhändertagande av barn*. Stockholm. Stockholms Universitet, Socialhögskolan

McFate, Katherine, Smeeding, Timothy, & Rainwater, Lee. 1995. "Markets and States: Poverty Trends and Transfer System Effectiveness in the 1980s," in Katherine McFate, Richard Lawson, & William Julius Wilson, (eds.): *Poverty, Inequality and the Future of Social Policy: Western States in the New World Order* New York. Russell Sage

MacIntyre, Alasdaire. 1981. *After Virtue*. Notre Dame. University of Notre Dame Press

Majone, Giandemenico & Gretschmann, Klaus. 1986. "Analyzing the Public Sector· Shortcomings of Current Approaches," in Franz-Xavier Kaufmann, Giandomenico Majone, & Vincent Ostrom, with the assistance of Wolfgang Wirth (eds.). *Guidance, Control, and Evaluation in the Public Sector* Berlin–New York. Walter de Gruyter

Malnes, Raino. 1992. "Philosophical Argument and Political Practice: On the Methodology of Normative Theory," *Scandinavian Political Studies* 15

Mansbridge, Jane J. 1990. "The Rise and Fall of Self-Interest in the Explanation of Political Life," in Jane J. Mansbridge (ed.). *Beyond Self Interest*. Chicago. The University of Chicago Press

March, James B. & Olsen, Johan P 1986. *Ambiguity and Choice in Organizations*. Bergen. Universitetsforlaget

1989. *Rediscovering Institutions: The Organizational Basis of Politics*. New York. The Free Press

Margalit, Avishai. 1996. *The Decent Society*. Cambridge, Mass. Harvard University Press

Margolis, Howard. 1984. *Selfishness, Altruism and Rationality*. Chicago. University of Chicago Press

Mason, H. L. 1988. "Implementing the Final Solution: The Ordinary Regulation of the Extraordinary," *World Politics* 40

Matland, Richard E. 1995. "Synthesizing the Implementation Literature: The Ambiguity–Conflict Model of Policy Implementation," in *Journal of Public Administration Research and Theory* 7

Mayhew, Bruce. 1980. "Structuralism vs. Individualism. Part 1 Shadowboxing in the Dark," *Social Forces* 59

Maynard, Alan. 1993. "Jämlikhet och effektivitet vid fördelning av resurser i hälso- och sjukvård," in Göran Arvidsson, Bengt Jönsson and Lars Werkö (eds.). *Prioriteringar i sjukvården – Etik och ekonomi*. Stockholm. SNS Förlag

Mayntz, Renate. 1975. "Legitimacy and the Directive Capacity of the Political

System," in Leon N. Lindberg (ed.). *Stress and Contradiction In Modern Capitalism*. Lexington, Mass. D. C. Heath

Mazmanian, Daniel A. & Sabatier, Paul A. (eds.). 1981 *Effective Policy Implementation*. Lexington, Mass. D. C. Heath

1983. *Implementation and Public Policy*. Glenview, Ill. Scott Foresman and Company

Michelman, Frank. 1976. "Constitutional Welfare Rights and A Theory of Justice," in Norman Daniels (ed.). *Reading Rawls: Critical Studies of A Theory of Justice*. New York. Basic Books

Mill, John Stuart. 1861/1972. *Considerations on Representative Government*. London. Dent and Sons

1863/1910. *Utilitarianism, Liberty, Representative Government*. London. J. M. Dent

Miller, David. 1978. "Democracy and Social Justice," *British Journal of Political Science* 8

1987a. "Justice," in David Miller (ed.). *The Blackwell Encyclopedia of Political Thought*. London. Blackwell

1987b. "Political Theory," in David Miller (ed.). *The Blackwell Encyclopedia of Political Thought*. London. Blackwell

1990. "Equality," in G. M. K. Hunt (eds.). *Philosophy and Politics*. Cambridge. Cambridge University Press

1991. "Recent Theories of Social Justice," *British Journal of Political Science* 21

1992. "Distributive Justice: What the People Think," *Ethics* 102

Miller, Gary. 1992. *Managerial Dilemmas. The Political Economy of Hierarchy*. Cambridge. Cambridge University Press

Mintzberg, Henry M. 1979. *The Structuring of Organization*. Englewood Cliffs, N.J. Prentice-Hall

Misztal, Barbara. 1996. *Trust in Modern Societies*. Cambridge. Polity Press

Moene, Karl Ove & Wallerstein, Michael. 1996. "Self-Interested Support for Welfare Spending." Paper presented at the Annual Meeting of the American Political Science Association, San Francisco, Aug. 29–Sept. 1, 1996

Montin, Stig. 1992. "Privatiseringsprocesser i kommunerna," *Statsvetenskaplig tidskrift* 95

1993. *Svenska kommuner i omvandling*. Örebro. Novemus, Högskolan i Örebro

Moon, John D. 1990. "The Moral Basis of the Democratic Welfare State," in Amy Gutman (ed.). *Democracy and the Welfare State*. Princeton. Princeton University Press

Mucciaroni, Gary. 1990. *The Political Failure of Employment Policy 1945–1982*. Pittsburgh. University of Pittsburgh Press

Mulhall, Stephen &Swift, Adam. 1992. *Liberals and Communitarians*. Oxford. Blackwell

Murray, Charles A. 1984. *Loosing Ground: American Social Policy 1950–1980*. New York. Basic Books

Myrdal, Gunnar. 1969. "Den mjuka staten i underutvecklade länder," in *U-hjälp i utveckling*. Stockholm. Wahlström and Widstrand

1970. *Objektivitetsproblemet i samhällsforskningen*. Stockholm

Möller, Gustav 1920. "Socialiseringsproblemet," *Tiden* 12

1926. *Arbetlöshetsförsäkringen jämte andra sociala försäkringar* Stockholm. Tidens Förlag

1952. "Svensk socialpolitik," *Tiden* 44

1971 "Hågkomster," in Åke Wedin (ed.). *Arbetarrörelsens Årsbok*. Stockholm. Prisma

Nagel, Thomas. 1987 "Moral Conflicts and Political Legitimacy," *Philosophy and Public Affairs* 16

Nakamura, Robert T & Smallwood, Frank. 1980. *The Politics of Policy Implementation*. New York. St Martins Press

Niklasson, Lars. 1992. *Bör man lyda lagen. En undersökning av den offentliga maktens legitimitet*. Uppsala. Acta Universitatis Upsaliensis

Nilsson, Lennart. 1991 "Den offentliga sektorn under åtstramning och omprövning," in Sören Holmberg and Lennart Nilsson (eds.). *Trendbrott? Samhälle, Opinion, Massmedia*. Göteborg. Göteborgs Universitet

Norell, Per-Ola. 1989. *De kommunala administratörerna. En studie av politiska aktörer och byråkratiproblemet*. Lund. Studentlitteratur

North, Douglas, 1990. *Institutions, Institutional Change and Economic Performance*. Cambridge. Cambridge University Press

Nove, Alec. 1983. *The Economics of Feasible Socialism*. London. Allen and Unwin

Nozick, Robert. 1974. *Anarchy, State and Utopia*. New York. Basic Books

1989. *Examined Life: Philosophical Meditations*. New York. Simon and Schuster

Nussbaum, Martha. 1990. "Aristotelian Social Democracy," in R. Bruce Douglass and Gerald M. Mara and Henry S. Richardsson (eds.) *Liberalism and the Good*. New York. Routledge

Nyström, Per. 1983. "Välfärdsstatens styrningsmekanismer," in Anders Björnsson (ed.). *I folkets tjänst*. Stockholm. Ordfront

1991. "Hur man löser ett skenproblem – enligt logikens lagar," *Tiden* 83

Öberg, Per-Ola. 1994. *Särintresse och allmänintresse: korporatismens ansikten*. Stockholm. Almqvist & Wiksell International

Offe, Claus. 1986. *Disorganized Capitalism: Contemporary Transformations of Work and Politics*. Cambridge. Polity Press

1988. "Democracy Against the Welfare State? Structural Foundations of

Neoconservative Political Opportunities," in J Donald Moon (ed.). *Responsibility, Rights, and Welfare: The Theory of the Welfare State.* Boulder, Col. Westview Press

O'Higgins, Michael. 1987 "Egalitarians, Equalities, and Welfare Evolution," *Journal of Social Policy* 16

Okin, Susan Moller. 1989 *Justice, Gender and the Family*. New York. Basic Books

Olofsson, Gunnar 1979. *Mellan klass och stat*. Lund. Arkiv avhandlingsserie

Olsen, Johan P 1990. *Demokrati på svenska*. Stockholm. Carlssons

1993. "Utfordringar for offentlig sektor og for statsvitenskapen," *Norsk statsvitenskapelig tidsskrift* 9

Olsen, Johan P & Peters, B. Guy 1996. *Lessons from Experience. Experimental Learning in Administrative Reforms in Eight Democracies*. Oslo. Scandinavian University Press

Olson, Mancur C. 1965. *The Logic of Collective Action*. Cambridge, Mass.. Harvard University Press

Olsson, Sven E. 1990 (1993). *Social Policy and Welfare State in Sweden*. Lund. Arkiv

1991. "När makten lades tillrätta," in Sven E. Olsson and Göran Therborn (eds.). *Vision möter verklighet. Om social styrning och faktisk samhällsutveckling*. Stockholm. Allmänna förlaget

Olsson-Hort, Sven E. 1992. *Segregation – ett svenska dilemma*. Appendix 9 to Långtidsutredningen 1992. Stockholm. Allmänna förlaget

Ordeshook, Peter C. 1986. *Game Theory and Political Theory*. Cambridge. Cambridge University Press

Orloff, Ann Shola. 1993. *The Politics of Pensions: A Comparative Analysis of Britain, Canada and the United States 1880–1940*. Madison. The University of Wisconsin Press

Osborne, David and Gaebler, Ted. 1993. *Reinventing Government*. New York. Penguin

Oskarsson, Maria. 1994. *Klassrösting i Sverige. Rationalitet, lojalitet eller bara slentrian?* Stockholm. Nerenius och Santérus Förlag

Ostrom, Elinor 1992. *Governing the Commons: The Evolution of Institutions for Collective Action*. Cambridge. Cambridge University Press

O'Toole, Laurence J Jr. 1983. "Interorganizational Co-operation and the Implementation of Labour Market Training Programs," *Organizational Studies* 4

1986. "Policy Recommendations for Multi-Actor Implementation. An Assessment of the Field," *Journal of Public Policy* 6

Ottomeyer, Klaus. 1977 *Människan under kapitalismen*. Göteborg. Röda Bokförlaget

Palm, Thede. 1981. *Nederlagets män och andra essäer* Stockholm. Militärhistoriska Förlaget

Palumbo, Dennis J. 1987 "Implementation: What Have We Learnt and Still Need to Know," *Policy Studies Review* 7

Palumbo, Dennis J. & Calista, Donald J. (eds.). 1990. *Implementation and the Policy Process: Opening Up the Black Box.* New York. Grennwood Press

Pedersen, Mogens N. 1977 "Om det rette brug av historiske materialer i statskundskaben," in *Festskrift till Erik Rasmussen.* Aarhus. Politica

Pedersen, Peter A. 1985. *Monash as a Military Commander* Carlton, Vic. Melbourne University Press

Perrow, Charles 1986. *Complex Organizations: A Critical Essay* New York. Random House

Petersson, Olof. 1987a. "Introduktion" in same author (ed.). *Maktbegreppet.* Stockholm. Carlssons Förlag, 1987

1987b. *Metaforernas makt.* Stockholm. Carlssons Förlag

1989. *Makt i det öppna samhället.* Stockholm. Carlssons Förlag

1991 "Democracy and Power in Sweden," *Scandinavian Political Studies* 14

1992. *Svensk politik.* Stockholm. Publica

Petersson, Olof, Westholm, Anders, & Blomberg, Göran. 1989. *Medborgarnas makt.* Stockholm. Carlssons Förlag

Pettersson, Thorleif. 1992. "Välfärd, värderingsförändringar och folkrörelseengagemang," in Sigbert Axelsson and Thorleif Pettersson (eds.). *Mot denna framtid.* Stockholm. Carlssons Förlag

Pettersson, Thorleif & Geyer, Kalle. 1992. *Värderingsförändringar i Sverige. Den svenska modellen, individualismen och rättvisan.* Stockholm. Brevskolan

Phillips, Anne. 1993. *Democracy and Difference.* Oxford. Polity Press

Pierson, Paul. 1994. *Dismantling the Welfare State? Reagan, Thatcher and the Politics of Retrenchment.* Cambridge. Cambridge University Press

1996. "Path Dependence and the Study of Politics." Paper presented at the Annual Meeting of the American Political Science Association, San Francisco Aug. 29 – Sept. 1, 1996

Porter, David O. &Olsen, Eugene A. 1976. "Some Critical Issues in Government Centralization and Decentralization," *Public Administration Review* 36

Premfors, Rune. 1989. *Policyanalys.* Lund. Studentlitteratur

1993. "En postmodern demokrati?" in Björn von Sydow, Gunnar Wallin, & Björn Wittrock (eds.). *Politikens väsen. Idéer och institutioner i den moderna staten.* Stockholm. Tidens Förlag

Pressman, Jeffrey L. & Wildavsky, Aaron. 1973. *Implementation.* Berkeley University of California Press

Przeworski, Adam. 1985. *Capitalism and Social Democracy.* Cambridge. Cambridge University Press

Przeworski, Adam & Sprague, John. 1986. *Paper Stones: A History of Electoral Socialism*. Chicago. The University of Chicago Press
Putnam Robert B. 1993. *Making Democracy Work: Civic Traditions in Modern Italy*. Princeton: Princeton University Press
Rapaport, Elizabeth. 1981. "Ethics and Social Policy," *Canadian Journal of Philosophy* 9
Rawls, John. 1971. *A Theory of Justice*. Oxford. Oxford University Press
1977 "The Basic Structure as a Subject," *American Philosophical Quarterly* 14
1980. "Kantian Constructivism in Moral Theory· The Dewey Lectures," *The Journal of Philosophy* 77
1982. "Social Unity and Primary Goods," in Amartya Sen and Bernard Williams (eds.). *Utilitarianism and Beyond*. Cambridge. Cambridge University Press
1985. "Justice as Fairness. Political not Metaphysical," *Philosophy and Public Affairs* 14
1987. "The Idea of an Overlapping Consensus," *Oxford Journal of Legal Studies* 7
1988. "The Priority of Rights and the Idea of the Good," *Philosophy and Public Affairs* 17
1993. *Political Liberalism*. New York. Columbia University Press
Raz, Joseph. 1986. *The Morality of Freedom*. Oxford. Clarendon Press
Regan, Geoffrey 1987 *Great Military Disasters: A Historical Survey of Military Incompetence*. New York. M. Evans and Co
Renwick Monroe, Kirsten (ed.). 1991. *The Economic Approach to Politics: A Critical Reassessment of the Theory of Rational Choice*. New York. HarperCollins
Ricci, David. 1984. *The Tragedy of Political Science: Politics, Scholarship, and Democracy*. New Haven. Yale University Press
Riksrevisionsverket. 1991. *Priset för våra liv – en rapport från RRVs konferens om riskvärdering*. Stockholm. Riksrevisionsverket
Ripley, R. B. & Franklin, G. A. 1982. *Bureaucracy and Policy Implementation*. Homewood, Ill. The Dorsey Press
Rivière, Helene, 1993. *Mening var ju att hjälpa människorna, inte att ta ifrån dem ansvaret*. Stockholm. City University Press
Roemer, John E. 1985. "Equality of Talent," *Economy and Philosophy* 1
Rombach, Björn. 1991 *Det går inte att styra med mål*. Lund. Studentlitteratur
Rosanvallon, Pierre. 1988. "The Decline of Social Visibility," in John Keane (ed.). *Civil Society and the State: New European Perspectives*. London. Verso
Rorty, Richard. 1987 *Contingency, Irony, and Solidarity*. Cambridge. Cambridge University Press

1991a. *Objectivity, Relativism and Truth*. Cambridge. Cambridge University Press

1991b. "The Priority of Philosophy to Democracy," *Philosophical Papers*, Vol 1. New York. Cambridge University Press

1993. *Postmodernism and Democratic Theory*. Philadelphia. Temple University Press

Rose, Richard & Peters, Guy B. 1978. *Can Governments Go Bankrupt?* New York. Basic Books

Rothstein, Bo. 1983. "Folkhemmmets förverkligande eller den nya Leviathan," *Zenit* 77

1985. "Managing the Welfare State: Lessons from Gustav Möller," *Scandinavian Political Studies* 8

1988. "Struktur-aktörsansatsen. Ett metodiskt dilemma," *Statsvetenskaplig tidskrift* 97

1990. "Marxism, Institutional Analysis and Working Class Strength: The Swedish Case," *Politics and Society* 18

1992a. *Den korporativa staten. Intresseorganisationer och statsförvaltning i svensk politik*. Stockholm. Norstedts

1992b. "State Capacity and Social Justice," *Politics and Society* 20

1992c. "Labor Market Institutions and Working-Class Strength," in Sven Steinmo, Kathleen Thelen, & Frank Longstreth (eds.). *Structuring Politics: Historical Institutionalism in a Comparative Perspective*. New York. Cambridge University Press

1993a. "The Crisis of the Swedish Social Democracy and the Future of the Universal Welfare State," *Governance* 6

1993b. "Valfrihet kan bli dyrt," in Peter Antman (ed.). *Systemskifte. Fyra folkhemsdebatter*. Stockholm. Carlssons

1993c. "Mera myt än verklighet," *Tiden* 2/93

1996. *The Social Democratic State: Bureaucracy and Social Reforms in Swedish Labor Market and School Policy*. Pittsburgh. University of Pittsburgh Press

Sabatier, Paul A. 1986. "Top-down and Bottom-up Approaches to Implementation Research: A Critical Analysis and Suggested Synthesis," *Journal of Public Policy* 6

Sainsbury, Diane. 1991 "Analyzing Welfare State Variations: The Merits and Limitations of Models Based on the Residual–Institutional Distinction," *Scandinavian Political Studies* 14

1996. *Gender Equality and the Welfare State*. Cambridge: Cambridge University Press

Salomon, Lester M. (ed.). 1989. *Beyond Privatization: The Tools of Government Action*. Washington D.C. The Urban Institute

Salonen, Tapio. 1993. *Margins of Welfare: A Study of Modern Functions of Social Assistance*. Lund. Hällestad Press

Saltman, Richard B. 1992. *Patientmakt över vården.* Stockholm. SNS Förlag
Saltman, Richard B. and von Otter, Carsten. 1992. *Planned Markets and Public Competition: Strategic Reform in Northern European Health Systems.* London. Open University Press
Sandel, Michael. 1982. *Liberalism and the Limits of Justice.* New York. Cambridge University Press
Sannerstedt, Anders. 1996. "Implementering – hur politiska beslut genomförs i praktiken," in Bo Rothstein (ed.). *Politik som organisation. Förvaltningspolitikens grundproblem.* Stockholm. SNS Förlag
Sassen, Saskia, 1992. "To Them That Have Not," *Times Literary Supplement* 05–22–92
Savas, E. S. 1981. *Privatizing the Public Sector· How to Shrink Government.* Ottawa, Ill. Caroline House
Scanlon, Thomas M. 1982. "Contractualism and Utilitarianism," in Amartya Sen and Bernhard Williams (eds.). *Utilitarianism and Beyond.* Cambridge. Cambridge University Press
Scharpf, Fritz W 1988. "Verhandlungssysteme, Verteilungskonflikte und Pathologien der Politische Steurung," in Manfred G. Schmidt (ed.). Staatstätigkeit, *Politische ViertelJahresschrift*, special issue 19
1989. "Decision Rules, Decision Styles and Policy Choices." *Journal of Theoretical Politics* 2
1990. "Games Real Actors Could Play," *Rationality and Society* 2
Schlytter, Astrid, 1987. *Barnomsorg och ramlag.* Stockholm. Nordiska institutet för samhällsplanering
Schmidt, Stephan. 1991. "Att agera eller reagera," *Tiden* 2/91
Seidman, Edward. 1983. "Introduction," in Edward Seidman (ed.). *Handbook of Social Intervention.* Beverly Hills. Sage Publications
Sen, Amartya. 1977 "Rational Fools: A Critique of the Behavioral Foundations of Economic Theory," *Philosophy and Public Affairs* 6
1982. *Choice, Welfare and Measurement.* Cambridge, Mass. MIT Press
1988. "Freedom of Choice," *European Economic Review* 32
1989. "Marknadens moraliska status," in *Idéer om rättvisa.* Stockholm. Tiden
Sharpe, Laurence J. 1986. "Intergovernmental Policy-Making: The Limits of Subnational Autonomy," in Franz-Xavier Kaufman, Giandomenico Majone, & Vincent Ostrom, with the assistance of Wolfgang Wirth (eds.). *Guidance, Control and Evaluation in the Public Sector* Berlin–New York. Walter de Gruyter
Sheplse, Kenneth. 1989. "Studying Institutions: Some Lessons from a Rational Choice Approach," *Journal of Theoretical Politics* 1
Simon, Herbert A. 1955. *Administrative Behavior· A Study of Decision-Making Processes in Administrative Organizations.* New York. Macmillan

Sjunnesson, Jan. 1991 "Pragmatisk politik som liberalismens legitimitet," *Zenit* 111

Sjöström, Kurt. 1974. *Socialpolitiken i det kapitalistiska samhället. Inledning till en marxistisk analys*. Stockholm. Arbetarkultur

Skocpol, Theda. 1987 "America's Incomplete Welfare State: The Limits of New Deal Reforms and the Origins of the Present Crisis," in Martin Rein, Gøsta Esping-Andersen, & Lee Rainwater (eds.). *Stagnation and Renewal in Social Policy*. Armonk, N.Y M. E. Sharpe

1991 "Targeting within Universalism: Politically Viable Policies to Combat Poverty in the United States," in Christopher Jencks and Paul E. Peterson (eds.). *The Urban Underclass*. Washington D.C. The Brookings Institution

1995. *Protecting Mothers and Soldiers*. Cambridge, Mass.: Harvard University Press

Skocpol, Theda & Finegold, Kenneth. 1982. "State Capacity and Economic Intervention in the Early New Deal," *Political Science Quarterly* 97

Smart, J. C. C. 1978. "Distributive Justice and Utilitarianism," in J. Arthur and W H. Shaw (eds.) *Justice and Economic Distribution*. Englewood Cliffs. Prentice-Hall

Södersten, Bo, 1992. "Är den offentliga sektorn för stor," in Bo Södersten (ed.). *Den offentliga sektorn*. Stockholm. SNS Förlag

Söderström, Hans Tson. 1977 "På jakt efter en rättvis fördelning av välfärden," *Ekonomisk Debatt* 6

1988. *Hur skall välfärden fördelas. Konjunkturrådets rapport 1988*. Stockholm. SNS Förlag

Söderström, Hans Tson (ed.).1994. *Välfärdsland i ofärdstid. Konjunkturrådets rapport 1994*. Stockholm. SNS Förlag

Söderström, Lars. 1988. "The Redistribution Effects of Social Protection: Sweden," in Jean Pierre Jallade (ed.). *The Crisis of Redistribution in European Welfare States*. Stoke-on-Trent. Trentham Books

Soltan, Karol. 1987 *The Causal Theory of Justice*. Berkeley The University of California Press

SOU (Statens Offentliga Utred) 1934:39. *Betänkande med förslag till spridrycksförordning m.m.* Stockholm

SOU 1942: 56. *Socialvårdens organisation m.m.* Stockholm

SOU 1990: 44. *Demokrati och makt i Sverige*. Stockholm. Allmänna Förlaget

SOU 1991 46. *Handikapp, Välfärd, Rättvisa*. Stockholm. Almänna Förlaget

SOU 1993: 16. *Nya villkor for ekonomi och politik*. Stockholm. Allmänna Förlaget

SOU 1992: 52. *Ett samhälle för alla*. Stockholm. Allmänna Förlaget

SOU 1993: 47 *Konsekvenser av valfrihet inom skola, barnomsorg, äldreomsorg och primärvård*. Stockholm. Allmänna Förlaget

SOU 1993: 90. *Lokal demokrati i utveckling*. Stockholm. Allmänna Förlaget

SOU 1993: 93. *Vårdens svåra val.* Stockholm. Allmänna Förlaget
Steinmo, Sven. 1993. *Taxation and Democracy.* New Haven. Yale University Press
Steinmo, Sven & Thelen, Kathleen. 1992. "Historical Institutionalism in Comparative Politics," in Sven Steinmo, Kathleen Thelen, & Frank Longstreth (eds.). *Structuring Politics: Historical Institutionalism in a Comparative Perspective.* New York. Cambridge University Press
Stephens, John D. 1996. "The Scandinavian Welfare States: Achievements, Crisis and Prospects," in Gøsta Esping-Andersen (ed.). *Welfare States in Transition. National Adaptions in Global Economies.* London: Sage Publications
Stinchcombe, Arthur L. 1992. "Simmel Systematized," *Theory and Society* 21
Stjernquist, Nils & Magnusson, Håkan. 1989. *Kommunal självstyrelse och jämlika kommuner* Stockholm. Civildepartementet
Sunesson, Sune. 1985. *Ändra allt. En uppmaning till socialarbetare.* Stockholm. Liber
Sunstein, Cass R. 1991. "Preferences and Politics," *Philosophy and Public Affairs* 20
Svallfors, Stefan. 1989. *Vem älskar välfärdsstaten?* Lund. Arkiv Förlag
1991. "The Politics of Welfare Policy in Sweden: Structural Determinants and Attitudinal Cleavages," *British Journal of Sociology* 42
1992a. "Den stabila välfärdsopinionen. Attityder till svensk välfärdspolitik 1986–92." Working report, Department of Sociology, Umeå University
1992b. "Dimensions of Inequality· A Comparison of Attitudes in Sweden and Britain," Working paper, Department of Sociology, Umeå University
1993a. "Policy Regimes and Attitudes to Inequality· A Comparision of Three European Nations," in Thomas P Boje & Sven E. Olsson-Hort (eds.). *Scandinavia in a New Europe.* Oslo. Scandinavian University Press
1993b. "Om socialstatsprojektet," *Sociologisk forskning* 3/93
1996. *Välfärdsstatens moraliska ekonomi.* Umeå. Borea
Sveriges offentliga sektor i europeisk konkurrens – konsekvenser av EES-avtalet och medlemskap i EG/EU 1993. Stockholm. Allmänna Förlaget
Svensson, Torsten. 1994. *Socialdemokratins politiska dominans.* Uppsala. Acta Universitatis Upsaliensis
Tarrow, Sidney 1996. "Making Social Science Work Across Space and Time," *American Political Science Review* 90
Taylor, Michael. 1987 *The Possibility of Cooperation.* Cambridge. Cambridge University Press
Teubner, Günter 1983. "Substantive and Reflexive Elements in Modern Law," *Law and Society Review* 18
Therborn, Göran, 1973. *Vad är bra värderingar värda.* Lund. Caverfors

1991. "Samhällelig styrning," in Sven E. Olsson & Göran Therborn (eds.) *Vision möter verklighet. Om social styrning och faktiskt samhällsförändring*. Stockholm. Allmänna Förlaget

Thigpen, Robert B. & Downing, Lyle A. 1983. "Liberalism and the Neutrality Principle," *Political Theory* 11

Thompson, Dennis, 1985. "Philosophy and Politics," *Philosophy and Public Affairs* 14

Thompson, Michael, Ellis, Richard, & Wildavsky, Aaron. 1990. *Cultural Theory*. Boulder, Col. Westview Press

Thorngren, Gunilla. "Valfrihet – men på männens villkor," in *Aftonbladet* 90-03-01

Thullberg, Per 1987 "Gustav Möller," *Svenskt Biografiskt Lexikon* 127

Tilton, Tim. 1990. *The Political Theory of Swedish Social Democracy*. Oxford. Clarendon Press

Tingsten, Herbert. 1971 *Mitt liv*, part 1 Stockholm. Bonniers

Titmuss, Richard M. 1967 "Universal and Selective Social Services," *New Statesman* 1967-09-15, reprinted in Brian Abel-Smith & Kay Titmuss. (eds.). *Selected Writings of Richard M. Titmuss*. 1987 London. Allen and Unwin

1968. *Commitment to Welfare*. London. Allen and Unwin

1971 "Welfare 'Rights,' Law and Discretion," *Political Quarterly* 42

Trägårdh, Lars. 1993. "I strid med de tio budorden," in Peter Antman (ed.). *Systemskifte. Fyra folkhemsdebatter* Stockholm. Carlssons

Tsebelis, George. 1990. *Nested Games: Rational Choice in a Comparative Perspective*. Berkeley The University of California Press

Tullock, Gordon. 1983. *Economics of Income Redistribution*. Boston. Kluwer and Nijhoff

Tyler, Tom R. 1987 "Procedural Justice Research," *Social Justice Research* 1

1990. "Justice, Self-Interest and the Legitimacy of Legal and Political Authority," in Jane Mansbridge (ed.). *Beyond Self-Interest*. Chicago. University of Chicago Press

Tännsjö, Torbjörn. "Regeringen utfärdar yrkesförbud," *Dagens Nyheter* 1993-11-22 s. A4

Uddhammar, Emil. 1993. *Svensk statsdoktrin*. Stockholm. City University Press

Uddhammar, Emil (ed.). 1993. *Gemenskaparna* Stockholm. City University Press

Ullman-Margalit, Edna. 1977 *The Emergence of Norms*. Oxford. Clarendon Press

van Creveld, Martin. 1985. *Command in War*. Cambridge, Mass. Harvard University Press

Vedung, Evert. 1991 *Utvärdering i politik och förvaltning*. Lund. Studentlitteratur

Verba, Sidney, Nie, Norman H., & Kim, Jae-on. 1987. *Participation and Political Equality: A Seven-nation Comparison*. Chicago: University of Chicago Press

von Otter, Carsten & Saltman, Richard B. 1992. *Valfrihet som styrmedel*. Stockholm. Arbetslivscentrum

Walzer, Michael. 1983. *Spheres of Justice: A Defense of Pluralism and Equality*. New York. Basic Books

1990. "The Communitarian Critique of Liberalism," *Political Theory* 18

Weale, Albert. 1990. "Equality, Social Solidarity, and the Welfare State," *Ethics* 100

Weatherly, Richard. 1991. "Doing the Right Thing: How Social Security Clients View Compliance." Report no. 3 (1991), Research Program on Administration, Compliance and Governability, Research School of Social Sciences, Australian National University

Weber, Max. [1922] (1971). *Makt og byråkrati*. Oslo. Gyldendal

[1919] (1977). *Vetenskap och politik*. Göteborg. Korpen

Weir, Margaret. 1992. *Politics and Jobs: The Boundaries of Employment Policy in the United States*. Princeton, N.J. Princeton University Press

Weisbard, Alan. 1987. "The Role of Philosophers in the Public Policy Process," *Ethics* 97

Westerståhl, Jörgen. 1993. "Om statsvetenskapens förträfflighet," in Björn von Sydow and Gunnar Wallin and Björn Wittrock (eds.). *Politikens väsen. Idéer och institutioner i den moderna staten*. Stockholm. Tidens Förlag

Wetterberg, Gunnar. 1991. *Den nya samhället*. Stockholm. Tidens Förlag

Wildavsky, Aaron. 1979. *Speaking Truth to Power*. Boston. Little Brown

1987. "Choosing Preferences by Constructing Institutions: A Cultural Theory of Preference Formation," *American Political Science Review* 81

1991. "Can Norms Rescue Self-Interest?" *Critical Review* 5

Williams, Walter. 1976. "Implementation Analysis and Assessment," *Policy Analysis* 1

1982. "The Study of Implementation: An Overview," in Walter Williams *et al.* (eds.). *Studying Implementation: Methodological and Administrative Issues*. Chatham, N.J. Chatham House Publishers

1989. "Implementing Public Programs," in James L. Perry (ed.). *Handbook of Public Administration*. Jossey-Bass

Wilson, James Q. 1993. *The Moral Sense*. New York. The Free Press, 1993

Winter, Sören. 1990. "Integrating Implementation Research," in Dennis J. Palumbo & Donald J. Calista (eds.). *Implementation and the Policy Process: Opening up the Black Box*. New York. Greenwood Press

Wittrock, Björn & de Leon, Peter. 1985. "Beyond Organizational Design: Contextuality and the Political Theory of Public Policy," in Kenneth Hanf & T. A. J. Toonen (eds.). *Policy Implementation in Federal and Unitary Systems*. Dordrecht. Martinus Nijhoff

Wolf, Charles, Jr. 1993. *Markets or Governments: Choosing between Imperfect Alternatives*. Cambridge, Mass. MIT Press
Wolfe, Alan. 1989. *Whose Keeper? Social Science and Moral Obligation*. Berkeley. University of California Press
Wolman, Harold. 1980. "The Determinants of Program Success and Failure," *Journal of Public Policy* 1
Young, Ken. 1981. "Discretion as an Implementation Problem: A Framework for Interpretation," in Michael Adler & Stewart Asquith (eds.) *Discretion and Welfare*. London. Heinemann
Zald, Mayer N. 1981. "Trends in Policy Making and Implementation in the Welfare State," in H. D. Stein (ed.). *Organizations and the Human Services*. Philadelphia. Temple University Press
Zarefsky, David. 1986. *President Johnson's War on Poverty: Rhetoric and History*. Alabama. The University of Alabama Press
Zaremba, Maciej. 1992. *Minken i Folkhemmet*. Stockholm. Timbro
Zey, Mary (ed.). 1992. *Decision Making: Alternatives to Rational Choice Models*. Newbury Park. Sage Publications
Ziehe, Thomas. 1993. *Kulturanalyser ungdom, utbildning, modernitet*. Eslöv Symposion

索　引

当代世界学术名著·政治学系列

现代政治分析（第六版）	［美］罗伯特·A. 达尔 等
论民主	［美］罗伯特·A. 达尔
民主及其批评者	［美］罗伯特·A. 达尔
美国宪法的民主批判（第二版）	［美］罗伯特·A. 达尔
复合共和制的政治理论（第三版）	［美］文森特·奥斯特罗姆
使民主运转起来：现代意大利的公民传统	［美］罗伯特·D. 帕特南
民族—国家与暴力	［英］安东尼·吉登斯
现代性与自我认同：晚期现代中的自我与社会	［英］安东尼·吉登斯
社会的构成：结构化理论纲要	［英］安东尼·吉登斯
制度激励与可持续发展	［美］埃莉诺·奥斯特罗姆
第三波：20世纪后期的民主化浪潮	［美］塞缪尔·P. 亨廷顿
民主政体的崩溃	［美］胡安·林茨
欧洲自由主义的兴起	［英］哈罗德·J. 拉斯基
民主理论的现状	［美］伊恩·夏皮罗
资本主义与社会民主	［美］亚当·普热沃尔斯基
美国注定领导世界？——美国权力性质的变迁	［美］约瑟夫·S. 奈
伟大的社会转型：20世纪的经济思想与制度变迁	［美］马克·布莱思
遏制民族主义	［美］迈克尔·赫克特
利益集团社会（第5版）	［美］杰弗里·M. 贝瑞 等
论全球秩序：国际社会中的实力、价值观及构成	［英］安德鲁·赫里尔
正义的制度：全民福利国家的道德和政治逻辑	［瑞典］博·罗思坦

Just Institutions Matter: The Moral and Political Logic of the Universal Welfare State，9780521598934 by Bo Rothstein first published by Cambridge University Press (1998)

图书在版编目（CIP）数据

正义的制度：全民福利国家的道德和政治逻辑/（瑞典）博·罗思坦（Bo Rothstein）著；靳继东，丁浩译．—北京：中国人民大学出版社，2017.4
（当代世界学术名著．政治学系列）
ISBN 978-7-300-23817-3

Ⅰ.①正… Ⅱ.①博… ②靳… ③丁… Ⅲ.①福利国家-研究 Ⅳ.①D089

中国版本图书馆 CIP 数据核字（2017）第 004852 号

"十二五"国家重点图书出版规划项目
当代世界学术名著·政治学系列
正义的制度：全民福利国家的道德和政治逻辑
［瑞典］博·罗思坦（Bo Rothstein） 著
靳继东 丁 浩 译
Zhengyi de Zhidu：Quanmin Fuli Guojia de Daode he Zhengzhi Luoji

出版发行	中国人民大学出版社		
社　　址	北京中关村大街 31 号	**邮政编码**	100080
电　　话	010－62511242（总编室）		010－62511770（质管部）
	010－82501766（邮购部）		010－62514148（门市部）
	010－62515195（发行公司）		010－62515275（盗版举报）
网　　址	http://www.crup.com.cn		
	http://www.ttrnet.com（人大教研网）		
经　　销	新华书店		
印　　刷	北京东君印刷有限公司		
规　　格	155 mm×235 mm　16 开本	**版　　次**	2017 年 4 月第 1 版
印　　张	17	**印　　次**	2017 年 4 月第 1 次印刷
字　　数	268 000	**定　　价**	56.00 元